主题出版研究导论

高度与温度

韩建民 等 / 著

人民邮电出版社

北　京

图书在版编目（CIP）数据

高度与温度：主题出版研究导论 / 韩建民等著. --
北京：人民邮电出版社，2023.1（2023.8重印）
ISBN 978-7-115-60341-8

Ⅰ. ①高… Ⅱ. ①韩… Ⅲ. ①主题－出版－研究－中
国 Ⅳ. ①G239.2

中国版本图书馆CIP数据核字（2022）第203173号

内 容 提 要

　　主题出版是中国出版事业鲜明的特征，是与时俱进、动态开放的出版板块。本书是一部对主题出版工作进行学理性思考和实践性研究的专著，通过梳理我国主题出版的发展进程，基于主题出版的内涵建设，研究其发展的普遍规律、创新模式。本书聚焦主题出版实践经验、问题与思考，从主题出版与学术出版的关系、国际化路径与"走出去"机制、融媒体传播模式与数字化创新、动力机制与评价机制、总体发展与趋势分析、对近年发展呈现的若干规律性认识等几个方面，深刻探讨主题出版工作如何实现高质量发展，做到既有高度又有温度，从而更有效地宣传党和国家的方针政策，凝聚党心民心，促进国际交流，服务两个大局。

　　本书集学术性、实践性、创新性和战略性于一体，体现了出版行业践行新发展理念的主题成果。全书内容深入，探索主题出版理论与实践，对接党和国家的重大战略布局，旨在助力推动主题出版实现高质量发展，为党和国家的出版事业注入新的元素与活力。本书可供宣传思想文化、新闻出版等相关领域的人士阅读参考。

　◆　著　　　　　韩建民　等
　　　责任编辑　韦　毅
　　　责任印制　焦志炜

　◆　人民邮电出版社出版发行　　北京市丰台区成寿寺路 11 号
　　　邮编　100164　电子邮件　315@ptpress.com.cn
　　　网址　https://www.ptpress.com.cn
　　　北京捷迅佳彩印刷有限公司印刷

　◆　开本：720×960　1/16
　　　印张：27.75　　　　　　　　　　2023 年 1 月第 1 版
　　　字数：320 千字　　　　　　　　2023 年 8 月北京第 3 次印刷

定价：99.00 元

读者服务热线：**(010)81055552**　印装质量热线：**(010)81055316**
反盗版热线：**(010)81055315**
广告经营许可证：京东市监广登字 20170147 号

序 一

邬书林

中国出版协会理事长
原国家新闻出版广电总局副局长

　　党的十八大以来，主题出版发展迅速，正在重塑中国出版格局，主题出版的内涵和要求更加丰富，地位和作用更加突出。主题出版服务党和国家工作大局，以图书精品阐释发展理念，凝聚党心民心，讲述中国故事，推动中国智慧、中国表达走向世界，同时又为社会进步和民族复兴提供思想动力和文化支持。当前，在新冠肺炎疫情和俄乌冲突的背景下，国际矛盾越发激烈，不确定因素持续增加，中国在国际舞台上发挥着越来越重要的作用，但同时我们面临的矛盾和困难也更加突出，这使主题出版工作显得更加重要。我们要深入研究主题出版的规律，创新主题出版理论与实践，真抓实干，积极策划出版一批文质兼美、平易近人，既有高度又有温度的优秀主题出版物，总结党和国家在民族复兴的百年历程中形成的伟大精神和进行的丰富实践，积极构建中国话语体系和叙事体系，服务党和国家战略布局。

　　可喜的是，近年来，我国的主题出版工作逐渐打开局面，取得了实质性的进步。第一，主题出版近十几年的发展正在改变中国传统出版格局，目前主题出版与学术出版、大众出版、教育出版既相互融合又相互促进，相对于其他板块，具有灵魂和统领作用，还能带动其他板块实践创新，这些将对我国的出版格局产生长远、深刻的影响。第二，主题出版本身是丰富的、动态的、多元的体系，主题出版已经从原有的政治任务本位进入政治高度、学术规范、市场运行三位一体的时代，尤其是对后两者的强调，将推动主题出版走上精品化发展道路，为受众提供更多有高度、有温度的作品，既能充分发挥体现党和国家意志的作用，又保证了主题出版物的亲和力和生命力。第三，科技类主题出版物表现突出，成为主题出版领域一道亮丽的风景线。科学技术作为国家竞争的灵魂与关键，是社会关注的热点，理应在主题出版中占有重要地位。科技类主题出版完善、充实了主题出版的理论与实践，让主题出版的内涵更加丰富、多元。第四，主题出版在数字化建设方面取得了重要进步。尽管新冠肺炎疫情给传统图书市场带来冲击，图书实体零售市场销售略有下降趋势，但主题出版物的线上形态更丰富、更有活力，比如虚拟现实（VR）、增强现实（AR）、数据库、H5、短视频等新形态产品不断增多，同时，营销方式更多样化，比如云展览、直播、社群营销等，主题出版无论在线上还是线下都已经成为出版市场一个强劲的经济增长点和创新增长点。第五，主题出版服务党和国家工作大局，在"走出去"方面有了较大进步。出版"走出去"是中国文化"走出去"的应有之义，近年来主题出版"走出去"意识不断增强，主题出版物国际合作明显增多，贴近海外受众、讲好中国故事的主题出版物受到更多关注。

主题出版尽管取得了明显成效，但仍有不少提升和改进的空间。比如有思想、接地气、文质兼美的优秀主题出版物还不够多。内容是图书质量的根本，只有兼具政治性、学术性和市场性的作品才能占领思想和市场的制高点，因此需要加快建立主题出版学术理论、图书规范要求和一套成熟的精品图书生产机制。我们的融媒体产品还不够丰富，如今的信息技术革命是世界潮流，浩浩荡荡，不可阻挡，主题出版的出版理念、载体形式、运作流程、操作规范、传播方式、管理模式都将发生巨大的变化，读者的阅读习惯也将发生新的变化，我们的主题出版需要动作再快一些，加速融媒体数字化转型。我们可以积极学习借鉴世界上成熟的文化传播规律与经验，贴近海外受众，打开主题出版的国际市场。面对新的复杂的国际局势，主题出版理应在国际上承担更多阐释理念、消除隔阂、增进交流、相互支持的重要使命。目前来看，主题出版的国际化之路仍然任重道远，存在的问题有待于主题出版学界和业界协同，积极对接国家战略，提升主题出版的研究水平，不断实践创新，实现主题出版的进一步高质量发展。

文化强国和出版强国建设急需各类学术成果为之提供理论支持，我国的主题出版研究近年来取得了较多的理论成果，出现了一批在学界和业界有影响力的研究者，韩建民同志即是其中的代表之一。建民同志曾任上海交通大学出版社社长、上海世纪出版集团副总裁，先后主持策划了《平易近人——习近平的语言力量》和"大飞机出版工程""东京审判出版工程"等重大出版项目，2014年获第十二届"韬奋出版奖"。2018年，建民同志从出版界转型至学术界，加盟杭州电子科技大学，组建了融媒体与主题出版研究院。短短4年时间里，韩建民学术团队在主题出版研究领域取得了一系列成果，同时与人民邮电出版社等单位一起策划出版了一批中宣部主题出版重点出版物，值得肯定。

韩建民等著述的《高度与温度：主题出版研究导论》一书整体来

说是很不错的，作为主题出版研究领域的开拓性著作，书中论述的许多问题值得业界思考借鉴。此书既有对主题出版内涵、主题出版发展现状、主题出版与学术出版关系等问题的理论性思考，又有围绕主题出版选题、国际化、数字化、市场化、作者资源开发等方面的应用性研究。此书虽然还存在一些不足之处，但整体逻辑清晰、内容丰富、资料翔实，希望能给出版界和学界提供一些启发和帮助。

　　特作此序。

于 2022 年 8 月

序 二

早潮依稀新潮涌

刘华杰

北京大学哲学系教授

《高度与温度：主题出版研究导论》是主题出版领域的二阶研究性专著，同类作品似乎还没有出现过。此书的出版，说明韩建民在新岗位、新领域取了可喜的新成绩。

一阶与二阶是逻辑学概念。这里的一阶工作指主题出版的策划、出版、营销实践，二阶工作指对主题出版概念、历史、内容特征、动力机制等进行的学术研究。一阶工作与二阶工作相互依存，缺一不可，但在数量上不会对称呈现，通常一阶工作远远多于二阶工作，就好比科学家队伍远大于科学史家队伍一般。

韩建民教授编辑出身，硕士毕业后就走进出版社，在出版界一线奋斗三十余载，取得突出成就，曾获得"韬奋出版奖"。建民长期在出版战线辛勤耕耘，担任出版社社长和集团副总裁的同时仍亲自策划图书，参与图书出版的全流程。这些宝贵的经历、经验是其他研究者难以具备的。建民是改革开放以来中国新闻出版的参与者、见证者和研究者，尤其是在科学史、科学文化和主题出版策划方面。

韩建民勤于学习、喜欢思索。工作中，他发觉需要"充电"，便毅然决定到上海交通大学师从江晓原教授攻读科学史博士学位。博士毕业后，他回到出版界，工作地点也由河北转到了上海，几年之中，他就令上海交通大学出版社的发展有了质的飞跃。他的事业蓬勃发展，还被选为集团领导。让人没想到的是，后来他竟然决定到高校从事研究工作。当初由出版界到高校读博士，让人意外，而由出版界再入高校，更是令人印象深刻。人生能将两条线有机结合在一起，按内心的意志而行，真的非常不易。当下在高校中专门研究出版，特别是主题出版，做的是二阶学术研究，靠的是一阶与二阶"分形交织"（fractally woven）的人生体验、事业积累和不断进取的精神。

主题出版，我是完全的外行。但因为与建民是多年老友，了解各阶段他做过的几乎每一部（套）书。我的体会是，在他看来，出版是重要的文化事业，是国家意志、学术发展和市场营销高度结合的复杂活动，唯有把这几个方面有机地、创造性地结合起来，才能做到让国家放心、让人民舒心、让自己安心。狭义的主题出版，是某年某月在某种场合下提出的概念，后来有了各种发展、演化，但广义的主题出版从来都在！出版战线尤其要讲政治。主题出版与内宣、外宣有密切关系，但是单纯的、刻板的宣传难以具有现实力量，无法真正紧密联系群众。作为国家意志、宣传导向的主题出版，内在地要求将创新的内容、合适的形式恰当地结合起来。

作为一项学术研究，似乎也可以考虑关注其他国家和地区的主题出版，当然这是广义的理解。我想说的另一点，涉及科学文化和全人类共同的文化遗产。主题出版不仅仅限于狭义政治学所涉及的范围，在全球一体化的时代，在信息网络发达的时代，谁能拥有全球视野、做到自信自强，谁便能引领时代前行。这一过程，在文化自信的基础上，特别需要虚心学习、取长补短，切不可夜郎自大。什么是优秀的主题出版？什么是成功的主题出版？事后看、大尺度地看、从全局来看，是有明确客观标准、有共识的。主题出版做得是否靠谱，可用"民族的、科学的、大众的文化"来衡量："民族的"涉及以谁为主体、为基础的问题（做的是中国人的出版工作，要延续和发扬光大中华优秀传统文化，要做出自己的特色）；"科学的"涉及内容的先进性、竞争性、全球性问题（"地球村"需要村村通）；"大众的"涉及为谁服务的问题（出版服务于学人和人民群众）。

"高度"体现的是眼界和学术境界，"温度"体现的是具体而微的操作实践。高度与温度的组合体现的是二阶工作与一阶工作的融合。

祝贺《高度与温度：主题出版研究导论》出版！祝愿老友韩建民及其团队取得更多成绩！最后，录吴全节诗《金清境界》：

> 境界全清地位高，山中尽日乐陶陶。
> 旋劚白石开三径，可是青山厌二豪。
> 眼底浮荣看草露，耳根清韵起松涛。
> 明朝匹马西湖路，回首灵峰耸巨鳌。

于 2022 年 10 月

著者说明

主题出版近几年发展较快，但总体上还是一个新生事物，无论是实践发展还是理论建设，都在努力探索之中。本书即是对主题出版研究的一次尝试和探索，我们提出了一些新的理念和认知，有些还是初露端倪，有些尚未达成共识，但这些都不影响主题出版在理论和实践层面的碰撞与交流。我们更希望这些观点能起到抛砖引玉之效，共同推动主题出版事业高质量发展。

本书是研究成果的集成，主要是杭州电子科技大学融媒体与主题出版研究院团队近几年发表的主题出版研究方面的文章，同时也收录了韩建民院长与中国编辑学会会长郝振省、中宣部进出口管理局副局长赵海云关于主题出版对谈的内容，在此特别感谢两位专家。

本书的出版得到了有关期刊的支持，在此一并致谢。为了方便读者阅读，我们把相关文章出处列入附录，附在文后。对于这些文章，我们尽量做到保持原文，但考虑到图书的整体性和时效性，有些内容略有修改。

目录

导论

出版在我国文化建设和文明传承过程中发挥着基础性、长久性和标志性的作用，传承文明、教化社会、凝聚人心一直是出版工作的三大主脉。近年来，党和国家高度重视出版工作，把握导向，着眼大局，积极推进体制机制改革。各出版单位践行新发展理念，促进出版业融合发展和高质量发展，中国出版取得了令人瞩目的成就。新时代对出版工作提出了更高要求，其功能和定位也有更多的变化和升华。出版是内容创新的总枢纽之一，是构建理论体系和话语体系的深水港，是价值认同和情感认同的播种机，是社会进步和科学发展的重要标志。主题出版作为体现党和国家意志的主力军、繁荣文化的先锋队，理应在内容建设、理论创新、融合发展、文明互鉴、市场拓展等方面发挥带头和示范作用。

党的二十大报告提出"坚持和发展马克思主义，必须同中华优秀传统文化相结合""以中国式现代化全面推进中华民族伟大复兴""建设具有强大凝聚力和引领力的社会主义意识形态""站稳人民立场"等新思想、新论断，这些都需要主题出版工作去对接、去创新、去提炼、去表达。本书中的中华优秀传统文化类主题出版、主题出版国际化、主题出版数字化等内容，都能在党的二十大报告中找到对标和方向。主题出版是整个出版工作的灵魂和纽带，与学术板块、教育板块、大众板块相互交织、融合发展。近年来，主题出版发展迅速，呈现理论与实践紧密结合的发展态势，面对新形势，我们有必要对主题出版的理论和实践进行系统研究，梳理一些被实践证明了的规律和认识，探索未来发展的趋势和路径。本书即是这方面的初步研究。

书比人长寿，图书走入历史，深层次地影响着我们人类的世界观和价值观。古今中外、历朝历代都高度重视图书对社会发展的作用与影响。经典的图书具有较强的穿透力，能穿越时空，影响不同时代的人。好的主题出版物更是能够春风化雨、深入人心。从中国共产党成立初期介绍马克思主义的系列作品到延安时期的《实践论》《矛盾论》，从新中国成立初期的《红岩》《红日》等红色文学系列再到改革开放时期反映时代变迁的一批精品佳作以及新时代的《习近平谈治国理政》《平易近人——习近平的语言力量》《火种：寻找中国复兴之路》等一大批精品力作，这些优秀主题出版物在不断演进的历史中，为中国社会的政治、经济、文化发展提供了理论滋养、思想动力、文化氛围和智力支持。

好的主题出版物精准对接党和国家的重大战略布局，同时又有效呼应人民群众的阅读需求。近代中国争取民族独立和复兴的百余年历史中，中国人民在中国共产党的领导下，摸索出一套不同于世界其他国家的特色性制度体系。国外部分媒体、人士等对中国的发展道路、共产党的历史认识还不够充分，中国特色制度话语体系、学术话语体系建设还远未完成，这些都需要主题出版工作做出应有的贡献。新时代，中国发展所面对的国内外环境发生了重大变化，在实现中华民族伟大复兴、全面建设社会主义现代化国家的历史征程中，主题出版承担着为建设社会主义文化强国服务的重任，这更加突显了主题出版的责任使命和战略意义。主题出版事业在中国共产党成立初期、新民主主义革命时期、社会主义革命和建设时期、改革开放和社会主义现代化建设新时期都有不少精品佳作，但真正的制度性发展却是近 20 年的事情。主题出版要持续高质量发展并实现服务大局、繁荣文化的预期目标，需要学界和业界融合，不断总结主题出版实践中的经验和规律。

▼ 一、发展与思考

"主题出版"这一概念源起于原新闻出版总署 2003 年全国图书出版管理工作总结，当时主要提出围绕"党的十六大文献"、"三个代表"重要思想、抗击"非典"图书、纪念毛泽东诞辰 110 周年等主题开展系列重点图书出版活动。2008 年 3 月 20 日发布的《新闻出版总署关于纪念改革开放 30 周年有关工作的通知》中提到了"主题出版"的概念，这也是这一概念首次正式出现在出版管理部门的文件中。学界、业界通常以 2003 年作为新时期中国主题出版工作的标志性起点，当然也有学者提出了不同意见。在近 20 年的发展历程中，主题出版已经成为中国特色社会主义出版事业最显著的特点，作为统领和融合的先进力量，正在改变中国传统出版格局。主题出版的理论、实践不断丰富、深入，值得学界、业界进行深入探讨。本书内容可总结为如下基本认知。

（一）主题出版需要高度与温度相统一

主题出版是体现党和国家意志的出版物，是围绕重大主题、重要时间节点展开的出版活动，确实站位要高。同时，主题出版物也要贴近现实、贴近读者，讲情怀、有温度。党的二十大报告内涵丰实，鼓舞人心，"人民"一词贯穿始终，饱含深情。其中提到"……人民的创造性实践是理论创新的不竭源泉。一切脱离人民的理论都是苍白无力的，一切不为人民造福的理论都是没有生命力的"，其深刻论断对我们做好主题出版工作有较大的现实意义。主题出版物不是脱离现实的空中楼阁，不是板着面孔的空洞说教，而是内容鲜活、冒着热气、既有高度也有温度的精彩之作。主题出版物既要有意义也要有意思，既要讲高度也要有温度，既要讲立场也要讲市场，既要站着讲也要坐着听。从选题策划角度来看，我们既要关注山河锦绣、神州巨变，也要书写物阜民丰、万家灯火，将大道理融入小故事之中，找准小切口，宏扬大主题。这样的主题出版物才能让老百姓喜闻乐见，才能让读者爱不释手，从而起到润化于心、思想引领和情感凝聚的作用。

高度与温度相结合也是近几年我们关注优秀主题出版物的出发点和立足点。中宣部历年公布的主题出版重点出版物选题中，这方面的成功案例非常多。这些出版物既产生了重要影响，获得了各种奖项，也赢得了市场，真正起到了"聚民心""兴文化"的重要作用。

（二）主题出版当以时代性与导向性相结合

主题出版是一项具有高关注度、高难度、高融合度的事业。时代性与导向性是主题出版的根本特点和发展规律。只有将时代性与导向性有机结合起来，才能发挥出主题出版在当今社会强大的生命力。

主题出版受到党和国家的高度重视，出版和媒体同属于党和国家舆论思想工作的前沿阵地，主题出版高屋建瓴，记录时代印记，传播时代声音，是讲好中国故事，呈现真实、立体、全面中国形象的重要路径，具有重大战略意义，是顶层设计的一部分，必须讲导向。

从社会角度来说，国家的重大方针、政策导向、发展进步与个体的实际生活是紧密相关的，时代的最新发展是流动的河水，水涨船高，大家更关心新政策、新业态、新生活。民众关切本国的政治、经济、文化、外交等，这些阅读需求也需要主题出版物来满足。

主题出版物承载着重要的时代命题，蕴含强大的价值导向和道德感召力量，经过系统论证和解释，可以转化为思想认同的基础，巩固中华民族共同体意识，增强个体的社会价值感。让民众从思想深处产生国家认同、文化认同，将社会主义核心价值观内化到行动中，需要主题出版发挥春风化雨般的思想引领作用。时代性抓得准，导向性作用就更加明显，二者相互促进、相互结合，推动主题出版的进步和发展。以毛泽东同志的经典著作《湖南农民运动考察报告》为例，其出版时正处于第一次国共合作和北伐战争时期，国民革命军节节胜利，共产党在农村地区推动农民运动，当时党内外存在不同意见。毛泽东同志在湖南开展了农民生产、生活情况的调查，并从多方面论证了当时中国资本主义发展体系不完善、工人群体力量薄弱、必须将农民纳入工人阶级同盟军的结论，为当时的革命指明了方向，土地革命成为国共合作破裂后中国共产党获取群众基础的重要路线。今天，重读这一著作，依然能感受到毛泽东同志对时代发展的精神理解和准确判断，这是时代性与导向性结合的经典之作。

（三）充分认识主题出版的融合性和艰巨性

主题出版承载了如此高的关注度，但做好它并非易事。首先，主题出版的要求比一般出版活动更高，操作比一般出版活动更难，它尤其要求编辑熟悉党和国家的方针政策，同时还要深入浅出地表达，不仅要有社会效益，还要有经济效益。特别是在一些重大时间节点上，主题出版既要提前布局、报备，还要在相对短的时间内选取独特的视角，精益求精地打造精品，这对出版社是一个重大挑战。主题出版不是靠个别编辑就能完成的，需要协同作战。其次，主题出版的创作要求高，好选题、好内容需要有好的作者，主题出版作者要对党和国家的方针政策、重大事件等有高度敏感性，还要有较丰厚的学术积累，同时在文字表达上要鲜活、生动，因此不是所有学者都适合创作主题出版物。

高关注度、高难度决定了主题出版的高融合度。首先，主题出版在内涵上是中华优秀传统文化、革命文化和社会主义先进文化的有机融合。其次，在出版内部，主题出版与学术出版、教育出版、大众出版有分有合，相互交织，融合发展。融合性更体现在业态的融合与创新上，融合发展的未来是"万物皆媒、人机共生"，这也为主题出版的融合发展提供了机遇，带来了挑战。在当前多元的媒介形态和复杂的市场形态中，主题出版的内容、手段和市场也是多元的。出版主体不再局限于以往的党政类出版社，市场与非市场主体纷纷入场布局主题出版。不仅如此，信息技术的发展让主题出版物不再仅限于纸质图书这一单一形态，电子书、H5、App、动态网页、漫画、VR 等形态层出不穷，而且随着新兴智能技术的发展，新的形态将不断衍生。主题出版的发行也不再局限于国内市场，而是面向世界，开拓全球市场，寻求更广泛的读者。这注定了主题出版工作将是一场融合之战。主题出版需要多面手才能驾驭，既要有学术出版的严谨性，又要有体现党和国家意志的创新性，还要有对国内外市场的敏感性，更要有融合思维。这种多元变量的叠加注定了主题出版是高要求的，这方面更加需要深入研究。

主题出版工作不是一蹴而就的，必须要了解其融合性和艰巨性，并做好相应的准备。总之，主题出版承受之重、要求之高、难度之大、竞争之激烈，在整个出版板块中是前所未有的。

（四）有效引导主题出版的市场性和产业化

新中国成立 70 多年来，我国已经成为世界第二大经济体和全球治理的重要参与者。这样的实践证明社会主义道路和制度是适合中国国情的，那么就需要通过主题出版等工作向民众解释、向国际受众传达中国特色社会主义的历史必然性，要让民众坚定信仰，坚定道路自信和制度自信，让国际社会理解和尊重中国选择的发展道路和价值模式。

主题出版一定要强调市场性，否则就是无源之水、无本之木。市场性体现为从内容策划、书名和封面设计到宣传营销都是按市场规律运作的，只有经过市场检验的图书才是真正受人民群众欢迎的，也才能真正传播党和国家方针政策以及当今中国社会的主流价值观。

意识形态是相对抽象的，它必须要转化为一定的文化形式才能有构建认同的可能，这也是主题出版市场性的理论基础。话语其实就是承载和传达意识形态的表达方式。中国发展道路上凝聚形成了一系列话语，比如"绿水青山就是金山银山""改革开放""中国梦""乡村振兴""共同富裕"等。这些话语具有高度的凝练性，必须要有系统的诠释才能引导民众真正理解和认可，这就说明学术要求蕴含于主题出版事业之中。意识形态话语是否有说服力，取决于主题出版论述是否贴近受众、贴近市场。

市场性还体现在经济效益回报和产业化运作上。主题出版物面向广大读者，在产生社会效益的同时，也理应有良好的经济回报，这样才能形成良性循环，产生更多更好的优秀主题出版物。主题出版工作同样需要遵从市场规律，实行产业链运作，这样才能保证主题出版的高质量发展和系统运行。有些出版社做主题出版工作没有形成系统支持，其根本原因是没有进行产业链运作，头痛医头、脚痛医脚，图书质量一般，市场反馈不好。要做好主题出版工作，必须提高认识，进行真正的市场化运作，才能形成长远竞争力。

主题出版的全产业链运作还是个新的课题，包含了从内容生产到产品运行的各个环节，内容和价值是产业链的核心，对主题出版来讲更是如此。这种运作能够有效提升主题出版物的市场效益和附加价值，能够较快形成连续生产优秀主题出版物的通畅机制，能够及时看到主题出版物的溢出效应，是主题出版深入发展的必经之路。

政治高度和学术规范是主题出版提高内容质量的前提，想要将内容传递到读者的案头、终端，离不开市场运行。让读者真正读进去，这才是主题出版的目的和归宿，因而市场运行也必然是主题出版工作的重点之一。

（五）适当增加主题出版的学术性和专业性

主题出版是政治性、学术性、市场性的统一。主题出版的政治性、市场性比较好理解，但学术性需要进一步说明，它是针对政治读物、理论读物、科技类主题出版物、传统文化类主题出版物而言的，一般文学类读物、少儿类读物可以不涉及学术性。主题出版和学术出版的最大不同在于叙事方式，学术出版注重思想的深刻性，讲究逻辑的缜密性、语言的精准性、观点的创新性和思维的抽象性，其面向的群体多以接受过高等教育的专业群体、精英群体、研究群体等为主，而主题出版主要是为了引领时代潮流，引导大众认知，更加注重故事的生动性，讲究语言形式活泼、表述通俗易懂、故事情节有趣以及内容有广度，面向更广泛的群体，更具有包容性。

首先，学术性是部分主题出版物的基础和支撑。主题出版要成为传世之作，影响广泛，就必须有学术出版的加持。学术出版就像是一个人的筋骨和肌肉，如果没有强壮的骨骼和组织，"军装"再美，穿上也不会有气质。在信息过载的媒介化生活中，读者接触的信息越多，对主题出版物内容的期待就越高，如果没有新的观点、深刻的思想，就无法延续主题出版的生命。在这一点上，主题出版物要有学术高度，并需要借助学术的土壤提升其专业性和思想的深刻性，更需要遵循严格的学术规范。只有严谨的理论论证和学术态度，才能让主题出版物的内容站得住脚、经得起历史的检验。有些主题出版物是对学术出版物的二次开发，有些是引用学术出版物的观点和资料来源作为参照，有些则是学者作为作者参与写作的通俗类作品。以学术内容为基础的主题出版物可信度更高。

学术性除了能够为主题出版提供新鲜、深刻的思想参照，还能够为主题出版的重大选题提供科学论证和逻辑分析，否则，主题出版物内容的科学性将受到质疑。学术研究给主题出版注入了理性，史论结合，论从史出，从而让主题出版更具有说服力。以中国模式来说，改革开放 40 多年来，中国一直能够保持经济平稳、快速增长，但从部分西方学者、媒体持续唱衰的舆论中，我们可以看出，西方学者无法用他们的理论来解释中国发展模式到底是什么。其实，普通的国民、国外民众和一般学者群体对此也不够了解。这就需要通过主题出版物向国内外不同的读者群体解释中国发展模式，对于这一宏大、深刻的主题，如若没有学术大家的主持，没有学术出版的支撑，是难以得到国际认可的。

主题出版也可以成为学术出版的眼睛和灵魂，有时能引领学术出版的发展。中国的学术出版不仅仅是思想领域的碰撞与交流，更是构建中国话语体系的重要途径。理论的研究成果从来不是在书斋里产生的，而是从实践中来，用于指导实践、解决实际问题的。实践性是中国特色学科体系、学术体系的立足点。2016 年，习近平总书记在全国"科技三会"上强调，科学研究既要追求知识和真理，也要服务于经济社会发展和广大人民群众。这要求学者善于从实践中挖掘新材料、探索新问题、形成新观点、构建新理论，从而形成具有中国特色、中国风格和中国气派的话语体系。从这一点来说，主题出版一般选题重大，立意高远，具有前瞻性和时代性，有时能为学术出版提供牵引力，能够引领学术出版往立意更高的方向发展。一些大社、名社的出版会引导社会问题的学术研究方向，使学者们不再局限在象牙塔里，而是开始关注社会重大问题，将学术成果转化为解决实际问题的工具。

主题出版与学术出版互相转化，共同服务于党和国家战略。一般学术出版物体现党和国家意志时，便具备了主题出版物的属性。一些学术出版物与主题出版物之间的界限本身就比较模糊，二者彼此牵连、彼此渗透、相互交织。生活·读书·新知三联书店"走出去"的系列中国学者著作中，如哲学家陈来教授的《中华文明的核心价值：国学流变与传统价值观》将学术研究、传统文化解读、主题出版融合，吸引了多个国家的出版方前来洽谈版权合作。对于科技类学术出版物，如果赋予其一定的国家战略整体表达，那么这样的出版物总体上也具有了主题出版的属性，如"大飞机出版工程"和"量子科学出版工程"等，这些都是主题出版与学术出版互相转化的实例。

主题出版内涵越来越丰实，角度越来越新颖，这更需要加强主题出版内容的学术性和专业性。没有专业的内容作基础，就很难讲出生动有趣的故事和道理，没有一流专业学者撰写创作，就很难出现精品力作。主题出版在今后的发展中确实需要增加学术支撑，学术性和专业性的加强与可读性、市场性并不矛盾，并且能达到一定的统一。

（六）积极探索主题出版的开放性和规律性

政治高度、学术规范、市场运行"三位一体"是主题出版的本质属性，但主题出版内涵本身是动态开放的。在中国共产党的奋进历程中，时代主题一直在变化。主题出版密切联系党和国家政策，这就决定了其内涵是变化的、可延展的。虽然在新中国成立之前没有"主题出版"的概念，但是类似的出版工作却有主题出版的性质。中国共产党成立初期，主要围绕建立党的章程、党的组织建设、思想建设等开展活动，系列马克思主义经典理论的翻译和出版为中国共产党提供了理论来源，帮助当时的人们树立了坚定信念。在新民主主义革命时期，围绕土地革命战争、抗日战争等出版了一系列理论作品和文艺作品，为党领导的革命收获了广泛的群众基础。新中国成立初期，一大批红色出版物如雨后春笋般涌现，激起中华儿女建设新中国的热血与豪情。改革开放和社会主义现代化建设新时期，反映中国社会改革发展、记录时代变化的作品纷纷面世，为改革开放和现代化建设提供了强大的动能。党的十八大以来，在习近平新时代中国特色社会主义思想的引领下，一大批优秀主题出版物应运而生，激励我们为实现中华民族伟大复兴的中国梦而奋斗。

主题出版的动态性决定了主题出版物具有鲜明的时代特色。回顾主题出版的发展历程，不难发现，它的内涵也在主动求变，范围在不断延展，从中可以看出主题出版的开放性与复杂性。主题出版尽管还处在起步发展阶段，但也逐渐呈现出若干规律。我们不仅要认识这些规律，而且要遵从这些规律，如内涵叠加规律、主体多元规律、系统支持规律、界面友好规律等。2015年，习近平总书记在中央政治局"三严三实"专题民主生活会上强调，"要应对好各种复杂局面，关键是要提高对规律的认识，善于运用规律来处理问题"。主题出版工作蕴含于我们党和国家全局工作之中，必然也有自己的发展规律，学界和业界应该积极合作，相互结合，去探索和发现这些规律，为主题出版事业强基固本，为高质量发展寻路问道。

二、 探索与新知

（一）多元出版主体与传播视角

从近年主题出版发展情况来看，主题出版的实践主体在细分化、多元化。主题出版内涵的丰富性和复杂性大大拓宽了选题的空间，吸纳了更多的出版主体参与其中。以往主题出版多是党政类出版社在做，现在大学社、科技社等专业出版社也逐步参与进来。比如，中国人民大学出版社将学术成果转化为主题出版物，形成马克思主义经典文本研究、中外马克思主义理论和马克思主义中国化等方面的出版特色，其出版的《马克思主义中国化史》《全球治理的中国担当》《中国反贫困：人类历史的伟大创举》等主题出版物是以学校特色资源和学术优势为依托的。人民邮电出版社比较擅长做科技类主题出版物，陆续推出的《"芯"想事成：中国芯片产业的博弈与突围》、"科技改变中国"丛书、《科学与忠诚：钱学森的人生答卷》等受到了较广泛的认可。主题出版内涵具有开放性、可转化性，恰恰是通过选题和内容的转化，让更多图书开始有较高的站位，立意更加深远，也让更多专业出版社看到了做优秀主题出版物的可能与希望。这无疑壮大了主题出版的整体队伍，扩大了市场规模。

在出版业外，我们可以看到有许多非出版机构和个体加入主题出版活动中。中国的网络文学已经发展了 20 多年，这与主题出版的发展时间很接近。截至 2020 年，网络文学的用户数量突破 4.67 亿，作者数量突破百万，2016—2020 年，根据网络小说改编的影视剧超过 600 部，海外输出网文作品 1 万余部，实体书授权 4000 余部，上线翻译作品 3000 余部，网站订阅和阅读 App 用户超过 1 亿人次，覆盖世界大部分国家和地区，这也成为全球一大流行文化现象。近年来，网络文学领域逐渐出现了一系列主题性文学作品，比如网络文学作家阿耐的《大江东去》描述了拨乱反正的 1978 年到 1992 年间改革开放的实践者们在历史中的成长，再现了中国国有经济、集体所有制经济、民营经济和引进外资的历史发展。又如聚焦大运河文化的《运河天地之大明第一北漂》一书中，网络文学作家源子夫通过描写小人物与运河之间的关系，勾勒出明代运河北段的政治历史、风土人情和科学技术的发展变化。

掌阅科技股份有限公司作为一家民营企业，也推出了一系列现实题材的主题作品，比如我本疯狂的《铁骨铮铮》、洛明月的《三十年河西》、红景的《华丽的冰上》、康情宝贝的《人民医生》、陈博的《海地记忆：一个维和警察的日记》等。同时值得称道的是，在文化"走出去"的战略背景下，该公司已经成为中国数字阅读企业的先行者，国际版 App 覆盖全球 150 多个国家和地区，2021 年国际用户数量持续增长，其中突尼斯、孟加拉国、摩洛哥、沙特阿拉伯、越南等国的用户数量增长最快。在用户分布上，美国、泰国、英国、澳大利亚、加拿大排名前五。相比于传统升级打怪式的网络爽文和修仙题材，丰富多样的主题出版物以现实主义关怀和时代价值提升了全民阅读质量，引起国内外受众的更大兴趣。

无论是美国好莱坞的英雄叙事方式，还是我们今天津津乐道的中国网络文学、主旋律影视剧的成功，对做好主题出版都有重要的参考价值。如何进行主题叙事是没有现成理论指导的，但是在不断变化的时代潮流中，它们已经走过了泥泞，取得了许多成绩。网络文学从中国走向世界，在草根写作的浪潮中充分发掘了民间的力量。这说明：第一，市场对主题出版也有很大需求，只要能做出精品，就会有市场和粉丝，主题作品的成功证明我们是有这方面人才的，是能够讲好故事的；第二，我们需要总结其中的叙事经验和传播规律。

这种规律首先是要形成平民的叙事视角，要有底层关怀，英雄来自人民。从好莱坞、网络文学、主旋律电影、印度宝莱坞等成功的作品来看，再宏大的选题都要首先学会讲故事，而好的故事往往聚焦的是人，这些人不是符号化的、概念化的、完美的模型，而是有着喜怒哀乐、彷徨挣扎、会哭会笑、性格鲜明、可亲可爱的普通人，就像社会中普通的你我一样。这样的人物所从事的职业不同，做的事平凡但伟大，他们的成长能够折射个体与时代发展的变迁，个体的抉择反映了其信仰，读者在人物身上可以获得共鸣和理解，读懂了故事，也就读懂了时代、读懂了社会主义核心价值观。

目前国内的主题出版精品还不多，我们需要一批真正具有政治高度、讲究学术规范、市场运行良好的优秀主题出版物。要做好主题出版，就要寻求一种更加平和、亲民的传播理念，传者和受者是平等的，是可以对话的，而不是我说你听的不平等对话。主题出版必须让实践主体发挥创造性，要鼓励民间创作，更要借鉴国内外成功的传播模式。

其实，在近代中国的历史发展进程中，中国共产党取得成功很重要的一点就是走群众路线。当时党的舆论宣传工作就是走群众路线，在传播内容上是急群众之所急、想群众之所想，政策路线的宣传回应群众的需求，为解决群众难题而服务。宣传出版工作放下身段、敢于倾听民间的呼声、敢于进入人民群众的汪洋大海，在保证政治导向的前提下，吸纳了大批群众作为创作者，利用全民的智慧，这才有了"政治家办报、群众办报"的经验路线。在陕北敌后革命根据地建设时期，面对国民党发动内战和抗日战争的内外危机，国际上对中国共产党不太了解，存在对我们党的猜疑、抹黑。中国共产党的领导人在困难时刻请埃德加·斯诺进入陕北采访，他在《红星照耀中国》一书中真实记录了我们党的领导人与他的对谈，展示了相关政策。我们党的领导人没有摆官腔、摆架子，对记者的回应真诚、坦率，此书的传播得到了国内外读者的真心支持，对我们党的事业产生了重大影响。

目前，我们的主题出版工作，有些是自上而下推动的，传播也是自上而下的。有些图书出版了，营销推广就是开个新书发布会、在公众号上发条消息，草草了事。有些出版单位不听读者怎么说，也不关心销量和热度，造成民众对有些图书的内容认同感低、信任度差。说到底，其实就是有些图书既没有把党中央的政策解释到位，也没有说出老百姓的心声，说空话、套话较多。主题出版的成功在于俘获内心，我们不仅要鼓励多元出版主体投身主题出版工作，而且要支持更多创作主体积极参与主题出版创作，形成百花齐放、百家争鸣的良好局面。创作和传播也应遵从平民视角和群众规律。

（二）主题出版两个市场的开拓与创新

主题出版的市场是多元的、动态的、开放的体系。这里所说的两个市场，即主题出版国内市场和国际市场。以往我们做主题出版主要侧重于国内市场，今天国际市场也近在眼前，需要深入研究，积极应对。主题出版物中政治读物、革命战争题材较多，有一批图书依托系统发行，取得了一定的效益，但是有些内容同质化严重、说理论证不充分。其中的主要原因是对主题出版的内涵和市场认识不够充分，对主题出版的定位认知也缺乏战略眼光。中宣部出版局多次强调主题出版物要发挥春风化雨、引领示范的作用，要在全社会建构唱响主旋律、传递正能量、提振精气神的文化氛围，这要求主题出版重视普通读者，扩大自己的目标读者群，面向读者策划选题。因此，要确定选题的读者群。目前国内读者市场细分化趋势比较明显，根据读者的年龄结构、职业结构、媒介接触、学历教育、性别等的不同，有不同的细分市场，做主题出版时需要认真研究、深度思考，打开真正自发购买的市场。市场细分是目前主题出版市场运行的一个趋势和规律。

　　如果主题出版物的目标受众群体是普通大众，要求覆盖面广，那么出版物的选题就要注重可读性，语言表达要深入浅出。2020年新冠肺炎疫情期间浙江科学技术出版社出版的《疫情来临时：新型冠状病毒肺炎居家防护指南》、上海交通大学出版社出版的《查医生援鄂日记》等诸多抗击疫情的实用类图书，以及2020年商务印书馆推出的《扶贫笔记》等纪实类文学作品，都具备以上特点，取得了很好的市场回报。当然，我们也可以看到，一些学术出版物转化为主题出版物，理论性较强，这些主题出版物面向的多是受过高等教育的专业人士，那么这些出版物就必须遵循学术规范，同时把握导向，做好营销，才能经得起知识分子群体的检验。张维为的"中国三部曲"、厉以宁的"中国道路丛书"、刘统的《火种：寻找中国复兴之路》、陈来的《中华文明的核心价值：国学流变与传统价值观》都是由国内学术功底深厚的学者基于翔实的资料创作的，可读性强，为读者提供了理论滋养和精神享受。这些成功的案例说明选题内容创新、语言亲民、论述精到、资料翔实也是赢得市场的关键。

　　面向儿童的主题出版物则往往是少儿出版社的重点出版方向，儿童的世界观、人生观等尚未完全形成，主题出版的内容和语言更应该符合儿童的认知水平，同时兼顾童趣，激发儿童的想象力。一般儿童文学的包容性较大，少儿出版社以文学切入主题出版的较多，当然少儿主题出版也正延伸到其他形式上。在表达方式上，通常采取绘本、动漫等形式做主题出版物。一些出版社还在尝试用VR、5G等新技术创新表达。可以说，不同的主题出版物面向不同的受众群体，有不同的切口和角度，以及不同的话语特点，不过也有共同点，即主动面向市场策划选题，情感真实，立意深刻，实现了社会效益与经济效益的统一。随着主题出版市场竞争的进一步加剧，媒介信息技术形态更加多元，主题出版物的儿童市场将更加开放。

主题出版既要面向国内市场，又要面向国际市场。新时代中国面临的国际舆论环境更加复杂，中国在全球治理中的作用日益凸显，将中国经验传递给全世界，讲述中国故事、中国模式，呈现立体、全面、真实的中国，是时代赋予主题出版的新命题。目前，国内有不少出版社已经开始布局国际化出版事业。比如隶属于中国外文出版发行事业局的新星出版社，在外宣出版方面特色突出，围绕"丝绸之路"沿线国家的特色城市，以文学的形式为城市立传的图书已经出版多部。又如，外文出版社出版的《习近平谈治国理政》《之江新语》《摆脱贫困》《走近中国共产党》等图书的外文版都是代表性著作。同时，除了创作、翻译出版主题出版物，有些出版社还在海外设立了编辑部，合作出版主题出版物，如新世界出版社的中国主题图书海外编辑部多达 16 家。一些出版社还积极在海外寻找作者，如中国出版传媒股份有限公司在 2021 年推出"外国名家写作中国计划"，邀请了一批了解中国、热爱中国的学者和汉学家等撰写中国题材的图书，已经签约了 19 位汉学家。这些都是主题出版近年走向国际市场所做的积极努力。可以看到，我们的主题出版国际化虽然处于刚起步阶段，与西方出版强国存在一定差距，"走出去"面临的文化壁垒、语言、法律、市场等方面的困难较多，但在两个大局的背景下，主题出版面向国际市场是必然的，是大势所趋。主题出版的国际市场必将随着全球政治经济格局、信息技术的发展而深刻变化，主题出版的国际市场发展前景是光明的，但道路充满挑战。

（三）主题出版动力机制的运行与优化

　　主题出版经过了近 20 年的发展，宏观的动力机制逐渐清晰、有效，但微观动力机制的高效运转仍然任重道远。主题出版是党和政府自上而下的制度设计。自中国共产党成立以来，围绕不同历史时期的任务和路线，出版了不少具有政治性、理论性或文艺性的经典读物，不少精品读物体现了政治自觉性和以人民为中心的创作导向，虽然没有明确提出主题出版的概念，但是主题特色明显。2003—2007 年，主题出版开始以政策性的语言方式出现，但彼时的主题出版只是体现在一些具体的方向上，比如围绕党的十六大、抗击"非典"疫情、纪念毛泽东诞辰 110 周年等重要时间节点。中宣部每年发布主题出版重点选题方向，指导调动各出版单位的主题出版活动。2007 年，国务院新闻办公室、新闻出版总署推出中国图书对外推广计划，重点资助反映中国当代政治、经济、文化、社会等领域的建设与发展，介绍中国自然科学、社会科学重大研究成果和中华优秀传统文化的相关作品，这些在今天看来都有了主题出版的属性，但无论是国家层面，还是学界、出版界，当时都未对此形成一个清晰的概念，对主题出版的认识也较为有限。2007 年，国家出版基金开始设立，次年国家出版基金对出版项目的支持正式启动，强调了资助项目的重大文化价值和文化传承价值，后来国家出版基金管理办法进一步修订，强调将体现国家意志、推动文化发展、提升文化软实力、扶持精品作为资助的标准，主题出版也逐渐成为国家出版基金资助的重点之一。由此，我们可以看出，主题出版一开始就属于顶层设计，具有战略性意义，主题出版对内发挥举旗定向的舆论引导作用，对外承担增进交流、消除误解、提升文化软实力和国家形象建设的重任，其宏观动力机制非常有力、有效。主题出版微观动力机制更应讲究市场性，增加持续动力，不仅面向国内市场，更面向国际市场。这些动力机制、特点在学界和出版界的探索中逐步显现。

自 2012 年起，国家出版基金为主题出版提供特别通道，单列主题项目申报，与年度出版基金项目分开，突出了主题出版的重要地位。自 2015 年起，中宣部每年都会公布主题出版重点选题方向，为业界做主题出版提供指导。入选中宣部年度主题出版重点出版物选题是许多出版社非常看重的荣誉，这一举措也成为当前主题出版发展的最有效动力。同时，以"一带一路"沿线国家为重点推广地区的系列出版工程也在陆续推出，近十年，主题出版在宏观动力和微观动力的双重推动下迅速发展、壮大。

在近 20 年的发展历程中，主题出版的宏观动力机制是较为清晰的，首先是党和国家有关部门引导、发动、评价，出版社为主体策划推动，编辑团队为主体具体实践。在认识上，党和国家有关部门、出版界都意识到主题出版的重要性，越来越多的出版社参与到主题出版工作中来，同时认识到主题出版不仅要讲究社会效益，更应面向市场，遵循市场发展规律。尽管如此，主题出版在微观动力机制上仍然存在一定的问题，这里的微观动力机制主要体现在内容策划、出版流程、营销推广等环节，出版社领导和地方宣传部门深知主题出版的重要性，但是相当一部分编辑团队在项目运作上还远远不能适应主题出版的新要求。

主题出版的项目运行缺乏系统性的支持。一些出版社做主题出版往往只顾有关方面的评价，只求内容做好，但是围绕图书的营销、推广、数字化、国际化都没有展开。有些出版社的主题出版看似搞得风风火火，满脸红光，但是下肢肌肉并不发达，市场销售比较一般。这里面就涉及一个核心问题——主题出版运作到底走不走市场化道路。有些人认为主题出版口碑好就行，出版社不缺这个钱，可以不考虑经济效益；有些人做主题出版的动机不纯，认为主题出版物是给领导看的，只是为了得到有关方面的表扬。如果从出版社领导到编辑都是这样的认识，那么具体到图书的出版上，就不会有系统的支持和长远的战略，自然也就搞不好营销。主题出版说到底是为了读者、为了人民，党和国家的中心工作也是服务人民，以人民群众的根本利益为中心的。如果主题出版服务党和国家工作大局，却不考虑市场，那就与它的根本宗旨相背离，自然就失去长远运行的动力，也就无法很好地发挥舆论引导、文化熏陶、思想支持、凝聚党心民心的作用。有些出版社做得还是比较好的。比如人民出版社、学习出版社、党建读物出版社、人民邮电出版社、上海人民出版社、浙江人民出版社、中国人民大学出版社、上海交通大学出版社等做主题出版具有完整的配套支持体系，将组织、品牌、资源纳入长远规划。而有些出版社认识不到位，资源配置缺乏整体性、长远性，主题出版的微观动力机制相对薄弱。

主题出版的动力机制需要进一步优化、续能。目前对主题出版的学术评价和市场评价还没有完全到位，这在某种程度上影响着出版社、作者和编辑的创作动力，有待进一步研究。

（四）关于主题出版认知的几个误区

主题出版事业越来越壮大，越来越多的人认识到其重大作用和意义，但目前业界和社会对主题出版的认知还存在一些误区。要想真正让主题出版既发挥宣传引导功能，又能让读者接受，就必须澄清这些误区。

误区一：主题出版物仅仅是政治读物。这一认识误区通常也是读者的误区，他们往往认为主题出版物只讲政治，是纯粹的政治读物。要认识这个问题，就必须回到对主题出版的党性与人民性之关系的认识上来。我们党的思想基础是马克思主义理论以及该理论与中国实践的结合。这里面有个根本性问题，即党和人民的关系问题。"人民性"是习近平新时代中国特色社会主义思想的基本特征，党的二十大报告又做了充分的论述，如"一切脱离人民的理论都是苍白无力的，一切不为人民造福的理论都是没有生命力的"等。

从这个意义上来说，党性与人民性是统一的，党的一切工作，就是以最广大人民的根本利益为最高标准，要看人民是否得到实惠、人民的生活是否得到改善、人民的权益是否得到保障。当然，在整体利益的操作上，涉及具体利益的分配时，可能会产生矛盾。党在实际工作中，在处理各种利益关系、协调各方面利益的同时，将整体利益放在首位。我们的主题出版将政治导向和社会效益放在首位，是要引导人民建立对马克思主义的信仰以及对社会主义制度的自信心，主题出版要歌颂的不仅包括党领导人民艰苦奋斗的历史和重大成就，还有各行各业出现的人民英雄、平民榜样，从小切口揭示社会进步和科技发展，从学术角度弘扬中华优秀传统文化，这样才有助于全面展示中国道路和人民情怀，真正树立可信、可爱、可敬的中国形象。

我们的主题出版物是政治读物，但又不仅仅是政治读物，更应是传世之作、学术经典、畅销之书。为什么有些人一听主题出版就容易产生偏见？除了我们上面谈到的认识上的问题，在实际工作中，出版界也有部分责任。有些出版社在做主题出版时，确实存在不少内容枯燥乏味、空话套话多的问题，没有认识到以党性为统领和以人民为中心的主题出版到底应该如何做，缺乏真情实感、平民视角，不会讲故事，只想着完成任务，草草了事。说到底，有些出版社的主题出版物脱离了市场，脱离了群众，既没有从群众中汲取养分，也没有反映群众的心声，更没有起到引导、教育的作用。因此，主题出版从业者一定要深化对党性、人民性的理解，同时以严谨细致的态度将主题出版物做成既有高度又有温度的精品力作。

误区二：主题出版等于红色出版。同前面我们论述的一样，主题出版的内涵是动态的、开放的、复杂的、可转化的，主题出版并不等于红色出版，二者是包含与被包含的关系。红色出版涉及的是革命文化的出版，我们的主题出版是要从中华优秀传统文化、革命文化和社会主义先进文化中挖掘灵感，吸收养分，策划选题。主题出版具有很大的延展性，文化、文学、历史、科技、学术、少儿等不同领域都可以做主题出版，比如，主题出版也涉及聚焦科技发展的蓝色出版、聚焦生态环境保护与建设的绿色出版等领域。

误区三：主题出版可以做口红效应，只要有代表作就可以了。有些出版社做主题出版，往往只是找一个编辑做一两本相关的图书，只要生产出具有代表性的作品就可以了，但这是远远不够的。主题出版要有系统性、整体性、战略性、长远性，不是靠一两本书做得好就算完成任务，要将其纳入出版社的整体发展战略，形成长远规划。事实上，每年只做一两本主题出版物的出版社，其社会效益和市场回馈往往也不太理想。主题出版工作做得好，可以为出版社带来源源不断的经济效益，同时很好地实现社会效益。出版社需要在做内容之前就充分做好读者调研，策划好选题，找到好作者，认真打磨内容、书名和封面，做好推广营销工作，只有做出精品，后期才能孵化 IP，打造产业链。一支"口红"的成功只能带来短期的效益，只有持续不断挖掘"口红"带给消费者的价值，开发新的风格，同时与不同的"服饰"搭配，才能延续"口红"的生命力，引领新的潮流，产生规模效应，从而实现社会效益、经济效益双丰收。主题出版工作更是如此，要制定战略、优化队伍、聚合资源、形成品牌。主题出版的成功离不开系统性、整体性、持续性的规划和支持。

误区四：主题出版是中国特有的现象或产物。虽然我们有明确的主题出版概念，但主题出版并不是中国独有的，西方的主题出版痕迹虽然不明显，但也常通过图书来宣传其价值观与统治理念。无论是西方的一些媒体、影视剧还是学术著作，其建立的基础都是一套以个人主义为核心的价值理念，而在自由市场原则的基础上建立的政治、宗教、文化、媒体，都强调资本主义制度的普适性和天然合理性，任何与之相悖的制度要么是落后的，要么是要被改造的，如果无法被"西化"，那么意识形态的斗争就会变得比较激烈。这些著作的出版体现了西方价值观意志，从某种程度上讲就是它们的主题出版。拉美地区从 15 世纪起被殖民化，第二次世界大战后，拉美地区开始了民族解放运动和去殖民化过程，各个国家相继获得了政治上的独立，但经济上并没有按照西方学者设想的那样顺利发展，这些国家要么不发达，要么依附于西方发达国家，反而形成了依附于西方发达国家的边缘地位。一批西方学者提出了依附理论，西方新马克思主义以此来质疑西方制度在这些国家的适用性问题。这些理论和相应的图书也是为现实意志服务的。

　　西方的出版也好、媒体也好，其制度自觉、理论自觉和价值的普适性已经融入其实践中。美国学者亨廷顿的《士兵与国家》《文明的冲突与世界秩序的重建》《民主的危机》等学术著作论证扎实、视野宏大，在全世界范围内产生了较大影响，但也不难发现，亨廷顿作为一个保守主义者的政治理念，在他的著作中，通常是以自由主义和美国的政治制度为参照点，论述其他政治秩序的失效与危机。亨廷顿的学生福山在苏联解体后写作了《历史的终结与最后的人》一书，对人类历史未来将走向何方这一宏大命题给出了他自己的答案。然而，无论是从今天中国的发展奇迹来看，还是反思发展中国家（包括印度、巴基斯坦、印度尼西亚等）推行自由民主制度后产生的困境，我们都会质疑西方式发展道路在不同国家的适用性问题。尽管如此，诸多类似的著作仍论证了西方政治体系和价值观的合理性。反观这些著作，其下的功夫更大，价值观的构建更隐蔽，不少西方学者的理论甚至被其他国家的学者拿来分析本国的实际情况，但如果不置于本土情境下做具体分析，就很容易落入理论陷阱，丧失对现实的指导意义。

　　今天，我们的主题出版要参与构建中国特色的话语体系，要引导国内外社会形成对中国真实情况的认知。西方学者的理论性、论证性比较充分，但是他们中的很多人没有长期在中国生活过，缺乏对中国历史和现实的整体认知、细节认识。我们的主题出版要借鉴世界上成功的文化传播规律以及有些学者的治学态度和论证体系，更要有理论自觉，向世界介绍国外读者所不了解的中国，而不是拾人牙慧，这样才能赢得真正的尊重和成功。近年来，张维为、郑永年等学者的著作在西方学界已经产生了影响，未来需要更多这样的作者和著作。西方的主题意识已经融入各种文化生产活动中，发展了近百年的时间，早已建立了一套有影响力和说服力的话语体系，而我们有些出版单位的主题出版意识还没有完全跳出灌输式传播等认识误区。

误区五：没有经济效益的社会效益是存在的。 有些人认为主题出版可以不讲经济效益，只讲社会效益，这是不对的。从传播学上说，一本书如果没有传播到位，没有到达读者的案头或终端，做得再好也是空中楼阁、无源之水，这样的主题出版物发挥不了它应有的作用。事实上，没有经济效益的社会效益是不存在的，主题出版是服务党、服务人民的，党性与人民性的关系我们在前面已经论述过，是统一的。2021 年，在党史学习教育动员大会上，习近平总书记强调，"江山就是人民，人民就是江山""把 14 亿中国人民凝聚成推动中华民族伟大复兴的磅礴力量"。脱离人民是危险的，在政治上脱离人民群众就会威胁执政党的合法基础，失去民众的支持和信任。脱离市场同样是脱离人民的一种表现，我们的主题出版要尤为强调市场的力量，要对那些讲空话、假话而不顾人民群众和广大读者感受的人进行反击，坚决反对形式主义。社会效益和经济效益是统一的，两者不冲突。比如具有主题特色的网络文学《山海情》及改编的同名电视剧，是接地气的扶贫主题的作品，里面有不少素材来自真实事件，民众的性格和喜怒哀乐融进了扶贫过程中，村民与基层干部的淳朴以及彼此间的矛盾、包容都细致体现了出来，让人感受到民间朴实纯粹的精气神和中国扶贫事业的伟大壮举，这是最能说明经济效益和社会效益能很好融合在一起的典型案例。

误区六：主题出版国际化就是把国内的出版物翻译成外文，所谓的出版"走出去"，就是将中文作品变成外文作品。 当前有些主题出版

"走出去"实际上就是这样做的，一些反映中国扶贫经验的书直接翻译成外文，难免教条化、形式化，国外读者感受一般，无法产生共鸣共情。尤其是国外读者，他们不关心你做了什么，他们更关心你是如何做的，为什么要这么做，普通老百姓是怎么说、怎么看的。人文主义关怀是人类共通的情感，我们的主题出版走向国际要学会视角的转化。讲故事不能上来就是宏大的叙事，而是应该更多回归到干部、群众这些有血有肉的个体身上。是人就有性格、就有瑕疵、就有喜怒哀乐，不应该把所有人都刻板化、完美化、神化，这样的描述不真实，读者不爱看，而应该像《山海情》那样，用具体的描述展现中国扶贫事业中涌现的优秀党员干部，用细节打动人。从这个意义上说，国际化的主题出版不是直接翻译，而是二次创作，是直接为国外受众策划的，是视角的转换。在二次创作中，我们要照顾到不同语言环境、不同国家地区的目标受众，比如一本书要输出到中亚地区和北美地区，那就要调研好读者、文化等方面的不同点。此外，中国的一些文化、习俗、价值观对国外一些受众而言是陌生的，我们需要对细节给予解释，还要结合国外读者的习惯、心理做出贴切的表达，这些都是复杂的工程，因此，主题出版的国际化是一项长期性、复杂性的工作。

▬ 三、本书的框架与特点

本书共分为 10 个部分，每个部分之间互相支撑、相互关联，构成主题出版研究的整体图景。

导论对中国主题出版近 20 年的发展进行了思考，对主题出版的定位是高度与温度的统一，这也是新时代主题出版的基本特点。主题出版是一项具有高关注度、高难度、高融合度的事业，必将是复杂、艰巨的工作。主题出版的内涵是动态的、开放的、复杂的、可转化的。导论着重论述了主题出版的时代性、融合性、学术性和规律性，同时，梳理了主体多元变化、国际国内两个市场、动力机制和评价机制等一些新的思考，对出版界当前的困惑给出了解答。导论分析了主题出版实践的若干成因。主题出版的行为主体目前越来越细分，出版市场越来越多元、开放、动态，主题出版的宏观动力机制日益清晰，但微观动力机制的有效性仍需提升。导论还对目前主题出版的误区做出解释。这一部分是宏观论述，要了解主题出版某一具体方面的研究内容，则需要阅读本书核心部分。

　　本书核心部分共 9 章。第一章"主题出版总体研究"，聚焦主题出版的内涵建设，涉及主题出版概念的历史发展和内涵的拓展。第二章"主题出版高质量发展研究"，聚焦主题出版实践的经验、问题与思考，比如我们提到的主题出版主体多元化、内容空间和选题的复合性设计、市场的多元化发展、融媒体建设、盈利模式、国际化瓶颈等，在这一章都有详细的论述。第三～五章介绍主题出版亟须重点解决的三大核心问题。主题出版和学术出版的关系既属于内涵探索的延伸，也是目前出版界做主题出版时面临的较大困惑。第三章"主题出版与学术出版的关系研究"，细致探讨二者之间的异同和关系，以及专业出版社如何做主题出版等议题。第四章"主题出版的国际化研究"，探索中国出版和主题出版"走出去"面临的问题和可能的路径，以及主题出版物国际编辑能力建设等议题。第五章"主题出版的数字化研究"，聚焦主题出版的数字化建设，论证数字化瓶颈，数字化如何助力舆论引导、传播效果提升、全民阅读等议题。第六章"主题出版的动力机制与评价机制研究"，讨论主题出版的动力机制和评价机制如何进一步优化，提供了一些可行性的建设。第七章"主题出版其他方面研究"主要涉及作者资源的开发与维护、封面色彩对比研究以及全民阅读等相关方面，这些也是主题出版当下面临的问题，值得研究。第八章"主题出版总体发展与趋势分析"，对主题出版的未来进行趋势分析。第九章"对主题出版近年发展的若干规律性认识"，则对近年主题出版的发展进行了规律性总结。

纵观本书，主要具备以下四个特点。

第一，学理性与实践性结合。笔者在出版界从业 30 年有余，有过多年的主题出版实践，近五年集中在做主题出版的梳理工作并进行学理性思考，目前已主持若干国家社科基金项目、教育部重大委托项目、省级重大项目等，在核心期刊发表论文 30 余篇。笔者所在的研究机构发布若干主题出版年度报告，自 2018 年起三次与其他机构合作举办全国主题出版学术会议，2022 年 6 月入选国家新闻出版署首批出版智库高质量建设计划。本书主体部分对主题出版的理论探索均从实践中来，我们尝试探索一些可能的模式，为出版界同行提供实践参考与验证。

第二，始终强调主题出版是政治性、学术性、市场性的统一，是与时俱进、动态开放的逻辑体系。

第三，本书提出的许多观点有些是首次探讨，需要有关领导、专家、同行扩充、完善和发展。我们首次提出了主题出版内涵的拓展。2018 年 8 月在上海举办的第一次主题出版研讨会议上，我们结合党的十九大报告内容，将三种文化（中华优秀传统文化、革命文化和社会主义先进文化）纳入主题出版的选题范围，这一观点目前已基本成为学界、业界的共识，大大拓宽了主题出版的选题范围和空间，为更多出版社做主题出版的选题策划提供了重要依据。我们首次论述了主题出版和学术出版的关系，提出专业出版社打造优秀主题出版物的思路。书中提出主题出版国际国内两个市场的问题，论述了主题出版国际化建设的新观点。以往做主题出版，主要聚焦国内，但是近年来随着中国日益走近世界舞台中央，中国参与全球治理的角色凸显，国家形象建设和文化软实力提升需要与硬实力相匹配，这需要主题出版提供支撑，因此主题出版的国际化建设意义重大。研究院首次开展对主题出版动力机制和评价机制的系统研究，近两年在有关刊物上连续发表这方面文章，希望促进主题出版动力机制和评价机制优化提升。书中讨论了动力机制和评价机制。

第四，本书的内容集思广益，与会议、讲座等紧密结合，除了笔者所在的杭州电子科技大学融媒体与主题出版研究院与相关机构合作举办的全国性主题出版学术会议以外，近年来笔者参与学界、业界等组织的各类主题出版相关会议、主持讲座等几十次，与从事主题出版政策制定、研究、实践的同行有一定的交流，有些成果以学术报告、讲座对谈等形式得到了一定的补充和佐证，支撑了本书中的内容。

总之，本书尽量做到集学术性、实践性、创新性和战略性于一体，这些成果本质上是为国家出版行业服务的，同时也为我国主题出版事业的发展和出版学科建设提供参考。

作者：韩建民

第一章

主题出版
总体研究

近年来，关于主题出版，从上到下、从业界到学界，都进行了积极有益的探索。主题出版的内涵得到更多的拓展，内容形式也更加丰富，还涌现出了不少带有一些新理念的实践探索。出现这些新的变化，说明主题出版日益受到国家和社会的重视，在国际局势快速变化的今天，主题出版应设立更高要求，进入更高境界。本章主要探讨主题出版的内涵拓展、时代意义、研究动态等。

一、主题出版的历史与内涵

引语

本节就主题出版的概念、发展历程、内涵和特征展开深入的讨论。从 2003 年开始，主题出版成为一个热词，成为一个重要的出版门类，甚至成为我国基本出版制度的重要组成部分。2003 年可看作新时期主题出版工作的标志性起点。在 2003 年前虽然没有主题出版的概念，但围绕着党和国家的工作大局开展的出版工作实际上具有主题出版的性质。主题出版工作是一种创造性的转化和创新性的发展，意义重大。主题出版的内涵也与时俱进、不断创新，需要从时间、空间和技术三个维度对其建设的规律性进行深入探讨。

主题出版经过多年不断实践、创新，已经积累了不少经验，但也存在一些问题。这些经验和问题一方面反映了深入研究主题出版的必要性，另一方面又为深入研究的可行性提供了条件。通过对主题出版问题的研究、探讨，希望形成一个比较完整、全面的逻辑框架，建立初步体系，进一步支撑、服务主题出版事业的健康发展，支撑、服务文化强国建设和出版强国建设。首先要厘清的问题是主题出版的历史与内涵。

（一）主题出版的概念

1. 主题出版概念的产生与确立过程

关于"主题出版"这个概念和范畴，一般认为是在原新闻出版总署2003年的一份文件中首次提出的。自2003年开始，各出版社配合党和国家的工作大局，纷纷开展了一系列重点图书的出版活动。2003年是毛泽东诞辰110周年，也是全民抗击"非典"的战役年，2004年是中日甲午战争爆发110周年，2005年是世界反法西斯战争胜利60周年、抗日战争胜利60周年……这些重大事件都成为当时的重点图书选题，从这一角度来说，这些出版活动就是主题出版。其后，主题出版发展越来越全面、规范、厚重。

当然，也有些学者经过考证，对这个说法提出了不同意见。但无论如何，从2003年开始，"主题出版"成为一个热词，成为一个重要的出版门类，甚至成为我国基本出版制度的重要组成部分。

自2003年起，中宣部、原新闻出版总署每年都围绕重大事件、重大时间节点、重大理论，部署年度重点出版物选题规划，逐渐形成惯例。原新闻出版总署出版管理部门负责人吴尚之、王志成在《2008年全国图书音像电子出版管理工作》中，进一步将其明确为"主题出版工作"。至此，主题出版概念和主题出版工作逐渐明确，并作为出版的重点工作不断发扬光大。

尽管2003年没有确切提及"主题出版"这几个字，但所提的"重点图书""重点出版选题"基本就是我们今天理解的主题出版,且这项工作自 2003 年起成为常规性的工作。就此而言,2003 年可看作新时期主题出版工作的标志性起点。

2．主题出版的发展特点和体现

主题出版已经成为我国基本出版制度的重要组成部分,成为新时期、新时代出版业的最大亮点,主要体现在以下几个方面。

第一,自 2003 年起,无论是原新闻出版总署、原国家新闻出版广电总局还是中宣部(国家新闻出版署),每年都会发出关于主题出版的工作部署、内容范围和工作要求的重要通知。

第二,每年都会向全国各地区、各部门的各出版单位征集国家主题出版重点出版物选题目录,这个目录的出台、运行和推动,成为业内主题出版工作非常重要的一个抓手。

第三,"五个一工程"奖、中国出版政府奖、中华优秀出版物奖等重大评奖活动,都把主题出版物作为重要的出版物门类来考量。

第四,主题出版的空间、范围在不断延伸和扩展,特别是科技出版成为主题出版的重要内容,而且许多科技类主题出版物开始走向国际市场,并取得了可喜的业绩。这与国内外的大环境有关,特别是在党的十九届五中全会提出加快建设科技强国战略以来,科技创新的地位和作用被提升到前所未有的高度,科技类主题出版的作用也日益凸显。

主题出版已经成为中国特色社会主义出版事业最显著的特点,对于这一点,无论业界还是学界都深有体会。主题出版的基本作用是服务党和国家工作大局,在出版领域体现党和国家意志,同时,主题出版是一个与时俱进的工程，是一个动态、开放的体系，需要我们不断地深入研究。

（二）主题出版工作的发展历程

1. 主题出版工作发展历程的大致分期

有学者对 2003 年以来的主题出版工作进行了阶段划分，认为从 2003 年到 2007 年是倡导阶段，从 2008 年到 2012 年是拓展和发展阶段，从 2013 年至今是进一步提升阶段。这种说法有一定的道理，但也有局限性。探讨这个问题还是应该与中国共产党党史的分期保持基本一致。这就需要考虑主题出版的内在约束条件，即它始终围绕着党和国家的主要工作大局来策划选题、选择作者，并付诸出版，从而推动、保障党和国家工作大局的健康运行和有序推进。应该说，在提出主题出版这一概念之前，主题出版已经与我们党和国家的命运融为一体，相伴随而产生、相依存而发展。在新民主主义革命时期，主要是围绕着党的主要战略部署开展出版工作；在社会主义革命和建设时期以及改革开放和社会主义现代化建设新时期，包括进入中国特色社会主义新时代，中国共产党作为执政党，领导着我国各项事业向前迈进，主题出版工作也围绕党的各项工作展开。

"主题出版"这个概念正式提出不过十几年，但是中国共产党领导的出版工作却由来已久。

中国共产党在成立初期，集中出版了一批进步图书，包括翻译出版了《共产党宣言》，组织出版了《社会科学讲义》《世界劳工运动史》《社会进化简史》《湖南农民运动考察报告》等。在中央苏区时期，出版了大量宣传马列主义理论和党的基本政策的图书、宣传册，如《社会主义浅说》《列宁主义概论》《共产党和共产党员》《土地问题讲授提纲》等。著名的《论持久战》《在延安文艺座谈会上的讲话》《毛泽东选集》等都是在抗日战争时期出版的。解放战争时期的出版活动也非常活跃，出版了一批文艺作品，如《小二黑结婚》《吕梁英雄传》《新儿女英雄传》《暴风骤雨》等，还有篇目更全的《毛泽东选集》、连环画《白毛女》等。

新中国成立初期到改革开放前，著名的出版物包括《资本论》《马克思恩格斯选集》，还有一批优秀的文学作品，如广受好评的《青春之歌》《红岩》《红旗谱》等。改革开放初期，同样出版了一批反映改革创新、扩大开放、戍边卫国的精品力作，如《乔厂长上任记》《我们这一代年轻人》《高山下的花环》等。新时代主题出版更是焕发了勃勃生机，出版了《习近平谈治国理政》《平易近人——习近平的语言力量》《习近平的七年知青岁月》等一大批优秀主题出版物，进一步形成党和政府高度重视、出版主体全力投入、优秀作者积极参与、人民群众喜闻乐见的良好局面。

其实，无论是在新中国成立前还是在新中国成立后，我们党的出版工作都取得了非常大的成绩，出版了一批精品力作，为党的建设、国家的发展做出了重要贡献。虽然那时还没有主题出版的概念，但这类出版工作实际上已经具有了主题出版的性质。

2．新时代主题出版的重大意义

对我们党和国家来讲，主题出版具有深厚的历史性渊源，几乎伴随着中国共产党的整个历史进程，伴随着中华人民共和国的整个历史进程；在提出这个概念和范畴之前，主题出版事业已经与我们党和国家的命运融为一体。当然，还应该承认，新时期主题出版概念的提出与主题出版工程的实施，特别是中国特色社会主义进入新时代以来主题出版内涵的深化与外延的拓展，是关于出版工作的全新提炼，是一种创造性的转化和创新性的发展，这也是新时代主题出版的重大意义所在。

主题出版具有非常重大的意义，主要体现在：第一，有利于巩固中国共产党的执政地位和宣传中国共产党的指导思想，全方位宣传党和国家的工作战略目标以及社会主义核心价值观；第二，有利于党的指导思想、执政理念的理论创新与发展，做到与时俱进；第三，有利于人民群众加深对党和国家相关方针政策的理解，凝聚民心；第四，有利于传承文明，弘扬中华优秀传统文化；第五，有利于布局中华民族伟大复兴战略，让国外读者充分理解中国发展道路、发展模式。

（三）新时代主题出版的内涵和特征

1. 如何理解新时代主题出版的内涵和特征

一般来说，无论是何种选题、何种体裁，只要是研究、阐述、传播主流思想意识、主流意识形态的书刊，都可以视为主题出版书刊。当然，重要的主题出版物还是要与党和国家的重大工作需求相衔接、相吻合、相配套。这里要注意两种"三结合"：第一种"三结合"，即要把对党负责与对人民负责结合起来，把服务群众与引导群众结合起来，把满足需求与提高素养结合起来；第二种"三结合"，即要把价值观的普遍性与特殊性结合起来，把有意义与有意思结合起来，把内容与形式结合起来。这是出版专家范军先生提出来的。为什么强调主题出版要为党和国家的工作大局服务呢？这是由马克思主义唯物史观所决定的。按照唯物史观的社会结构层次学说，最底层是生产力，然后是生产关系，生产关系的总和构成社会的经济基础，在经济基础之上的是上层建筑，上层建筑又分两个层次——思想上层建筑和政治上层建筑。根据社会结构层次运行的内在逻辑，思想上层建筑必须按照政治上层建筑的要求来服务于生产关系的和谐运行和社会生产力的健康发展。从这个角度来探讨的话，对处在思想上层建筑层面的出版活动而言，其社会结构的地位决定了出版的内容必须服务于由生产力和生产关系决定的社会制度，服务于由政治上层建筑所驾驭的国家政权，通俗地说，就是围绕大局、服务大局、保障大局、推动大局。简言之，主题出版必须为巩固我们的政治上层建筑而服务，必须无条件地弘扬主流意识形态，传播主流思想文化。

应该按照《中国共产党宣传工作条例》中规定的党的宣传工作的"一个高举""两个巩固""三个建设"的要求，持之以恒地做好主题出版工作，更好地理解并履行主题出版的历史使命。其中"一个高举"，即高举中国特色社会主义伟大旗帜；"两个巩固"，即巩固马克思主义在意识形态领域的指导地位，巩固全党全国人民团结奋斗的共同思想基础；"三个建设"，即建设具有强大凝聚力和引领力的社会主义意识形态，建设具有强大生命力和创造力的社会主义精神文明，建设具有强大感召力和影响力的中华文化软实力。

主题出版要求体现党和国家意志，服务党和国家工作大局，强调出版工作要围绕党和国家的重点工作、重大会议、重大活动、重大事件、重大节庆日等。近几年，由于国家层面的宣传导向和政策支持，出版单位积极开展主题出版的创新实践，主题出版的内涵也与时俱

进、不断创新。党的十九大报告指出，"中国特色社会主义文化，源
自于中华民族五千多年文明历史所孕育的中华优秀传统文化，熔铸
于党领导人民在革命、建设、改革中创造的革命文化和社会主义先
进文化"，中华优秀传统文化、革命文化和社会主义先进文化成为新
时代主题，这对主题出版工作有重要指导意义，主题出版的内涵也
随之有了新的拓展。以前，主题出版往往更多体现革命文化主题，
近年来，弘扬中华优秀传统文化和社会主义先进文化的主题出版物相
继推出。如《我心归处是敦煌：樊锦诗自述》、"科技改变中国"丛书
等一批弘扬中华优秀传统文化和社会主义先进文化的图书入选中宣
部年度主题出版重点出版物选题。现阶段，这三种文化构成了主题出
版的核心内涵。

主题出版最本质的特征，应该是政治性、学术性和市场性的统
一。主题出版是体现党和国家意志的出版，政治性是首要的，没有政
治性，主题出版就失去了灵魂和方向。学术性是主题出版的基础，主
题出版物应该是重大理论创新的实践成果，是与时俱进的思想观点，
是论证完备的学术体系，这些都是主题出版学术性的要求。当然，主
题出版的三位一体中，市场运行是必不可少的。主题出版本质上是一
种出版传播，受众是广大人民群众，主题出版必须有一定的受众才能
达到传播效果。如果主题出版不谈市场性，就会变成空中楼阁。可以
说，主题出版没有政治性就会失去灵魂和方向，没有学术性就会失去
创新和基础，没有市场性就会失去效果和作用，三者缺一不可。

近年来，中央连续发文，要求对广大青少年进行中华优秀传统文
化教育，中宣部年度主题出版重点出版物选题也加大了这方面的比
重，将中华优秀传统文化融入主题出版的内涵建设之中。如何推动中

华优秀传统文化的发展升华，以成就优秀的主题出版物出版，这是一个大课题、新课题，值得出版界、理论界深入思考，并在实践层面进行探索。

中华优秀传统文化是文化的一个重要议题，我们党的红色文化中同样有不少受中华优秀传统文化影响的内容，比如老一辈革命家毛泽东、陈毅等的诗词，既有革命的激情，又有中华优秀传统文化的积淀和审美追求。新时代主题出版不但有良好的社会基础和紧迫的社会需求，而且有源远流长的中华优秀传统文化的滋养。

2．如何做好新时代主题出版的内涵建设

关于主题出版内涵规律性的探讨主要是想尝试揭示主题出版自身的内在逻辑，比如选题确立、作者寻觅、编辑出版、市场推广之间的相互关系等，以期使主题出版的发展状态逐步地从"必然王国"走向"自由王国"，取得更多的胜算。

主题出版内涵建设的规律性可以从以下三方面来分析。

第一，领导机关和出版单位的关系问题。主题出版是党和政府的指导性与出版机构的主动性之间的有机结合。这也被视为自上而下与自下而上的对接问题：没有自上而下，就没有主题出版的发动，没有重大题材的引领；没有自下而上，就没有主题出版的个性和生动。《平易近人——习近平语言的力量》就是典型案例，贯彻的是小切口、深挖掘、大主题，所以大获成功。

第二，作者与编辑的关系问题。一部成功的主题出版物往往是作者和编辑心血与智慧融合的产物，甚至可以说是两个创造性灵魂的结合。没有优秀的作者，就没有内容的源泉，主题出版物就会成为无本

之木、无源之水；而没有优秀的编辑，也就没有源泉汇聚成河流、汇集成大海。尤其是在新时代，编辑处在需求侧和供给侧的中间，其策划作用日益凸显。比如张维为先生的"中国三部曲"的启动和成功，陈昕同志的选题策划能力与编辑智慧在其中起到了十分关键的作用。

第三，作品和社会、读者的关系问题。社会效益和经济效益的统一问题，说到底就是作品和社会、作品和读者的关系。真正优秀的主题出版物经得起时间检验，最终都达到了两个效益的统一。所以做主题出版，要有定力。看准了的选题，要舍得投入，锲而不舍地努力，一定会有丰厚回报和长尾效应。1961 年出版的长篇小说《红岩》近年来每年都还有百万册以上的销量。我们所倡导的主题出版，应该最大限度地实现责任和市场的对接、要求和需求的吻合，力戒出版空喊宏大口号而缺乏实际内容的作品。

主题出版的内涵建设要注意三个维度——时间维度、空间维度和技术维度。在时间维度方面，可以看到，中华五千年优秀传统文化方面的主题出版物越来越多。在空间维度方面，在当今两个大局背景下，主题出版的内涵建设需要国际化，要让世界的读者树立对中国的正确认识，理解中国的发展模式。在技术维度方面，由于我们面对的读者相当一部分是年轻读者，倒逼主题出版去生产适应新型读者的产品。目前，这方面我们实际经验不足，内容建设非常薄弱，还不能做到像网络文学那样丰富多彩、接地气。

新时代主题出版的内涵建设应遵循几个规律：第一，与时俱进，不断创新，主题出版的内涵是开放、动态的，与党和国家中心工作息息相关、紧密联系，具有非常明显的时代特征；第二，内涵建设要体现三种文化的有机结合，中国共产党既是革命文化的创造者，也是社会主义先进文化的实践者，更是中华优秀传统文化的继承者、发扬者，三者是一脉相承的，主题出版要能体现三种文化的有机结合；第三，数字化的融合与嫁接，主题出版的内涵一定是丰富多彩的，要积极适应数字化阅读需求的转变；第四，新时代主题出版还需要面向国外读者，要能做到创造性转化与创新性发展，策划出版一批影响国内、国外读者的新颖之作、传世之作。

二、新时代主题出版发展的思考

引语

主题出版工程实施以来，尤其是党的十八大以来，迎来了黄金发展期，选题数量和质量显著提高，主题出版成为我国出版业的核心内涵和重要使命。众多出版单位纷纷将主题出版作为头等大事来抓，精品力作频出，主题出版日益成为出版单位实现社会效益和经济效益相统一的有力抓手。中国特色社会主义进入新时代以来，主题出版呈现了若干积极求变、不断更新的迹象，同时，我们需要清醒地看到当前主题出版存在若干问题，影响了其更好更快发展。

主题出版作为围绕党和国家工作大局，就一些重大会议、重大活动、重大事件、重大节庆日等主题而进行的选题策划和出版活动，在凝聚社会共识、引导社会舆论等方面发挥着重要作用。与此同时，主题出版也是出版单位坚持"二为"方针的重要体现，是出版行业履行历史使命和社会责任的重要载体。21世纪以来，党和国家将主题出版提升到战略高度，在以习近平同志为核心的党中央指导下，众多出版单位纷纷将主题出版作为头等大事来抓，精品力作频出。

（一）有关主题出版定义的思考

关于主题出版，原新闻出版总署的定义是："主题出版是围绕国家政治、经济、社会、文化等方面的工作大局，就党和国家发生的一些重大事件、重大活动、重大题材、重大理论问题等主题而进行的选题策划和出版活动。"随着形势的发展，主题出版的内涵不断丰富。

习近平总书记在党的十九大报告中深刻阐明了中国特色社会主义文化与中华优秀传统文化、革命文化和社会主义先进文化一脉相承的关系，为主题出版指明了方向，他指出："中国特色社会主义文化，源自于中华民族五千多年文明历史所孕育的中华优秀传统文化，熔铸于党领导人民在革命、建设、改革中创造的革命文化和社会主义先进文化，植根于中国特色社会主义伟大实践。"这就为新时代主题出版内涵的丰富与发展提供了强大的理论支撑。

主题出版本质上就是体现党和国家意志，呼应时代主题，引导读者向心、向上、向善的出版活动。新时代主题出版的内涵正是在将中华优秀传统文化、革命文化和社会主义先进文化有机融合、不断创新的过程中升华和发展的。中华优秀传统文化是根，革命文化是干，社会主义先进文化是叶和果。汲取三种文化的思想精华，深入挖掘和阐发其时代价值，可为主题出版提供重要的素材源泉。

中华优秀传统文化、革命文化和社会主义先进文化为主题出版提供了丰富的内容资源。中华优秀传统文化博大精深，诸如"自强不息"的奋斗精神、"革故鼎新"的创新思想等，一直是中华民族奋发进取的精神动力。中国共产党缔造的革命文化，从井冈山精神、长征精神、延安精神、西柏坡精神一直到雷锋精神，其精神实质是顺应历史潮流、勇担历史重任。社会主义先进文化的显著特征是中国特色社会主义的共同理想、以爱国主义为核心的民族精神和以改革创新为核心的时代精神。实现中华优秀传统文化的创造性转化、创新性发展，使三种文化与时代主题相结合，为实现中华民族伟大复兴贡献力量，成为主题出版的重要课题。

当前的主题出版还可进一步分为传统主题出版和新兴主题出版，二者相互影响和借鉴，携手并进。在某种程度上，以新兴出版技术为基础的融媒体可以使主题出版变得更快捷、方便和个性化，对读者也更具亲和力和感染力。

（二）主题出版的发展概况

主题出版工程实施以来，尤其是党的十八大以来，迎来了黄金发展期，选题数量和质量显著提高，成为我国出版业的核心内涵和重要使命。

1. 主题出版物申报选题数量有较大增长，质量也越来越好

据中国版本图书馆统计（如表 1-1 所示），2011—2015 年，主题出版选题申报数量呈明显增长态势。2011 年，全国出版单位报送主题出版相关选题 1462 种；2012 年为 1608 种，同比增长 10.0%；2013 年

为 2190 种，同比上升 36.2%；2014 年为 3373 种，与 2013 年相比增幅达 54.0%；2015 年为 4750 种，与 2014 年相比增幅达 40.8%。进入"十三五"后，主题出版继续稳步发展，其中 2016 年略有回调，截至当年年底，共计申报出版 2345 种，较 2015 年同期减少 2400 余种，同比降低约 50%。不过随着 2017 年一些重要时间节点的到来，主题出版又迎来了一个小高潮。

表1-1　2011—2017年主题出版物选题申报概览

年份	选题数量 / 种
2011	1462
2012	1608
2013	2190
2014	3373
2015	4750
2016	2345
2017	3840

2. 主题出版的出版主体范围扩大，过半出版单位参与

主题出版既是出版界"首屈一指"的要地，又是一座资源富矿，吸引着越来越多的出版单位奋力"开采"。统计显示，2016 年，共有 323 家出版单位参与主题出版，占全国出版单位总量的二分之一以上，涵盖综合社、大学社、少儿社、文艺社、党史社、经济社等各类型的出版主体。随着主题出版的内涵不断丰富，这个比例会更高。

从表 1-2 中可以看到，越来越多的出版单位意识到，在主题出版领域要有所作为，必须找准角度，深入发掘自身的独特优势。如人民出版社、中国社会科学出版社、中央文献出版社、中国人民大学出版

社、中共中央党校出版社等长期深耕哲学与社会科学领域，发挥了传统优势。与此同时，如果我们放宽视野，还可以发现一批非党政社科类出版社的异军突起，尤其是传统高端学术出版社和理工类大学出版社，如商务印书馆、中华书局、生活·读书·新知三联书店、上海交通大学出版社、浙江大学出版社等。

表1-2　2016年出版主题出版物数量位居前十的出版单位

排序	出版单位	出版种数
1	人民出版社	169
2	外文出版社	150
3	中共中央党校出版社	65
4	解放军出版社	63
5	中国社会科学出版社	63
6	中共党史出版社	55
7	人民日报出版社	46
8	中国人民大学出版社	42
9	喀什维吾尔文出版社	41
10	中央文献出版社／中国方正出版社	40

3．主题出版物凭借销售册数、实洋和利润在出版单位中地位凸显

据统计，列入中宣部、国家新闻出版广电总局2017年主题出版重点出版物选题的97种图书单品种平印数达6.8万册，是图书单品种平均印数的4.9倍。在单品当年累计印数和平均期印数排名前十的图书中，主题出版物占据多数。其中，17种主题出版物年度累计印数均超过100万册，8种进入印数前十。《决胜全面建成小康社会　夺取新时代中国特色社会主义伟大胜利——在中国共产党第十九次全国代表大会上的报告》累计印数超过 2400 万册，《习近平谈治国理政》第二卷印刷超过 500 万册，《全面从严治党面对面——理论热点面对面·2017》印刷超过 700 万册。

另据北京开卷信息技术有限公司零售市场数据统计，2018 年上半年政策性读物销量同比增长 197.78%，政治类图书同比增长 146.28%，法律法规类同比增长 94.44%。上述是主题出版 2017—2018 年特别是 2018 年表现非常亮眼的细分门类。

4．系统发行和面向市场发行同时存在，读者更需要面向市场、接地气的优秀主题出版物

主题出版物的主要发行渠道呈现明显分化，报告辅导类学习读物主要依靠系统发行；其他不少主题出版物依然需要借助常规渠道，参与市场竞争，接受优胜劣汰的考验。如上海交通大学出版社出版的《平易近人——习近平的语言力量》累计发行超过 50 万册（截至 2017 年 1 月），大部分通过常规渠道销售，其主要营销措施为在京沪两地分别召开重量级的出版座谈会，并在《人民日报》《光明日报》《解放日报》《文汇报》等主流媒体上发声。后续版本《平易近人——习近平的语言力量（军事卷）》自 2017 年 1 月出版以来，实现了超过 10 万册的发行量，《平易近人——习近平的语言力量（外交卷）》2018 年 11 月出版以来也有十几万册的销量。

5．主题出版学术研究逐渐兴起，产生了一批理论成果和研究重镇

出版类核心期刊围绕主题出版组织专题研讨，产生了一批有影响力的学术成果。一些高校也纷纷开展相关方面的理论研究，如以主题出版命名的大学研究机构于 2018 年 6 月 12 日正式挂牌，落户杭州电子科技大学；武汉大学信息管理学院开始招收主题出版方向的博士后等。

（三）主题出版呈现的新特点、新趋势

总结过去数年来主题出版的发展情况，一些新的特点和趋势初现端倪，分析梳理这些特点和趋势，可以帮助我们更全面、准确、深刻地认识主题出版，为做好主题出版提供有益的参考。

1. 选题方向更加多样化

近年来的主题出版方向既重视党史、国史、军史及重大节庆日等传统题材，也重视体现党和国家意志，服务国家政治、经济、科技、文化战略的选题，尤其是中华优秀传统文化、革命文化和社会主义先进文化融合创新的新型复合型选题。主题出版已不局限于围绕党和国家工作大局，就一些重大会议、重大活动、重大事件、重大节庆日等主题而进行的选题策划和出版活动，其关注的"主题"开始涵盖各个时代的丰富主题。这些主题可能是政治的，也可能是经济、文化、社会的。主题出版的选题已经扩展至解决党、国家和社会的核心问题和重大战略需求方面。

在实现中华民族伟大复兴的征程中，上述需求不胜枚举。如 2018 年上半年爆发的"中兴事件"就提醒我们，必须掌握关键领域的核心技术，才能不受制于人。出版界也迅速行动起来，策划了一批反映这一主题的优秀出版物，如人民邮电出版社出版的《"芯"想事成：中国

芯片产业的博弈与突围》。再如上海交通大学出版社的"大飞机出版工程"则从 2008 年开始就前瞻性地服务国家战略，聚焦民用大飞机项目，经过多年的积累，已经结出硕果，被誉为"出版为国家战略服务的典范"。

2．内容创作更加贴近群众、贴近读者，更接地气，更有策划含量

习近平总书记在文艺工作座谈会上的讲话以及党的十九大报告中都强调了坚持以人民为中心的创作导向。"文艺要反映好人民心声，就要坚持为人民服务、为社会主义服务这个根本方向""社会主义文艺是人民的文艺，必须坚持以人民为中心的创作导向，在深入生活、扎根人民中进行无愧于时代的文艺创造"，这也成为主题出版坚持的重要原则。党和国家的中心工作与人民群众的切身利益息息相关，服务好广大人民群众是主题出版服务"党和国家工作大局"的应有之义。

坚持以人民为中心，要求我们从内容和形式上改变过去部分出版物空洞、说教的叙事风格，学会如何给读者讲好故事，将深奥、繁杂的大问题删繁就简、去粗取精，以简单易懂、亲切自然的内容和形式呈现给读者；精心设计作品的内容框架、版式封面，做到印刷和装帧简朴又不失水准，避免粗制滥造和过度包装。

坚持以人民为中心，也要求我们不仅要关注系统发行，还要关注面向市场的营销推广，后者更为重要。只有积极开展各类卓有成效的主题读书活动，让广大人民群众真正捧起书本，吸收先进思想，才能充分发挥主题出版物的价值和作用。

3．出版主体不再局限于党政类出版社，全门类出版社逐渐承担责任、积极参与

主题出版内涵的丰富改变了过去申报选题过于集中在传统政治读物类出版社的境况，允许更多出版主体参与其中，有助于主题出版市场的健康发展。一方面，不同主题出版类选题之间的竞争可淘汰劣质、重复的选题；另一方面，当前主题出版涉及众多领域，已非少数几个出版社能够完全驾驭的。通过广泛而深入的参与，各类出版单位正将主题出版作为坚持把社会效益放在首位、社会效益和经济效益相统一原则的重要体现，以及履行社会职责和历史使命的重要载体。

4．读者群体由国内市场向覆盖全球转变，增进跨文化交流深度和广度，提高中华文明在世界的影响力

主题出版反映了中国不同历史时期的核心课题和战略需求，代表了中国主张、中国方案和中国水平，理应在"走出去"方面走在前列，让世界范围的广大读者了解、熟悉这些内容。对国内出版社而言，"走出去"能够提升产品传播力和出版品牌，通过申请各类外译基金或奖项，还可使主题出版项目获得可持续发展。从市场角度来看，国外有一大批读者对中国政情、社情抱有浓厚兴趣，这从部分图书的畅销和版权输出的旺盛可见一斑。

5．更加重视培育和遴选高水平的作者队伍，使主题出版物的内容更有说服力、战斗力、生命力

主题出版物不仅要求主题适应时代，还需要视角独特、作者权威、内容专业，这样才有更强的说服力、战斗力、生命力，并获得不俗的市场表现。目前，越来越多的学术类出版社通过将自身已有的学术资源和时代主题相结合，并通过"走出去"代表中国学界发出中国声音，推出了一大批有影响力的主题类学术作品。例如，生活·读书·新知三联书店出版的陈来所著的《中华文明的核心价值：国学流变与传统价值观》一书，学理性强，将现代中国文化历史复杂的渊源和影响条分缕析，配以晓畅的文字表述，成为一般读者了解中国文化特别好的入门读物。该书在出版后短短 8 个月的时间内，不仅在国内销售突破 3 万册，还陆续输出了多个语种的版权。

6. 销售渠道由系统销售向无形市场自发购买转变

过去的主题出版物主要供广大人民群众学习辅导之用，产生了一定的历史作用。但时代的发展要求主题出版物从最广大人民群众的切身需求出发，创造出"有趣、有料"的话题，不再只是"躺"在广大干部群众的办公桌和书架上，而应走入"寻常百姓家"，成为广大人民群众的常备书和爱读之书。

习近平总书记多次在重大外交场合谈到读书经历和一些优秀出版物对自己的影响。党和政府大力倡导全民阅读，连续数年将倡导全民阅读写入政府工作报告。2016 年 12 月，国家新闻出版广电总局发布的《全民阅读"十三五"时期发展规划》，作为我国首个国家级全民阅读规划，强调了全民阅读对提高公民的思想道德素质和科学文化素质，培育和践行社会主义核心价值观，传承中华优秀传统文化，满足人民群众日益增长的精神文化需求的重大而深远的意义，这与主题出版的初衷和追求不谋而合。主题出版最大的目的就是通过唱响时代主旋律，传播正确的价值观，使广大读者向心、向上、向善。主题出版和全民阅读相辅相成，全社会逐渐养成爱读书、读好书的风气，带动了主题出版的繁荣发展。

7. 出版形态由传统出版向融媒体出版转变，更多年轻读者喜闻乐见的新型主题出版物将大量涌现

2015 年，国家新闻出版广电总局联合财政部发布的《关于推动传统出版和新兴出版融合发展的指导意见》为出版融合发展指明了方向，也为出版业转型升级提供了契机。新兴的数字出版模式正在一定程度上颠覆传统的出版框架，打破不同媒介之间的隔阂，"互联网 + 出版""有声书""智能音箱"等新型知识付费服务已由预测变为现实，出版单位也由传统的图书出版商逐渐转变为信息和知识服务商。知识不再停留在纸张或书本里，而是在一张编织的"大网"中，成为人人可以参与生产和传播的事物。在这样的大背景下，主题出版同样需要顺势在创新内容生产与服务、扩展传播渠道、拓展新技术新业态等方面有所作为。事实上，融媒体也有许多广大人民群众喜闻乐见的呈现形式，如 H5、简明电子书等。融媒体与数字出版对传统出版业来说，不是"狼"而是"马"。"狼"来了会"吃掉"我们，"马"来了可被我们"骑上"，让我们的工作变得更快捷、方便和个性化。因此，未来的优秀融媒体主题出版物会越来越多，对读者有更强的感染力和亲和力。

（四）当前主题出版存在的问题

中国特色社会主义进入新时代以来，主题出版取得了长足进步，

呈现了若干积极求变、不断更新的迹象。同时，我们需要清醒地看到，当前的主题出版存在若干问题，影响了其更好更快发展。

1．相当一部分主题出版物的书名和装帧设计缺乏策划含量，同质化情况严重，难以吸引读者

书名是图书的"眼睛"，传递了图书的核心信息。因此，一个醒目、朗朗上口的书名显得格外重要，甚至可以说有一个好的书名，一本书至少成功了一半。说教式、平淡无奇的书名显然让人无法产生浓厚的阅读兴趣。在装帧设计方面，目前，市面上销售的部分主题出版物给人的总体印象是比较"高冷"，"长"着一张读者不愿去翻看的"脸"，拿在手上也没有质感，甚至纸质粗糙。这严重影响了读者的购买意愿，不利于图书和思想的传播。

2．部分编辑对内容的把握和处理比较生硬，编写格式化、空洞化、口号化的情况较多，对作者队伍选取相对随意

当前的部分主题出版物不能深入主题的本身，求大求全，内容空洞，重说教，简单地将主题出版物等同于宣传品，内容缺乏创新，形式也陈旧过时，远远不能适应读者的需要。尤其是对一些重大理论问题进行解读的主题出版物，往往容易陷入形而上的理论之中，不能和老百姓关心的具体问题相联系，读起来空洞无物，出版后得不到市场的认可。

主题出版活动一般围绕党和国家工作大局展开，出版物内容的政治性、思想性、导向性要求很高，因此，出版社在实施这些选题的过程中必须寻找权威的作者资源。但事实是，市面上不少主题出版物并

非出自合适的作者之手，甚至是编辑自行操刀，靠"剪刀＋糨糊"拼凑而成，质量可想而知。比如关于解读"四个全面"，全国各书店里出现了约十个版本的图书，除人民出版社的两种外，其余多数署名"本书编写组"，可能作者身份不清。这些身份模糊的作者，不排除有具有一定理论水准但碍于各种原因不便署名的专家，但恐怕多数是水平一般甚至较差的作者或写手，由其匆匆编写的图书的质量自然无法得到保障。

3．过于依赖系统发行，面向市场的营销没有形成相对优势

从各方面反映的数据看，部分主题出版物的销量十分喜人，2017年有17种主题出版物年度累计印数超过100万册，8种图书进入当年平均期印数前十。但仔细分析这8种进入前十的图书，我们发现它们主要是系统发行的主题出版物。这也是很多有名的主题出版物在线上书店的销量和评论并不多的重要原因。

虽然系统发行对促进销售无可厚非，但如果对其过于依赖，可能会带来两方面的问题。一是对真正有策划含量的高水平主题出版物产生"挤出效应"，政策"背书"带来的销量并不能满足人民群众的真实需要，反而会挤压面向市场类主题出版物的空间。二是容易使出版社产生依赖心理和畏难心理，一些有市场前景但没有系统发行资源的优质选题可能会被出版社忍痛舍弃，这可能导致主题出版的选题策划脱离市场。

4．对主题出版物的界定不够科学，尚未建立规范标准

主题出版的健康繁荣发展离不开科学规范的行业标准，但目前这

一方面付之阙如。这既可能让出版单位在选题策划、基金和奖项申报时茫然失措，也增加了主管部门遴选和有针对性地支持优质选题的难度。

以学术作品为例，一方面，我们需要跳出党政社科类图书的范畴，拥抱更广阔的时代主题出版市场；另一方面，我们也意识到主题出版存在的"军装效应"，一本普通的学术专著可能并不能称为主题出版物，但当其被赋予党和国家意志、反映时代需求并集中出版时，那就具备了主题出版物的性质，教材、文学作品等也应作如是观。

（五）对更好发展主题出版的建议

主题出版目前存在的一些问题对整个出版业而言，既是挑战也是机遇，考验着出版主管部门、出版单位以及从业人员，我们需要认清主题出版的本质和价值，并做到既"顺势而为"又"有所为有所不为"。

1. 各出版单位将主题出版作为改革发展的重要战略方向，并通过主题出版树立品牌、搭建平台、锻炼队伍，使其成为自身重要的赢利基础和生存之道

服务党和国家工作大局，坚守正确的舆论导向和价值导向，是广大出版单位义不容辞的责任和使命。主题出版强调以人民为中心，与我国出版业"为人民服务，为社会主义服务"的出版方针高度契合，因此，做好主题出版也是贯彻我国出版政策的应有之举。

出版社开展主题出版活动，不仅是认真执行党和国家的出版政策，在弘扬中华优秀传统文化方面尽到自己的责任，还有助于树立

品牌，提升出版单位的美誉度，扩大出版单位的社会影响力。在选题策划实施过程中，出版社各部门精心准备、通力合作，通过项目组的形式推动项目的落地生根，可以增强团队的战斗力。综上，对于相当一部分出版社而言，主题出版理应成为其生存和发展的重要抓手。

2. 党和国家制定主题出版物的分类考核标准，区别系统发行出版物和市场化主题出版物，以确保面向市场的主题出版物突破和发展

对主题出版物的考核和评价应基于分类分层的原则，将系统发行主题出版物和市场化主题出版物区别对待。我们呼吁在重视前者的同时，将政策更多地向有策划含量、真正受普通大众欢迎的市场化主题出版物倾斜，让其出版单位和编辑人员真正提升信心，增强动力，获得荣誉。

3. 国家有关部门应制定相应政策，鼓励出版单位精心培育和打造主题出版作者队伍，确保我国主题出版优秀作者基数大、水平高，使主题出版物的上游品质有足够保证

作者的水平高低是决定主题出版物质量最为关键、最为重要的因素。在出版业竞争日趋激烈、阅读的形式与口味日益多元的背景下，高端作者更是奠定出版社学术影响、文化品位、社会口碑不可或缺的重要资源，从某种意义上来讲，高端作者就是出版社的形象代言人。当然，在经营高端作者群体的同时，出版社还要注意发现并培养新秀，他们是出版社作者群体的源头活水。总结这些年主题出版物的市场表现，我们可以看到王树增、陈锡喜、张维为、郑永年等大家、名家逐渐成为优秀主题出版物的重要贡献者。

4. 成立主题出版联盟，培育主题出版名社、名编，扶持一批主题出版研究基地，整合相关资源，确保主题出版有方向、成系统、高质量运行

不同出版单位之间应该相互借鉴，取长补短，完成出版和作者资源跨部门、跨单位和跨区域的流动及整合，特别是在新兴出版领域，出版主体通过抱团整合资源，利于项目实施和整体转型。譬如，人民出版社团结各省人民出版社，已成功开发不少传统和新兴的主题出版项目。与此同时，党和国家可以有意识地扶持一批有条件的出版单位逐渐成长为主题出版的重要孵化基地，使其做大做强。相关大学和科研院所也需要继续深入开展主题出版的研究工作，为行业发展建言献策。

（六）结语

主题出版作为党和国家意志的体现、时代主题的风向标，一直在众多出版板块里扮演十分活跃的角色。近年来，主题出版经历了一系列重大转型，这些转型赋予了主题出版新的生命力，也为广大出版工作者和出版单位带来了前所未有的机遇和挑战。主题出版的意义不言而喻，但我们依然需要深入研究和把握主题出版变化的表面和不变的本质，坚持正确的政策导向、价值导向和文化导向，方能行稳致远。

三、主题出版发展新动向：创新模式　把握规律引领转型

> **引语**　2018年以来，主题出版以内涵扩展为契机，不断追求"既有长镜头也有小切口，既接天线也接地气，既有意义也有意思"，横跨大众出版和学术出版，成为出版业不可或缺的重要板块。我国主题出版领域的实践呈现出四大效应以及若干新型发展模式，与此同时，主题出版此前积累的若干问题依然存在。因此，深刻认识和把握主题出版与出版社发展战略、市场品牌、学术出版、数字化及国际化本质上的有机统一，成为推动主题出版实现更高层次发展的关键。

　　2018年，主题出版进一步回归出版本质，在"有意义"和"有意思"两个层面不断突破，成功在大众出版和学术出版领域都有新的建树。在主题出版实践不断丰富的同时，理论界也没有停止对主题出版在形而上层面的梳理和建设。众多学界及业界人士开始从不同角度阐发主题出版的内涵与意义，助力主题出版实践（如图1-1所示）。全年与主题出版相关的论坛、会议举办了20多场。杭州电子科技大学融媒体与主题出版研究院于2019年4月发布的《主题出版发展报告（2019）》对主题出版的内涵和外延予以创新性分析，进一步推动了各类型出版单位投身主题出版的积极性，产生了一定影响。

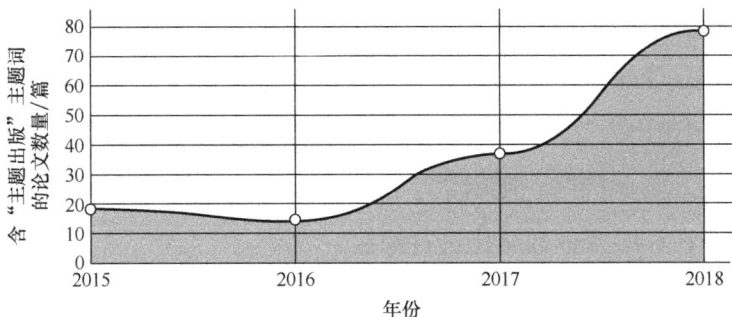

图1-1　中文学术期刊含"主题出版"主题词的论文数量

（一）主题出版内涵的扩展

"主题出版"自 2003 年首次提出以来，不断因应时代之需而变化，内涵逐渐得到扩展。主题出版不再局限于"围绕党和国家工作大局，就一些重大会议、重大活动、重大事件、重大节庆日等主题而进行的选题策划和出版活动"，而是完全可以涵盖政治、经济、社会和文化发展的方方面面，这一点在党的十九大后也已经成为重要的行业共识。习近平总书记在党的十九大报告中提到，"中国特色社会主义文化，源自于中华民族五千多年文明历史所孕育的中华优秀传统文化，熔铸于党领导人民在革命、建设、改革中创造的革命文化和社会主义先进文化，植根于中国特色社会主义伟大实践"。这一重要论断无疑为主题出版提供了新的思想资源和养分，使主题出版逐渐以上述三种文化为核心内涵，相互融合，进而推动了主题出版实践取得新的发展。

（二）主题出版发展模式的创新

通过十几年的探索和发展，2019 年的主题出版，其发展模式已逐渐多元丰富，可以概括为 8 种，具体包括：党政读物创新型、治国理政学术型、文学市场创新型、本地资源立体开发型、科技与当代中国发展型、"走出去"与主题出版结合型、学术型主题出版工程、传统文化升华型。与此同时，随着数字出版的发展，上述所有模式的创新都已经或正在和融媒体数字化进行嫁接。

党政读物创新型。党政读物是主题出版的传统类型，在品种和销量方面一直占据着十分重要的地位。但有一些党政读物因为内容的模块化、叙述的刻板化以及发行的系统化，长期以来相当一部分只是作为党政领导干部的学习材料，并未反映广大读者的真实阅读需要，难以让思想入心入脑，因此对其进行创新势在必行。比较成功的案例有中宣部开发的学习平台学习强国 App 以及人民出版社开发的党员小书包 App 等。前者的传播速度非常迅速，目前已跻身最火爆的App 之列。

治国理政学术型。治国理政类主题出版物往往解读的是党和国家的大政方针，如果只是汇编相关领导的讲话和文件，往往因为解读专业性不够而导致缺乏说服力和感染力。因此，如果能从学理和事实等多个维度进行分析，则可增色不少。例如，关于"中国模式"和中国崛起的讨论早在 21 世纪初就成为学界争相研究的话题，但始终缺乏通俗易懂、准确全面的解读，上海人民出版社推出的复旦大学张维为教授所著的"中国三部曲"等则对此有所回应。

文学市场创新型。文学作品一直是最畅销的图书板块之一，因此，如果能将文学作品和相关主题相结合，不仅将赋予文学作品新的生命，而且使主题传播多了新的抓手。《红星照耀中国》（又名《西行漫记》）记录了美国作家埃德加·斯诺 1936 年 6—10 月在中国西北革命根据地进行实地采访的所见所闻。2017 年，人民文学出版社在原董乐山翻译的经典译本的基础上，配上珍贵历史照片，推出青少年版，既向经典致敬，又将书中所记录的优秀意志品质和不朽人格魅力更好地传达给广大青年朋友，使老版本焕发新活力。2020 年，该书被列入《教育部基础教育课程教材发展中心　中小学生阅读指导目录（2020 年版）》，畅销数百万册。

本地资源立体开发型。过去主题出版物的选题角度往往选择从党、政、军等宏观层面解读大政方针，近年来各地出版单位则另辟蹊径，越来越多地转向利用带有地域和行业特色的本地资源开发相关选题。这既避免了相似的宏大选题的激烈竞争，又能够展示各地文化特色，获得了当地资源的支持。如浙江人民出版社依托习近平总书记在浙江工作的思想和实践，接连推出《之江新语》《心无百姓莫为官——精准脱贫的下姜模式》等一批优秀主题出版物。如"江苏文脉整理与研究工程"重要成果之一、编纂总规模预计达 3000 册的"江苏文库"由时任江苏省委书记的娄勤俭、省长吴政隆担任总主编，省委常委、宣传部部长王燕文亲自指导、多次推动。

科技与当代中国发展型。科学技术是第一生产力。人类的每一次科学和技术革命都深刻影响着人们的日常生活，改变着世界的走向。第四次工业革命方兴未艾，出版一批反映最新科技发展成就的主题出版物无疑可以帮助大众把握科技发展大势，也有助于科研人员的研究。如人民邮电出版社推出的"科技改变中国"丛书等。

"走出去"与主题出版结合型。"走出去"一直是我国出版工作的重要工作，早在 2003 年时即已被作为战略提出，其核心要义即通过向世界提供中国思想和方案，提高中华文化软实力。从这个角度而言，该战略和主题出版不谋而合。主题出版的读者不应仅局限于国内，而应涵括国际市场，因此打造一批适合国际读者阅读的优秀主题出版物成为新的选题创新点。如中国人民大学出版社出版的《大国的责任》《中国的未来》《中国的抉择》等主题出版物。

学术型主题出版工程。目前，主题出版已进入精品迭出期，需要转型。专业化、学术化是主题出版转型的重要路径，只有拥有足够分量的专业化、学术化内容的主题出版物才能生生不息。因此，可以说学术出版是主题出版的重要基础之一。目前，各出版单位也重点将学术性和主题出版紧密结合，取得各方面的丰收。上海交通大学出版社策划出版的"大飞机出版工程"紧跟国家大飞机研制专项，为相关行业发展提供智力支持，先后策划了"民用飞机适航出版工程""航空发动机系列""民机先进制造工艺技术系列"等多个前沿系列，被誉为"出版为国家战略服务的典范"。

传统文化升华型。党的十九大以来，涉及中华优秀传统文化、革命文化和社会主义先进文化三种文化的新型复合型选题数量呈现井喷态势，部分图书销量上佳。如中华书局出版的《中国文化的根本精神》、浙江古籍出版社出版的《中国历代家训集成》、上海教育出版社出版的《中国思想的创造性转化》等。

（三）主题出版效应和规律显现

出版作为社会文化建设的重要组成部分，其本身既是产业也是事业，因此总是呈现出一定的规律。

第一，溢出效应，即指主题出版一旦得到相关部门和政策支持，往往可以成体系开发，从而获得更大、更多的支持。也即是说，一个好的主题出版选题能够衍生出许多新的选题，形成持续的支持体系，而且此类选题也能对读者产生较强的吸附力，使得同一选题以或大众、或专业等的不同层次和类型进行再现。因此，一些形成影响力的主题出版物甫一出版，便会引发和催生一系列衍生图书。如外文出版社出版的《习近平谈治国理政》等。

第二，"军装效应"，即指可以通过对选题进行整体打造，主动对接国家战略，体现党和国家意志，使原本不具备主题出版色彩的出版物完成性质转变。一般而言，普通的学术专著并不属于主题出版物，但是当其被赋予党和国家意志、反映时代需求并集中出版时，主动策划对接意识与规模效应，就使其具备了主题出版物的属性。在这里，"党和国家意志、反映时代需求"即是它的"军装"。如上海交通大学出版社出版的"大飞机出版工程"等。

第三，集聚效应，即指主题出版重点出版物往往在重大时间节点前后集中出版。这一效应和规律在时点要求较高的主题出版物中表现尤为明显。例如，针对中宣部办公厅和国家新闻出版广电总局办公厅联合发布的《关于做好 2018 年主题出版工作的通知》，将庆祝改革开放 40 周年作为选题重点之一，各出版单位纷纷申报了相关选题，其中就有人民出版社申报的《中国农村改革 40 年》《中国对外开放 40 年》《改革开放为什么成功？》等成系列聚集性选题集中入选。

第四，双轮效应，即指主题出版的时效性与精品性。主题出版能否达到理想的传播效果，是否既有意义又有意思成为关键。其中"意义"可以理解为思想性和时效性，而"意思"则相当于大众性和可读性。前者很大程度上决定了主题出版的社会效益，后者则与经济效益相关联。两者成为衡量和评价主题出版物缺一不可的两个维度。

（四）主题出版面临的问题与挑战

2018 年的主题出版实践与理论建设有令人欣喜的成果，也有一些深层次的问题亟待解决。这些问题有些是长期性的，有些则带有个体性质，比如：选题策划水平有待提高，优质畅销的市场化主题出版物依然欠缺；专业化、学术化水平不高，与精品出版物的差距仍然较大；过于依赖系统发行，面向市场的营销没有形成突出优势；理论建设、数字化、国际化等方面还有所欠缺。整体来看，主要反映在如下三个方面。

一是主题出版的理论建设已经取得了很大进步，但整体水平依然较低，没有为实践发展提供强有力的支撑。目前的主题出版理论研究存在业界人士"热火朝天"，学界学者则有些"鸦雀无声"的情况。业界人士往往就事论事，学界学者没有实践经验，缺乏深入的、与时俱进的思考。他们各自都存在一定的不足之处，因此如何将双方的优势进行整合，产出有理论创新性、实践参考性和现实针对性的研究成果，成为一个重要课题。

二是主题出版的融媒体和数字化转型之路依然任重道远。在中宣部 2018 年主题出版重点出版物选题中，音像电子出版物类选题只有 12 种，占总数的 14.8%。另外，虽然目前已经出现了诸如学习强国 App、党员小书包 App 等较成功的产品，但依然无法掩饰同类优质产品总量供给不足的尴尬。

三是主题出版尚未找到理想的国际化路径。主题出版为充分发挥其效用，需要充分利用国内和国际"两个市场、两种资源"，因此能否实现国际化将决定主题出版的高度和广度。

（五）结论与启示

近年来，主题出版的实践和理论建设都取得了一定的成绩，同时也存在若干需要破解的难题，这就要求我们在党和国家的政策引领之下，积极探索和深入研究主题出版的普遍规律，坚持主题创新、内容创新、形式创新、传播方式创新，使主题出版更好地肩负起举旗帜、聚民心、育新人、兴文化、展形象的使命。

第一，做好主题出版工作与出版单位的总体发展战略是有机统一的。根据我国的出版方针和原则，出版单位需要坚持正确的政治方向、出版方向和价值取向，需要将社会效益和经济效益相结合，并且始终将社会效益放在首位。因此，做好高质量的主题出版项目是每一个出版单位义不容辞的工作。

第二，做好主题出版与学术出版是统一的。首先，学术型主题出版项目要求经过学术出版的科学探索和分析，并在出版质量上下功夫，因此学术出版是主题出版的重要基础之一。其次，主题出版和学术出版是可以相互转化的，这也即上文提到的"军装效应"。最后，主题出版和学术出版可以相互促进、相互依存，为出版事业注入新的元素和活力。

第三，做好主题出版工作与"走出去"战略是统一的。目前我国出版"走出去"依然存在不能真正走近国外大众读者的问题，而主题出版又要求主题思想能够深入基层、深入大众、深入域外，两者之间存在的千丝万缕联系，使其呈现出更加紧密、互相结合的趋势。

第四，做好主题出版与数字化转型是统一的。新时代主题出版物不仅要在主题上与时俱进，还要在形式和载体上紧跟时代。主题出版也只有积极拥抱新媒体，采取融媒体出版形式，才能真正赢得读者，尤其是年轻读者。因此，主题出版要顺势而为，在各个方面嫁接好数字化，使主题出版物的传播更加快捷、更加个性化、更有亲和力。

四、我国主题出版研究现状和趋势浅析

> **引语** 目前，主题出版是我国学界和业界深入探讨的热点问题之一。主题出版在实践层面不断推陈出新的同时，在理论层面的思考与建设也有序推进。学界开始从不同角度阐发主题出版的内涵与意义，随着主题出版的不断发展，研究领域日益拓宽，将为我国的主题出版实践提供理论支撑和实践指导。

近年来，主题出版呈现出新的气象和态势，主题出版作为出版业的核心工作，清晰表明了党和国家的政策导向，政策支持力度进一步提升，全国各类出版单位也更加重视并主动开展多种创新实践。主题出版物突破国家、语言和传播媒介的限制，受到国内外读者的认可和欢迎，市场回应也让从事主题出版的各类主体更有信心。主题出版在实践层面不断推陈出新的同时，在理论层面的思考与建设也有序推进。学界开始从不同角度阐发主题出版的内涵与意义，为主题出版实践提供理论支撑。一些科研机构开始启动与主题出版相关的理论研究。诸多出版类学术期刊围绕主题出版组织专题研讨，全国与主题出

版相关的论坛、会议不断举办。本节从研究现状和研究趋势两个方面对新时代主题出版的发展做出初步阐述。

（一）我国主题出版的研究现状

1. 主题出版概念内涵的扩展

主题出版概念一般沿用原新闻出版总署实施"主题出版工程"时的说法，即"主题出版，是出版机构围绕国家政治、经济、社会、文化等方面的工作大局，党和国家发生的一些重大事件、重大活动、重大题材、重大理论问题等主题而进行的选题策划和出版活动"。随着主题出版理论和实践的不断深化，上述概念有了一定的局限性，还可能会导致出版选题同质化、创新不足等现象。

通过对 SSCI 与 A&HCI 重点期刊与会议文献进行检索，并未找到国外有关"主题出版"研究的相关文献。事实上，主题出版因其鲜明的中国主题色彩，被有些人认为是中国独有的概念。而中国编辑学会会长郝振省认为主题出版并非中国才有，它具有空间上的普遍性和时间上的恒久性。以约翰·B.亨奇的《作为武器的图书》为例，该书讲述了美国出版业如何成为美国发动宣传活动和"思想战争"的有力工具，为战后美国意识形态和文化影响力在全世界的扩张开辟道路。另外，这本书还介绍了美国的"战时图书委员会"及其宗旨"书籍是思想战争中的武器"，其主题出版属性不言自明。

2018 年，主题出版进一步回归出版本质，在"有意义"和"有意思"两个层面不断突破，在大众出版和学术出版领域都有新的建树。在主题出版实践不断丰富的同时，理论界和学术界也没有停止对主题出版在形而上层面的梳理和建设。2018 年 8 月，杭州电子科技大学融媒体与主题出版研究院在上海书展上发布了《2018 年主题出版发展趋势报告》，对主题出版的内涵和外延提出了创新性分析，进一步推动了各类型出版单位投身主题出版的积极性，产生了较大影响。该研究院于 2019 年 4 月发布《主题出版发展学术报告（2019）》，对主题出版概念进行了拓展，将关注中华优秀传统文化类、科技文化类、国家意志类、当代中国现实与治国理政类的出版活动也纳入主题出版的范围。这一拓展具有积极的现实意义，使得主题出版的内涵大大提升，使"主题出版"中的"主题"的含义更加符合当代的需求。

我们知道，原国家新闻出版广电总局对主题出版的概念界定具有一定的代表性，应该说，这个概念将重大事件、重大活动、重大题材、重大理论作为主要诉求。但实际上，弘扬中华优秀传统文化和社会主义先进文化的出版活动也可以被称为主题出版。

主题出版既需要宏大叙事，也需要微观视角。那些见微知著的话题融主流价值观于小的叙事题材之中，传播效果反倒很好，如将它们排除在主题出版以外，则是令人遗憾的。

基于此，笔者认为，主题出版就是指围绕我国现代化发展进程中政治、经济、社会、文化等方面开展的，倡导时代主旋律，弘扬传统文化、科技文化和国家精神，探索治国理政，有助于树立正确人生观和科学价值观的出版活动。

2．主题出版选题策划与营销研究

近年来，随着主题出版的不断深化和泛化，一些选题开始关注普通老百姓的日常生活。正如中国出版传媒股份有限公司副总经理于殿利所言，主题出版不应被狭隘化，可以从国家的发展、时代的变迁以及社会和文明的演进等视角去挖掘选题资源。李波指出，主题出版在营销方面要争取政府部门的大力支持，挖掘多渠道潜力，做好延伸推广。周峥认为主题出版在宣传和营销时，首先要清晰定位目标读者群，其次要创新宣传渠道和形式，还要把握宣传时机。

笔者等人在总结 2018 年主题出版实践与理论建设方面的成绩的基础上，指出了策划与发行营销方面存在的问题，具体表现在：第一，主题出版选题策划水平有待提高，优质畅销的市场化主题出版物依然欠缺；第二，主题出版物的专业化、学术化水平不高，与精品出版物之间的差距仍然较大；第三，过于依赖系统发行，面向市场的营销没有形成突出优势。

3. 主题出版发展对策研究

针对主题出版近年来出现的一系列问题，范军提出主题出版应该将政治性与学术性、价值观的普遍性与特殊性、"有意义"与"有意思"、内容与形式等方面进行有机结合。胡艳红认为主题出版要创新形式、表达通俗，整合资源、立体营销。孙玮指出学术特色的主题出版在"走出去"的过程中要选择适配的国际化平台和销售渠道，逐步提升中国学术的国际话语权。笔者等人则提出新时代发展主题出版要做到"四个统一"：第一，做好主题出版工作与出版单位的总体发展战略统一；第二，做好主题出版与学术出版统一；第三，做好主题出版工作与"走出去"战略统一；第四，做好主题出版与数字化转型统一。

（二）我国主题出版研究趋势

1. 基于主题出版和学术出版二者关系的理论层面的思考与建设亟待推进

关于主题出版的理论建设尽管已经取得了很大的进步，许多学者和业界人士在实践的基础上为主题出版的发展建言献策，但是主题出版领域尚未建立相应的学术体系和行业规范也是不争的事实。从主题出版研究现状来看，业界研究者实践经验丰富，熟悉出版流程，掌握了大量的第一手素材，但其中部分人员由于理论储备不足，很容易就事论事、以偏概全。学界研究者理论素养深厚，但由于实践经验不够，研究成果难免会出现脱离实际的情况。如何充分发挥双方的理论和实践优势，产出有理论创新性、实践参考性和现实针对性的研究成果，成为一个重要课题。

做好主题出版与学术出版是统一的。首先，学术型主题出版项目要求经过学术出版的科学探索和分析，并在出版质量上下功夫，因此学术出版是主题出版的重要基础之一。其次，主题出版和学术出版是可以相互转化的。

主题出版在实践层面不断推陈出新的同时，也面临着学术化水平不高等问题，基于主题出版和学术出版二者关系的理论层面的思考与建设亟待推进。

2. 基于主题出版传播力的理论层面的思考与建设亟待推进

主题出版深刻反映了中国近年来政治、经济和社会文化的发展，承担着传播中国声音、讲好中国故事的重任。习近平总书记在党的十九大报告中提出："高度重视传播手段建设和创新，提高新闻舆论传播力、引导力、影响力、公信力。"这对于主题出版工作同样重要。党的十八大以来，主题出版的地位和作用更加突出，传播力、影响力不断彰显。新时代是一个变革的时代，公众的信息素养大幅提高、信息来源更加多元，主题出版作为新的主流文化传播形式，凭借体制优势，往往在内容形式上居高临下，传播效果却不容乐观。应对个性化、年轻化的阅读趋势，主题出版应不断转型升级，传播力仍需进一步提升。主题出版物实现双效最大化，这已成为保障主题出版健康可持续发展的重要课题。

国内的主题出版相关研究主要集中于学界和业界的一线，以问题探讨、对策分析居多，但关于"主题出版传播力"的相关研究尚处萌芽状态，系统分析与实证研究薄弱，犹如一个多角度解读、多方面利用以及自圆其说的零散体系，传播力的相关研究亟待梳理，并在此基础上再系统地研究主题出版传播力的内涵、构成要素和提升对策。

主题出版的实践和理论建设取得了丰硕的成果，同时也存在若干需要破解的难题，这就要求我们在党和国家的政策引领之下，积极探索和深入研究主题出版的普遍规律，使主题出版更好地为我国社会主义文化建设贡献力量。

第二章

主题出版高质量发展研究

建设社会主义文化强国，要求出版业把握新发展阶段，贯彻新发展理念，构建新发展格局。主题出版作为出版业的重要板块，正面临高质量发展的时代新要求。本章重点讨论如何建构立足中国现实、影响世界的主题出版原创理论，如何以学术品质为坚实根基，谋求高质量主题出版健康发展的创新路径，如何充分把握主题出版的资源优势，在持续开发出版更多更好彰显中国特色、体现中国风格、展现中国气派的系列主题出版物上有新作为等，厘定思路，以期为新发展阶段下推动出版业高质量发展、助力社会主义文化强国建设注入新动能。

▼ 一、向上向善的主题出版

引语

主题出版，起源其实十分悠久。早在春秋战国时期，诸子百家的著述即反映了伟大思想家们对时代的思考，后来经人整理形成的"四书五经"可谓集大成者，产生了很多脍炙人口的格言警句，其影响远播至今。到了近现代，随着出版技术的发展，主题出版物也逐渐丰富。中国共产党成立后，无论是延安抗战时期还是解放战争时期，从新中国成立之初直至改革开放之后，主题出版物在凝聚人心、繁荣文化、推动新民主主义和社会主义革命、建设和改革开放等方面，都发挥了重要作用，典型作品有毛泽东所著的《论持久战》，埃德加·斯诺所著的《红星照耀中国》，罗广斌、杨益言所著的《红岩》，金一南所著的《苦难辉煌》等。

主题出版并非中国仅有，而是遍布全球。例如，19世纪40年代后的欧洲，马克思、恩格斯两位巨擘结合当时的工人运动实践，创立了马克思主义，其代表作《共产党宣言》《资本论》《家庭、私有制和国家的起源》等深刻揭示了资产阶级的丑恶面孔，为广大无产阶级追求个人的全面自由发展提供了强大的思想武器，也为世界无产阶级革命指明了方向。这些都可以称得上是当时最重要的主题出版著作。

今天所说的"主题出版"，其正式的渊源可追溯至原新闻出版总署从2003年开始实施的主题出版工程，定义为围绕党和国家工作大局，就一些重大会议、重大活动、重大事件、重大节庆日等主题进行的选题策划和出版活动。此后，中央宣传部、原国家新闻出版广电总局每年定期公布当年度入选的主题出版重点出版物选题，并给予基金申报、宣传报道、展示展销等方面的支持。党的十八大以来，在以习近平同志为核心的党中央指导下，主题出版更是迎来了一个重要的发展机遇期。众多出版单位纷纷将主题出版作为头等大事来抓，精品力作频出。党的十九大之后，新时代主题出版的内涵持续丰富、升华，一些新的特点和趋势初露端倪。

（一）坚持以人民为中心

党的十九大报告提出，"社会主义文艺是人民的文艺，必须坚持以人民为中心的创作导向，在深入生活、扎根人民中进行无愧于时代的文艺创造。要繁荣文艺创作，坚持思想精深、艺术精湛、制作精良相统一，加强现实题材创作，不断推出讴歌党、讴歌祖国、讴歌人民、讴歌英雄的精品力作"。

人民是历史的创造者，是决定党和国家前途命运的根本力量。党的十八大以来，人民群众尤其是广大党员用实际行动践行社会主义核心价值观，涌现了一大批时代的弄潮儿，他们的经历和思考都成为主题出版选题的重要来源。例如，由中央电视台和唯众传媒联合制作的《开讲啦》是中国首档青年电视公开课，节目邀请"中国青年心中的榜样"作为演讲嘉宾，分享他们对生活和生命的感悟，给予中国青年现实的讨论和心灵的滋养，在青年群体中颇受欢迎。

（二）学术性和主题性紧密结合

一部作品学术价值的高低往往决定了其能否持续吸引读者，因此主题出版必须是精品力作，讲品位、讲格调。只有这样，才能真正振奋人心，起到弘扬主题和时代精神的作用。

以学术的角度切入主题思潮，让学术资源更好地为国家战略服务，架起学术出版与主题出版之间联系的桥梁，这是不少学术出版社开展主题出版的创新之举。例如，生活·读书·新知三联书店出版的清华大学国学研究院院长陈来教授所著的《中华文明的核心价值：国学流变与传统价值观》一书，将学术研究、传统文化解读、主题出版相融合，在出版后短短8个月的时间内，不仅在国内销售突破3万册，而且陆续实现了繁体中文、韩文、英文、俄文、希伯来文等多语种版权的输出。又如，上海交通大学出版社的"大飞机出版工程"，紧密配合国产大飞机研制，涵盖与之有关的总体气动、航空发动机等多个方向，通过策划出版国内外相关优秀著作，吸纳国内外大飞机研制方面的最新科技成果，打造理论与实践相结合的大飞机知识体系，为大飞机的研制提供了决策参考和智力支持，部分成果还向国际科技与医学出版巨头爱思唯尔集团输出版权，获得了国际主流学界和出版业界的认可。

（三）读者群体由国内读者向世界读者转变

党的十九大报告提出，加强中外人文交流，以我为主、兼收并蓄。推进国际传播能力建设，讲好中国故事，展现真实、立体、全面的中国，提高国家文化软实力。

随着综合国力的增强，中国在世界舞台中的作用越来越大，世界其他国家和地区的读者对中国的关注与日俱增。尤其是在"一带一路"倡议提出后，我们与沿线国家的出版合作取得了一系列丰硕成果，包括但不限于：版权贸易日趋活跃，政府间互译项目逐渐增多，中国在沿线国家举办和参加国际书展越来越多，合作出版力度不断加大，人员交流更加频繁，出版机构合作更加深入。这些都直接推动了中国智慧和中国方案在当地的传播，培养了为数众多的中国"粉丝"。例如，截至 2017 年 11 月，《习近平谈治国理政》以中文、英文、法文、俄文、阿拉伯文、西班牙文、德文、日文等 24 个语种的版本发行 660 万册，遍布全球 160 多个国家和地区。《习近平谈治国理政》第二卷则于 2017 年由外文出版社以中英文出版，面向海内外发行。截至 2018 年 2 月 22 日，该书全球发行超过 1300 万册。

（四）融媒体出版形式逐渐丰富

数字出版是指利用数字技术进行内容编辑加工，并通过网络传播数字内容产品的一种新型出版方式，其主要特征为内容生产数字化、管理过程数字化、产品形态数字化和传播渠道网络化。与传统出版相比，数字出版在成本与流程控制、传播速度和广度等方面有天然优势。因此主题出版理应谋求嫁接数字技术转型，尤其是在产品形态和传播渠道方面。

首先，主题出版的数字出版形态逐渐多样化，包括但不限于微博、微信公众号、电子图书、数据库、音频、视频、动漫等。这些形式往往具有即时、活泼、接地气的特点，非常适合年轻人，增强了主题出版物的感染力和传播力。

其次，主题出版的传播渠道和平台更加数字化。这和出版形态的数字化是紧密联系的。现在的互联网平台如微信、优酷、喜马拉雅、百度等往往集聚了数以亿计的网民，这是传统纸质图书发行覆盖人数的几何级倍数，传播效果也是后者望尘莫及的。正因如此，选择在合适的网络平台上发行，对数字类主题出版物而言至关重要。"复兴路上工作室"创作的《领导人是怎样炼成的》《中国共产党与你一起在路上》等短片，在优酷平台刚刚上传就迅速蹿红便是最好的证明。

文化是民族的血脉，是人类的精神家园，是塑造一个社会政治、经济行为的关键因素。出版则是文化建设的"长子"，肩负着传承文明、教化社会的重任。主题出版在其中更是扮演了极为重要的角色，好的主题出版往往能对人心起到引领作用，促使其不断向上向善。"文章合为时而著，歌诗合为事而作"，任何时代都呼唤主题出版，也呼唤广大出版人肩负使命和担当，做好做优主题出版。

▼ 二、主题出版的三重境界

引语

　　近年来，对于主题出版，从上到下、从业界到学界都进行了积极有益的探索。主题出版的内涵得到较大的拓展，内容形式也更加丰富。出现这些新的变化，说明主题出版日益受到国家和社会的重视，还涌现出了带有一些新理念的实践探索。尤其是在国际局势迅速变化的今天，主题出版出现了更高的要求，达到了更高的境界，具体可归纳为以下三重境界。

（一）主动求变，扩大内涵

　　党的十九大报告提出了弘扬传承三种文化的中国主题，系统论述了三种文化的关系。主题出版同样也涵盖中华优秀传统文化、革命文化和社会主义先进文化三方面主题，并且这三种文化是相互联系的。我们认为主题出版就是体现国家意志，呼应时代主题，能够让读者向上向心向善的出版活动。近年来，一些出版单位积极适应这一变化，努力拓展三种文化方面的选题，尤其是三种文化相结合的选题。主题出版既需要宏大叙事，也需要微观视角，既需要时间线拓展延伸，也需要空间维度，出版一批影响国际读者的精品经典。一批新型传统文化类、科技文化类、国家意志类、当代中国治国理政类的主题出版物不断涌现，受到了党和政府的肯定和嘉奖。

（二）策划优先，更接地气

　　此为当前主题出版的更高境界。策划关键是要有创意，一方面是要创新主题内容，另一方面，也要创新叙事方式。策划是主题出版物质量保证的第一环节，不要策划那些仅靠系统发行的图书，也不要策划那些只为装点书架的图书。要策划那些真正影响读者心灵的图书，让读者自愿购买。主题出版物不是给政府部门看的，应该是给普通读者看的。我们有些主题出版物眼光向上，忽略读者的阅读感受，这也是许多主题出版物不接地气的主要原因。主题出版物不是放个炮仗、赚个影响，而是要纳入出版社发展主战略，长时间深耕细作。不能满足于开开新书发布会、发发新媒体推文了事，要从云端下来，接地气地进行策划和营销，出版一批"带着温度，冒着热气"的优秀产品。主题出版物最终要靠读者的阅读来影响他们的世界观和价值观。所以我们要让读者真正能读进去、读下去，否则就是无效传播。主题出版需要适应年轻读者和新媒体的变化，"90后""00后"是未来阅读的主导群体，应该研究他们的话语体系、阅读方式、兴趣倾向，策划一批他们喜欢的新型主题出版物。在这方面，许多出版社也进行了非常好的探索。如《平易近人——习近平的语言力量》不仅书名贴切有寓意，而且内容也非常接地气，总发行量数十万册，并且大部分是自发购买。还有浙江科学技术出版社出版的《他日归来——钱学森的求知岁月》是一本一口气可以读完的好书，其内容生动，情节感人，角度新颖，全书从书名到内容再到装帧，均体现了很强烈的策划意识。

（三）春风化雨，润物无声

主题出版应该是春风化雨，是一点一滴地积累，慢慢深入人心，化为读者的生活习惯和行为方式，甚至成为价值追求或集体人格，如果是正面说教，来得快，去得也快，难以取得长远效果。

主题出版的呈现方式和切入读者心灵的模式更要讲究学术性和创新性，不是高喊口号和一大堆时髦词汇的累积，那样只能让读者产生逆反心理。我们在主题表现形式上可以学习、借鉴国际传媒企业尤其是好莱坞的传播技巧，其策划产品的目的是让受众喜欢，让人上瘾，通过吸引人的故事，更深层次地反映所属意志。可以说，好莱坞是美国文化帝国主义的急先锋。好莱坞一半以上的收入来自国外，为了实现国际传播，实行"全球本土化"战略，包括演员国际化、导演国际化、剧本内容国际化，以此消解输出目标国家的文化抵触情绪。比如，安排输出目标国家的演员参与演出，邀请目标国家的导演主导拍摄，在世界范围选择故事题材。中国的熊猫、花木兰都曾成为好莱坞电影的主题。我们的主题出版物也要学习借鉴这些成功的方法和经验，在世界范围内策划一批润物无声、有内在力量的好书，高水平传播我们的思想和价值观，从里到外影响人。

主题出版要会讲故事。故事是传播之王，古往今来那些最受欢迎的、让人耳熟能详、烂熟于心的传世之书大多是在讲故事，如《一千零一夜》《三国演义》《西游记》《水浒传》等。应该说，我们国家经济的腾飞令世界瞩目，有很多故事需要挖掘，对世界人民有意义。中国五千年的文明也积淀了很多故事，这些都是我们的主题出版有待挖掘的内容。把宏大叙事消融在一个个故事中，这是我们亟须做的事情。好故事不用强推，大家都会喜欢，而且还会主动传播。读者不喜欢的内容，即使强推，也不会有好的传播效果。好莱坞虽然在潜移默化输出价值观，但是，大多观众并不觉得突兀，这一点值得我们思考学习。

主题出版物的主题不要过于明显，应该说，我们的主题出版物中有些内容主题过于明显，或者读者一看书名就都知道结论，只不过论述方式、使用材料不一样罢了，干巴巴讲道理，读者不喜欢，效果有待提高。好莱坞电影为了在国际上推广，会刻意隐藏美国特征，更多地突出情感、友好或者视觉喜剧等主题。为了主题出版而刻意表达主题，往往适得其反，这一点值得深思。

我们还要积极探讨人和书的关系，争取在主题出版理念上再有新的突破。目前要达到这个最高境界还有些困难。这需要深层次的创新和全方位的努力，相信业界和学界共同奋斗，会有一批经典的、优秀的主题出版物走上这个高度。

作者：韩建民

三、新时代主题出版的八大转变

> **引语**
>
> 党的十九大报告通过对过去五年的总结，做出了"中国特色社会主义进入了新时代"的重大政治论断。本节根据近年来主题出版的发展现状，总结新时代主题出版在选题方向、内容创作、出版主体、读者范围、内容风格、学术含量、销售市场和出版形态八个方面呈现的重大转变，以期为下一步做好主题出版提供参考。

党的十八大以来，主题出版的地位和作用更加突出，越来越多的出版单位围绕党和国家工作大局，积极谋划，勇于担当，推出了一大批兼具社会效益和经济效益的优秀出版成果，极大地丰富了人民群众的精神文化生活。新时代是一个变革的时代。作为国家意志和时代精神的风向标，主题出版也因应党和国家的宣传以及人民群众对美好生活向往的需要，不断转型升级。总结过去数年来主题出版发展的经验和规律，有助于我们做好下一阶段的主题出版工作。

（一）选题方向由党史、国史、军史及重大节庆日向国家政治、经济、科技、文化战略转变

一般认为，主题出版是指围绕党和国家工作大局，就一些重大会议、重大活动、重大事件、重大节庆日等主题而进行的选题策划和出版活动。因此，主题出版必须坚持正确的出版导向，首要任务应是将党和国家的大政方针及时准确地传达给广大人民群众，使之入心入脑，起到弘扬主旋律、传播正能量的作用，从而为党和国家政治、经济、文化建设创造良好环境。

但是，我们不能狭隘地理解"主题出版"，把它简单地等同于"政治读物"，而是需要以更宽广的视野来准确、全面地把握其内涵和外延。其实我们从字面上不难想到，"主题出版"关注的"主题"应当是时代的主题，即每个时代最核心的课题。这些课题决定了现在，也可能会影响未来。从事主题出版应该坚持问题导向和现实关怀，关注我国社会中亟待解决的核心问题和重大战略需求，选题方向应涵盖政治、经济、科技、文化、社会建设等广阔领域。

党的十九大报告中指出，坚定实施科教兴国战略、人才强国战略、创新驱动发展战略、乡村振兴战略、区域协调发展战略、可持续发展战略、军民融合发展战略。这些战略本身的内涵非常丰富，为主题出版提供了大量有价值的原创内容。已有不少出版社从中找到了主题

出版的"种子"，并使其"生根发芽"，直至"枝繁叶茂"，取得了很好的社会效益与经济效益。如上海交通大学出版社的"大飞机出版工程""东京审判出版工程"，分别依托国家大型飞机研制重大科技专项和强化出版服务于国家重大历史与现实问题研究的精神，连续多年获得国家出版基金资助；上海世纪出版集团旗下的上海辞书出版社出版了《大辞海》，这一重大工程充分体现了出版工作与文化事业同呼吸、共命运的特色，2016 年，在《大辞海》出版暨《辞海》第一版面世 80 周年时，习近平总书记还曾致信表示祝贺。

（二）内容创作从宏观整体向小切口新视角转变

"文艺要反映好人民心声，就要坚持为人民服务、为社会主义服务这个根本方向""社会主义文艺是人民的文艺，必须坚持以人民为中心的创作导向，在深入生活、扎根人民中进行无愧于时代的文艺创造"，无论是在文艺工作座谈会上的讲话还是在党的十九大报告中，习近平总书记都强调坚持以人民为中心的创作导向。这也是主题出版应该坚持的重要原则。

坚持以人民为中心，符合我国人民当家作主的这一中国民主的本质和核心。在我国，党和国家的中心工作都与人民群众的切身利益息息相关，服务好广大人民群众也是主题出版服务党和国家工作大局的应有之义和重要组成部分。坚持以人民为中心，要求主题出版物从内容形式上摈弃过去部分出版物政治报告似的高头讲章，真正做到接地气。一方面，主题出版应该通过关注社会热点，讲好每一个平凡人人生出彩的故事，努力将主题出版物做成人民群众喜闻乐见又平易近人的优秀出版物；另一方面，只有主题出版物的销量提升，才能在人民群众中形成重要反响，实现社会效益的最大化，并带来可观的经济收益。

中国人民大学出版社出版的《抗战家书：我们先辈的抗战记忆》一书通过收录左权、吉鸿昌、张自忠、戴安澜、蔡炳炎、谢晋元等抗战先辈近 100 封家书及其背后的故事，鲜活生动地展现了中国人民长达 14 年的抗战心灵史。该书获央视新闻联播报道和中纪委网站推荐，入选中宣部、国家新闻出版广电总局"百种经典抗战图书"和"2015 年度中国好书"，加印多次。人民日报出版社出版的《时代楷模黄大年》，介绍了著名地球物理学家、生前任职于吉林大学地球探测科学与技术学院的黄大年教授的事迹，深情展示他坚定信仰信念，对党忠诚、心系祖国，把为党和人民事业不懈奋斗作为毕生追求；刻苦学习钻研，牢记使命，勇担重任，用知识和本领回报祖国，服务人民；发扬拼搏精神，勇于创新，攻坚克难，努力创造一流业绩等诸多当代优秀知识分子的可贵品质。这本书为广大党员、干部更好地学习黄大年先进事迹，更好地推进"两学一做"学习教育常态化制度化，更好地践行社会主义核心价值观，提供了参考。

（三）出版主体由传统政治读物类出版社向其他各类出版社转变

古罗马诗人奥维德曾经说过："一匹马如果没有另一匹马紧紧追赶着并要超过它，就永远不会疾驰飞奔。"开放、自由、平等的竞争能够使社会各方面的资源更加合理地配置。主题出版领域应该改变过去申报选题过于集中在传统政治读物类出版社的状况，允许更多出版主体参与其中。这既是开放市场的客观要求，也是保证主题出版市场健康发展的重要条件。一方面，通过不同主题出版类选题之间的竞争，淘汰掉劣质、重复选题；另一方面，当前主题出版的内涵非常丰富，涉及众多领域，已经不是少数几个出版社能够完全驾驭的。

事实上，广大出版单位也愿意积极投身其中，毕竟精品主题出版物更容易在基金申报和评奖评优中脱颖而出，而且比较容易产生较大的社会影响力。统计数据显示，2011—2015 年，主题出版选题申报数量呈明显的增长态势，而 2016 年共有 323 家出版单位参与主题出版，占全国出版单位总数的一半以上，涵盖综合社、少儿社、文艺社、党史社、经济社和大学社等。其中涌现了一批主题出版的新兴力量，尤其是社科社、大学社等专业类出版社，典型代表如社会科学文献出版社、上海交通大学出版社等。

（四）读者范围由国内市场向覆盖全球转变

"地球村"（global village）这一概念由加拿大传播学家马歇尔·麦克卢汉 1964 年在《理解媒介：论人的延伸》一书中首次提出。全球化的大势正在深刻改变和重塑着出版活动，包括选题策划、内容组织、营销推广等方式，目前全球组稿和中外文全球同步发行已经不再是新鲜事。主题出版因其担当的特殊使命，又能反映不同历史时期中国最核心课题的总结和精华，代表了中国主张、中国方案和中国水平，因此很有必要让世界范围的广大读者了解、熟悉，理应在"走出去"方面走在前列。

对国内出版社而言，"走出去"能够提升产品传播力和出版品牌价值，可通过申请各类外译基金或奖项，使主题出版项目获得可持续发展。从市场角度而言，国外有一大批读者对中国的政情社情、历史文化持有浓厚兴趣，这从部分图书版权输出的旺盛可见一斑。例如《习近平谈治国理政》一书自2014年9月公开发行第一卷中文版以来，在国内外引起热烈反响，截至2017年11月，已出版24个语种，累计发行超660万册，覆盖全球160多个国家和地区。《习近平谈治国理政》第二卷自2017年由外文出版社以中英文版出版发行，至2018年2月，全球发行超过1300万册。上海交通大学出版社出版的《平易近人——习近平的语言力量》至今重印十余次，发行数十万册，输出了英文、日文、韩文、阿尔巴尼亚文、阿拉伯文5个语种的版权。

（五）内容风格由相对单调向更有策划含量、更接地气转变

过去有些主题出版物内容偏重解读党和国家的大政方针及党史军史话题，比较严肃、单调。但是从弘扬主旋律、传播正能量的角度而言，主题出版最大的任务是使主题深入人心，因此需要作者、编辑以及出版单位增强策划意识、创新意识和市场意识。一是要认真分析党和国家的大政方针，从细微处入手，抓住广大读者最关心的热点难点问题，进行高质量的策划，而不是一味跟风。二是需要改变空洞、说教式的叙事风格，学会如何给读者讲好故事，将深奥、繁杂的大问题去繁就简、去粗取精，将简单易懂、亲切自然的内容和形式呈现给读者。三是精心设计作品的内容框架、版式封面，做到装帧和印刷简朴又不失水准，避免粗制滥造或铺张浪费，为读者提供使用方便、价格适中、质量上乘的优秀读物。

事实上，现阶段的优秀主题出版物无论是内容选择、封面及版式设计、定价、装帧还是数字化等方面，都尽量能够让一般读者接受，

其策划含量与其他类别的优秀读物已无二致。如人民文学出版社出版的《红星照耀中国》、湖南文艺出版社出版的《南渡北归》、生活·读书·新知三联书店出版的《1944：腾冲之围》、浙江大学出版社出版的《丝绸之路：一部全新的世界史》等。

（六）学术含量由一般大众读物向学术精品转变

前面提到，我们在理解主题出版的范围时应该持开放、包容的心态。除了政治读物，只要是体现国家意志、关注时代主题的出版物，政治、经济、文化、社会等各方面都可以纳入主题出版范畴。在产品类型上，主题出版物同样应当多样，既可以是一般大众类读物，也可以是准学术类作品。学术图书成为主题出版物必须满足以下条件：体现国家意志，呼应时代主题；具有高质量的学术内容，体现相关学科基础或前沿领域"金字塔尖"水平，在海内外皆有广泛影响力和认可度；作者权威，是相关学科领域的代表性专家学者。这样的主题出版物往往具有更强的说服力、战斗力和生命力，并能产生不俗的市场表现。

目前，越来越多的学术类出版社通过将自身已有的强大学术资源和时代主题相结合，并通过"走出去"，代表中国学界发出中国声音，产生了一大批有影响力的主题类准学术作品。例如，生活·读书·新知三联书店出版的清华大学国学研究院院长陈来教授所著的《中华文明的核心价值：国学流变与传统价值观》一书，虽然学理性强，但却将现代中国文化历史复杂的渊源和影响条分缕析，配以晓畅的文字表述，成为一般读者了解现代中国文化很好的入门读物。该书在出版后短短8个月的时间内，不仅在国内销售突破3万册，还陆续输出了多个语种的版权。再如上海交通大学出版社出版的"大飞机出版工程"，紧密配合国产大飞机研制，涵盖与之有关的总体气动、航空发动机等多个研究方向，打造理论与实践相结合的大飞机知识体系，为大飞机的研制提供了决策参考和智力支持，被誉为"出版为国家战略服务的典范"，部分图书的版权还被爱思唯尔、施普林格等国际出版商选中。

（七）销售市场由政府有形市场向无形市场自发购买转变

过去的主题出版物主要供广大人民群众学习辅导之用，产生了一定的历史作用。但新时代的主题出版物在内容上要求更高，并且需要坚持精品战略，从最广大人民群众的切身需求出发，创造出"有趣、有料"的话题。因此，新时代的主题出版物不应只"躺"在广大干部群众的书架上，而应走入"寻常百姓家"，成为广大人民群众的常备书和爱读的书。

当前，党和政府大力倡导全民阅读。习近平总书记多次在重大外交场合谈读书经历、推荐书单，全民阅读更是连续多年写入政府工作报告。2016年12月，国家新闻出版广电总局发布了《全民阅读"十三五"时期发展规划》，该规划作为我国首个国家级全民阅读规划，强调了全民阅读对提高公民的思想道德素质和科学文化素质，培育和践行社会主义核心价值观，传承中华优秀传统文化，满足人民群众日益增长的精神文化需求的重要意义，这与主题出版的初衷和追求不谋而合。主题出版最大的目的就是通过唱响时代主旋律，传播正确的价值观，使广大读者向心、向上、向善。主题出版和全民阅读可谓相辅相成，全社会逐渐养成爱读书、读好书的风气，间接带动了主题出版的繁荣。

（八）出版形态由传统出版向融媒体出版转变

2015 年，国家新闻出版广电总局联合财政部发布《关于推动传统出版和新兴出版融合发展的指导意见》，为出版融合发展指明了方向，也为出版业的转型升级提供了契机。新兴的数字出版模式正在颠覆传统的出版框架，打破不同媒介之间的隔阂，"互联网＋出版""有声书""智慧音箱"等新型知识付费服务已由预测变为现实，出版单位也由传统的图书产品生产商逐渐转变为信息和知识服务商。知识不再停留在纸张里，而是在一张编织的"大网"中，成为人人可以参与生产和传播的事物。在这样的大背景下，主题出版同样需要在创新内容生产与服务、扩展传播渠道、拓展新技术新业态等方面有所作为。事实上，融媒体也有许多广大人民群众喜闻乐见的呈现形式，如 H5 等。融媒体与数字出版对传统出版业来说，不是"狼"而是"马"。"狼"来了会"吃掉"我们，"马"来了会被我们"骑上"，让我们变得更快捷、方便和个性化，因此未来的优秀主题出版物一定会是融媒体形式，对读者有更强的感染力、亲和力。

党的十八大以来，主题出版经历了重大转型。这一转型赋予了主题出版新的生命力，也为广大出版工作者和出版单位带来了前所未有的机遇和挑战。主题出版的意义不言而喻，新时代的出版人更需要以"不要人夸颜色好，只留清气满乾坤"的心态，积极谋划，自我转型，做好主题出版，才能不辜负时代的重托。

四、主题出版如何实现高质量发展七问

引语

近年来，主题出版逐渐成为我国出版业界和学界的热点，但是依然存在矛盾和问题。在新发展阶段，主题出版的理念和需求都发生了深刻的变化，也加快了主题出版从理念到实践的快速转型与蓬勃发展。基于对主题出版概念、边界、作者、市场、融媒体、国际化等方面深层次问题的集中思考，探讨立足中国现实、影响世界的主题出版原创理论，使主题出版真正走上先进理性、高质优效的道路，真正成为凝聚社会共识、传播主流价值的平台，为建设文化强国做出独特而重要的贡献。

近年来，主题出版的理念和需求都发生了深刻的变化，促使有关方面认真思考如何做好主题出版。主题出版要在新一轮出版事业转型发展中起到带头和示范作用，发挥"举旗帜、聚民心"的重要功能，为文化强国建设和民族复兴做出独特而重要的贡献，就必须系统思考和面对主题出版发展所遇到的深层次问题，使我国的主题出版事业真正走上先进理性、高质优效的道路，真正成为凝聚社会共识、传播主流价值的平台，真正发挥潜移默化润物无声的作用，真正成为读者百姓喜闻乐见、朝读暮议的精品。

截至 2020 年 10 月，中国知网搜索显示有 1400 余篇与主题出版相关的论文。由于以往党和政府自上而下推动主题出版力度较大，这些论文绝大多数都是以解决实际问题为目标，研究的深度有待加强，还没有形成一个系统的理论体系。随着主题出版走向纵深，面对我国主题出版提质增效的必要性与紧迫性，系统研究主题出版理论具有重要的引导意义。一方面，可以帮助业界更好地推动主题出版发展；另一方面，对于密切党同人民群众的血肉联系，让主题出版物更充分发挥作用、赢得民心有重要现实意义；同时也有助于建构立足中国现实、影响世界的主题出版原创理论。本节对这些深层次理论问题进行厘定和分析，以期引起共鸣，拓宽研究视野。

（一）主题出版的内涵到底如何界定？

近年来，主题出版的内涵不再仅仅局限于围绕党和国家工作大局，就一些重大会议、重大活动、重大事件、重大节庆日等主题而进行的选题策划和出版活动，而是积极贯彻党和国家有关指示精神，将主题出版的内涵扩展到中华优秀传统文化和社会主义先进文化。主题出版物涉及的"主题"逐渐由原来主要集中于政治类读物扩展至关注党、国家和社会的核心问题以及满足国家重大战略需求的选题，中华优秀传统文化和当代中国发展道路模式、重大科技发展也成为主题出版的重点内容。尤其是近年来，在中宣部每年主题出版重点出版物选题中，中华优秀传统文化和社会主义先进文化主题都占有相当的比重，如《抗战家书：我们先辈的抗战记忆》《忠魂——革命文物背后的红色故事》以及"科技改变中国"丛书等，甚至出现了一批几种文化叠加的复合型选题。总之，中华优秀传统文化、革命文化和社会主义先进文化这三种文化构成了主题出版的核心内涵。

在多年的发展中，主题出版拥有不变的坚守和贯穿始终的灵魂。第一，党和政府对主题出版发展的重视没有改变，近几年相继出台了一系列鼓励支持主题出版发展的政策和举措，确保主题出版得到优先发展。第二,主题出版在整个出版业中的核心地位没有改变,主题出版是出版社最主要的任务之一,也是编辑部门最重要的选题建设板块,更是出版人的政治使命与文化担当。第三,主题出版靠超强的选题策划和市场营销赢得成功的规律没有改变。第四,主题出版在宣传上和市场上具有更强的影响力、传播力这个规律没有改变。

主题出版是有规定和边界的,泛主题出版的想法不可取,会削弱主题出版的凝聚力和战斗力。出版产业大体上可划分为教育出版、大众出版和学术出版等三大板块。教育出版指向知识,大众出版强调娱乐,学术出版重在信息和文化,但主题出版作为一个体现党和国家意志的综合板块,能够聚集融合上述三个板块,但又与之有明显的区别。随着主题出版的升温,越来越多出版主体投身主题出版,有些主题出版物与其他出版板块存在一定条件下的转化可能。在这种情况下,主题出版的边界厘定显得尤为重要。

首先,在主题出版的选题层面,主题出版物必须紧扣国家和时代命运主题,突出主流思想,主题特色鲜明,而不是一般地涉及和涉猎,从书名到内容都应紧紧地关联党和国家的命运和血脉。其次,在主题出版和学术出版的边界层面,出版社通过内容的特色嫁接和创造性转化而拥有了一定的主题出版空间。如在 2020 年新冠肺炎疫情全球暴发的国际情势下,时任中国科学院院长的白春礼提出要把美国"卡脖子"清单变成中国科研任务清单进行布局,在这种情势下,如若学术出版对接国家科研学术命运,凝聚战略科技力量,推出整体出版工程,就是主题出版;如果仅仅只是关注局部和地区的命运,就很难说是主题出版,这也是确立主题出版和学术出版边界的一个标志。职是之故,国家意志和执政党属性是界定主题出版时最为清晰的一点。最后，在主题出版的属性层面，主题出版从诞生之初就深具向上性和先进性，其内容符合党和国家的根本利益，鼓励读者向心、向上、向善，树立积极的人生观和价值观，是传播正能量的有效渠道。向心、向上、向善是主题出版鲜明的底色，也是坚守的边界。具体而言，"三史"（党史、军史、国史）和三种文化（中华优秀传统文化、革命文化、社会主义先进文化）是主题出版内容的具体体现。前者比较清晰，后者需要结合前面几点具体问题具体分析，从而确立主题出版的边界。

（二）做好主题出版到底有无规律可循？

主题出版的本质特征是政治性、学术性和市场性的统一，在这三者统一的基础上研究主题出版运作规律就会纲举目张。党和国家出台了一系列鼓励支持主题出版发展的政策和举措，无疑为我国主题出版的发展注入了强大动力，也让出版界受到极大鼓舞。随着一大批精品主题出版物的诞生、传播并取得成功，许多出版社包括一些专业社和学术社都跃跃欲试，准备在主题出版上有所作为。但做好主题出版是有客观规律的，因此需要探讨主题出版的可为与不可为，进而精准推进形成品牌、赢得市场。

主题出版的动力机制和评价机制亟待转型，目前是从政府及主管部门主导、出版社按节点和要求跟进的动力机制，逐渐过渡到政府行业部门指导、出版主体运作的运行机制。这也是我国主题出版发展的政策基础和发展动力。首先，由国家有关部门和相关专家组建主题出版双效融合、分层竞争的评价机制是当务之急，也是历史的必然。好的主题出版是真正能获得市场和读者的高度认可的。过去，做主题出版主要是党政类出版社的任务，近年来，越来越多的出版社积极参与主题出版工作，充分利用自身出版社的特点和优势，大大拓宽了主题出版的选题范围，加深了策划深度，许多精品主题出版物都出自非综合类和党政类出版社，主题出版的主体在不断扩大。笔者认为非综合类和党政类出版社做主题出版也是能成功的，并且是可以大有作为的。其次，一大批叫好又叫座的主题出版物见证了主题出版不仅具有较好的社会效益，也可以获得很好的经济效益，这一点非常重要，必须充分认识。最后，主题出版担负着党和国家举旗帜、聚民心，深层次影响读者价值观塑造的重要使命。这是我们对主题出版高质量发展的三个基本认识和判断。

选题策划是出版工作的灵魂，也是有规律可循的。做好主题出版，首要的就是做好选题策划。主题出版做好选题策划，需要从明确选题方向、找准选题切入点、把选题做深做透等角度着手，打造优质畅销的主题出版物。优秀的主题出版物选题策划要把握以下几个要素：新、实、续、融。"新"，即令人耳目一新、眼前一亮；"实"，即创作基础扎实，有较强的可操作性；"续"，是要考虑选题的连续性，要形成连续的品牌和长远的积累，要立在本社的优势和特点的轨道上；"融"，即主题出版选题策划要留下多媒体融合创新以及国际化的空间。

具体来说，从选题新的层面来看，主题出版要围绕党和国家的重大主题而展开，主题鲜明，具有很强的时效性。但是，这并不意味着主题出版活动只是对年度重大主题的简单呈现。高品质的主题出版物既要紧扣时代主题，又要角度新颖，切实可行，更要言之有物，文质兼美，引人入胜，既有大视角也有小切口。从做实主题出版物的层面来看，主题出版既要高瞻远瞩，又要脚踏实地，确保质量，落到实处。内容上要可行，作者要靠谱，出版规划的落实要紧凑，步步为营，稳扎稳打。当前主题出版选题策划呈现出四个特点：第一，主动性与计划性相结合，中央要求与出版主体主动作为结合；第二，小切口与大立意相结合，内容平易近人，从温度见深度；第三，作者选取与选题策划相结合；第四，选题策划同时考虑不同介质和不同阅读终端。做好主题出版物的选题策划既需要高超的编辑艺术，也需要政策把握与方法淬炼，更需要相关知识积累和市场化运作，是一个比较大的系统工程。

那么，经过多年的探索，成功的主题出版物究竟有无规律可循？或者说，有哪些主题出版物的"不可为"可视之为戒？我们总结了如下几点：内容枯燥的主题出版物不可为；封面和书名乏善可陈的主题出版不可为；居高临下的说教式主题出版不可为；赶任务、搞突击、粗制滥造的主题出版不可为；即兴逢场作戏的、不做长远规划的短视主题出版不可为；不贴近年轻读者，与时代脱节的主题出版不可为。做好主题出版要与出版社的战略和品牌特色及优势结合。

（三）找个好的主题出版作者究竟有多难？

主题出版物对作者的要求相当高，并不是所有作者都适合写作主题出版物，只有那些深入研究主题出版内容，熟悉主题出版要求，既有专业知识又有优美文字驾驭能力，既懂政策又懂读者的优秀作者，才能写出一流的主题出版物。这是由学者学术底蕴、写作能力和政治站位决定的。这决定了主题出版作者不能随意选取拼凑，出版社要长期经营自己的作者群和专家网，便于有效地组织和调取资源。

对国家大政方针政策的洞悉和解读，以及对历史事件的研究和探索，需要经年累月专业的积累和研究，故而只有通过该领域的集大成者和最前沿研究的专家学者讲述的图书内容才是最权威、通俗易懂而又引人入胜的，权威作者资源的保有和培育离不开在政治上、经济上、学术地位上的倾斜和保障支持。优秀作者甚至能够超越出版社编辑选题策划的格局与境界，与编辑的初始创意既形成互动又有升华，从而创造出文质兼美的主题出版物。要研究提高主题出版领域优秀作者相关待遇的机制，使一大批优秀人才潜心从事主题出版创作，因此主题出版领域作者的稿费和相关组稿费用要高于一般作者。

著者不为时役，不为风潮所动，深耕细作，作品才能传世，才能为其他民族文化所认同。作者要讲真心话，不讲空话套话。作者雷同的读物不能在各个不同出版社布局太多，对作者应有一定约束，使其专心在一个出版社打造某个出版品牌，不要分散精力，重复布局，形成局部重复出版。在贡献原创和鼓励原创的前提下，形成主题出版作者的成名机制，如对获得中宣部精神文明建设"五个一工程"等奖项的作者，举行国家奖励仪式，予以一系列的嘉奖，又如设置优秀主题出版作者奖，并作为国家大奖，有效提升身为主题出版作者的荣誉感。

目前，优秀的主题出版作者还少之又少，而优秀作者不足正是有些主题出版物不受读者欢迎的主要原因之一。好的选题相对容易开发，而优秀的作者实在难找，因此要实现主题出版的真正繁荣，需要发掘一大批优秀作者。而这是一个涉及教育、文化诸多方面的系统工程。

（四）主题出版要面对国际国内两个市场吗？

党的十九届五中全会提出，全党要统筹中华民族伟大复兴战略全局和世界百年未有之大变局。在两个大局背景下，主动出击，让更多人看到和读到真实的中国，显得尤为迫切。尤其 2020 年以来，新冠肺炎疫情在全球大流行，客观上较大程度阻碍了国家地区间经济文化的交流合作。在这样特殊的时期，更需要图书这种深层次、有感染力的产品。我们应该正视中国图书的力量在国际上还较为薄弱，真正影响西方读者的图书还少之又少；我们应该正视我们的主题出版还没有找到很好的与国际化适配并融合的模式和路径。

要解决这些问题，有四个融合节点。首先，将主题出版国际化和中国出版"走出去"进程密切融合，打通国际国内市场，建立和嫁接国外专有的网络和营销渠道，探索长远盈利模式。其次，积极融入5G 和数字出版的相关模式，赋能主题出版，策划生产一批理念先进、适销对路的数字出版产品，抢抓数字化带来的国际化机遇。再次，利用大数据对国外的读者群和渠道进行深入研究，实质性培育国际读者群，实施国际化组稿战略，加大适合国外读者的内容生产与策划。最后，经典的力量更易于穿越时空，只有经过国内市场和部分国外市场磨炼的经典产品才更具有传播力和战斗力。能够被国际社会认可的书无疑都是精品，图书优秀了，外国出版商不请自到。国内目前的评奖和基金评选过程中，简单查重在一定程度上减弱了经典的再版和传播，值得有关部门重视。好的图书是需要不断再版的，再版的图书是值得肯定的，真正形成经典一定需要在不同市场多次再版，磨炼穿越时空的全球经典亟待有关部门研究对策，分类予以支持奖励。真经典值得不断获得支持，中国出版"走出去"，必定是传世经典先行。

（五）主题出版与融媒体能够走得更近些吗？

主题出版拥抱融媒体的具体表现是主题出版的数字化转型和嫁接。

主题出版强调与时俱进，因此主题出版物不仅要在主题上适应时代，还要在表现形式上与时代同步。在创新内容生产与服务、扩展传播渠道、拓展新技术新业态等方面有所作为，使主题出版物的传播更加快捷、更加个性化、更有亲和力。目前，我国主题出版的融媒体传播主要有四大模式。一是平台经济下矩阵式主题出版融媒体平台模式，着力于搭建以数据为核心的智能化融媒体基座，通过平台化、工具化的应用，覆盖数据查询、知识服务、内容数据资产化、线上线下互动等多种功能。一些中央级出版社这方面表现突出。二是"小、快、灵"的主题出版融媒体产品模式，主要以电子书、融媒书、音视频、动画影视、VR、AR、H5等全品种全渠道触达读者。三是"主题出版+"内容场景化模式。这种模式是内容价值的多元化挖掘和应用场景的跨界扩张，搭建面向大众的常态化新型主题传播平台，形塑主题文化生活形态。四是主题出版借力数字阅读平台模式，致力于内容整合和渠道整合，拓宽主题出版的深度和广度。采用这四大模式打造的新兴主题出版产品达到了一般纸质主题出版物无法媲美的效果。

这个问题目前学界和业界探讨较多，许多出版社也有相当的实践，主题出版的融媒体模式确实是主题出版高质量转型的一个重要标志，也是主题出版拥抱读者、赢得市场的一次重大机遇。

（六）主题出版物如何才能赢得市场？

读者和市场是验证主题出版物是否成功的重要因素，做好主题出版，营销是重中之重，如果把内容比作主题出版之魂，那么营销则是主题出版之基。做好主题出版物的营销要处理好"三个统一"的关系。首先，主题出版物的市场营销不是孤立的，要与出版社做畅销书的战略结合起来，与出版社的整体营销战略相统一，不应先入为主地认为主题出版物就应该交由系统发行，而将其排除在出版社打造畅销书策略之外。主题出版物如果策划到位，更容易成为市场营销热点，更容易拉动其他图书的营销，更容易形成码洋利润。当然，如若有系统发行则更好，但这两者是不矛盾的，更不能相互取代。其次，主题出版物的营销要顺势而为。主题出版围绕党和国家发展的重大主题而展开，代表党和国家某一方面的政策和利益，应该坚持问题导向和现实要求，主动对接这些政策，做好营销工作，这种营销应该是主动的、开心的、愉快的，不是被动的、表面的、形式的。这些主题出版物尽管通过有关政策进入有形渠道和市场，但丝毫不影响读者和党员干部的阅读兴趣，更是众多干部读者真心期待和自发购买的，并且符合新兴读者的阅读习惯。

在主题出版物的营销实践中，难免也暴露出一些不足。第一，过于依赖系统发行，面向市场的营销没有形成比较优势，从而解决不了有些主题出版物停留在"摆在书架上、放在办公桌上"的问题，这反映出主题出版物在内容、装帧、书名等方面缺乏策划含量和市场意识，没有形成真正的影响力。第二，解决不了在书店只看不买的问题，没有让读者形成翻阅寥寥数页便拍案叫绝，想带回家仔细品读的购买欲望。虽然各类书店重视主题出版物的营销宣传，也会将其摆在显著位置销售，但打造优秀主题出版物不是一日之功，不是仅靠封面和书名以及小标题就能完成的，要深耕细作。第三，解决不了主题出版物与年轻读者脱节的问题。掌阅科技发布的《掌阅 2020 年度数字阅读报告》折射出目前融媒体主题出版产品严重不足的问题。尽管这两年从中央到地方，有些出版社做了许多融媒体主题出版的平台，但大多不接地气。目前，受欢迎的融媒体主题出版物还很少，这方面应该是今后主题出版物赢得市场主要的努力方向。

（七）书名与装帧是主题出版物的"眼"和"脸"吗？

书名对编辑而言是"最熟悉的陌生人"，大部分编辑在职业生涯中都策划过不少书的书名。如何设计出贴切且精彩、让人回味无穷的书名是一个非常重要的问题，对主题出版物而言更是如此。要想形成影响、赢得市场，一定要有到位的书名。主题出版物装帧设计也是如此，不应板着面孔、居高临下，更不要以为红色封面的才是主题出版物，不要牵强附会、生拉硬扯。主题出版物的装帧设计要让人感觉贴切、舒服、有味。不管是面对市场还是评审，书名与装帧设计都非常重要，如在近年来"中国好书"主题出版类的评审过程中，书名和封面设计对评审结果的影响比重越来越大。书名和装帧反映了策划团队对于细节的把握，更折射出相关人员的出版理念和总体出版能力。在很多读者无法在第一时间仔细阅读内容时，书名和封面就是打动读者的利器，能够在第一时间发挥关键作用。

书名是内容之外影响读者的几大元素里最重要的一个。新中国成立初期的主题出版物中就出现了一些有策划含量、非常精彩的书名，如《钢铁是怎样炼成的》《红岩》《永不消逝的电波》等，这些书名都是非常有力量的，大家耳熟能详，终生难忘。其次是封面和小标题。当然内容还是根本，但书名确实是决定出版物成功的关键一环。

101

成功的书名从功能性质上来看，可大致分成庄重大气型、诙谐幽默型、语气坚定型、情深意合型、回忆联想型、四字成语型、语气转折型、年头说事型、错位想象型、疑问肯定型、真实一线型与搭载亲朋型等若干类型，值得专门研究。

在现阶段，书名的地位和作用越来越重要，因为人和书的关系也在不断演变，过去我们是重内容，现在是既重内容又重形式，因为形式可以在第一时间打动一个人，优秀的书名与装帧设计会让人想要立刻拥有它。

关于书名和内容的关系，有一点需要注意的是，书名一定要贴切。现下市场上有很多书名，离题万里，不知所云，太离奇的书名看似有新意，但是实际上故弄玄虚。好书名的"精妙"之处在于，会让读者感觉不仅书名好，而且跟内容结合得好、贴切。哗众取宠的书名很有可能就是昙花一现，所以我们要真正地把书名和内容的关系研究透彻，书名要把内容里最本质、最活跃、最能打动读者的点提炼和表达出来。

（八）结语

新时代主题出版作为新的主流文化传播形式，凭借文化认同和体制优势，取得了较大的成绩，得到各方面的肯定和认可。党的十八大以来，主题出版的地位和作用更加突出，传播力影响力不断彰显，许多优秀的主题出版力作如雨后春笋。主题出版如山，高耸入云、坚韧不拔，体现着中国共产党和中华民族精神的先进性；主题出版亦如水，会随着山形地势之变而变，与其他出版类型结合，与时俱进地与新型载体融合。两方面特质，构成了既体现思想性先进性，又拥有文化价值、学术根基，市场广泛的一幅壮美开阔的山水图。

　　"十四五"是主题出版快速发展的时期，也是主题出版孕育新机的阶段。主题出版的发展变化很快，任务很重，但依然有许多问题困扰着我们。新形势下需要对这些问题逐步统一认识，更新理念，更需要深层次的理论学术研究支撑蓬勃发展的主题出版实践。要真正实现主题出版的高质量繁荣发展，要真正发挥主题出版春风化雨的作用，一定要把实践中遇到的理论问题厘清。相信随着这些问题的深入探讨，中国主题出版将会迎来一个高质量、接地气、有新意的发展新阶段。

五、主题出版转型升级高质量发展的新思考

> **引语**　　作为"讲好中国故事"的排头兵，主题出版近年来逐渐成为出版业界和学界研究的热点。本节在归纳主题出版当前存在的问题后，系统思考并提出主题出版真正实现转型升级、提质增效的新思路和新举措。

　　近年来，主题出版迅速升温，逐渐成为出版界和学界研究的热点。一方面，党和国家高度重视主题出版在新时代舆论引导和文化建设中的重大作用，出台一系列鼓励支持发展的政策和举措；另一方面，主题出版的理念需求也发生深刻变化，促使主题出版的主体认真思考如何做好主题出版。目前，尽管主题出版取得一定的成绩、

受到有关方面的重视，但是存在的问题也是非常明显的。尤其是在主题出版内涵、定位、理念更新、动力机制、作者培育、市场打造等方面存在严重滞后现象。主题出版要想在新一轮出版事业转型发展中起到带头和示范作用，为党和国家事业发展做出独特而重要的贡献，就必须系统思考和面对这些深层次的问题，通过有关方面和出版主体的共同努力，争取使主题出版真正实现转型升级和高质量发展。

（一）主题出版内涵的扩展

近两年，主题出版内涵的扩展已在行业内形成基本共识。这也是业界和学界认真学习领会党的十九大报告的重要理论成果。中华优秀传统文化、革命文化和社会主义先进文化成为新时代鲜明的特征，主题出版的内涵和定位也与时俱进，一大批传播中华优秀传统文化、反映社会主义先进文化的新型复合类主题出版物不断涌现。主题出版范围得到较大拓展，从原来主要集中于政治类选题扩展至关注党、国家和社会的核心问题以及满足国家重大战略需求的选题。中华优秀传统文化和当代中国发展道路模式、科技发展热点话题成为主题出版的重点内容。总之，包括中华优秀传统文化、革命文化和社会主义先进文化在内的三种文化构成了新时代主题出版的核心内涵。

（二）主题出版主体的变化趋势

首先，从事主题出版的出版主体在发生改变，越来越多的出版社开始参与主题出版工作。过去，主题出版往往局限于人民社、党史社等党政类出版社，目前全门类出版社包括大学社、科技社等一些专业出版社都积极参与主题出版工作，这大大拓宽了主题出版的选题范围和方向，融合创新的新型选题也开始大量出现。

其次，主题出版的创作主体也在发生变化。主题出版物被一些出版社认为是应景的出版物，常常要靠赶重要的时间节点出版来彰显价值，因此相当一部分是在短期内策划并随机选取作者完成创作的，遑论作者的精心选取培育和作品的精心打磨，这类赶任务式的粗糙作品往往较为枯燥，忽视市场和读者的反馈效应，达不到应有的传播效果。越来越多的出版主体开始认识到书稿质量的高低和市场反应程度之间的界面关系，进而在源头抓主题出版，从出版短期之作向长远布局转变，从完成节点任务读物向打造精品转变。上海人民出版社于 2015 年推出的"中国三部曲"，系著名国际关系学者张维为亲历百国现实，精心打造的以中国话语解读处于世界中的中国的力作，可谓三十年磨一剑。上海交通大学军史专家刘统深耕军史写作，讲述军史热血故事，他创作的优秀读物《战上海》，以写故事的笔法写军史，多向度、多角度，充满人性的真实感，简单的语言让军史不再枯燥乏味。浙江科学技术出版社 2019 年出版的《他日归来——钱学森的求知岁月》，系任职于上海交通大学钱学森图书馆的吕成东历时十年创作而成的。作者搜集考证各种资料，详细记录了钱学森在 1911—1955 年，幼年成长、青年留学和涉险归国的全过程。这些作品都是经过多年积累的喷涌之作，自然会获得政府和市场的全面认可。

最后，主题出版物的市场主体在迅速发生变化。中宣部出版局多次强调主题出版物最重要的是让普通读者喜闻乐见和爱不释

105

手。过去任务式策划主题出版物，更多是强调社会效益，有时忽略市场主体，图书出版后往往被束之高阁。而主动策划面向市场、面向读者的主题出版物，则首先考虑市场主体的意愿、接受方式、契合角度，这是有本质区别的。有些出版物注重小切口、可读性，将大道理融入精彩平实的文字中，这才是有力量的主题出版物。市场带来的信心促使出版社积极进行内容创新，以呼应市场和读者的需求，这可形成良性循环。如今，有学者研究新中国成立初期的出版活动，新中国成立初期产生了一大批有真情实感、有策划含量、文笔真实有力、可读性强的优秀主题出版物，这批读物非常有策划含量，读者喜闻乐见、终生不忘，从而影响了几代人。与此同时，市场主体的年龄结构、阅读途径模式、兴趣偏好、人文情怀都在发生深刻的变化，我们需要认真研究、充分对待、深度契合。这样，主题出版的市场主体才能真正发挥作用，主题出版物的功能才能真正奏效。同时，市场主体对出版上游的引导和评价机制也亟待建立，以形成良性互动。

（三）主题出版的内容性质分析

从出版产业整体来说，大体上可划分为教育出版、大众出版和学术出版三大板块。从主题出版的内涵和作用来看，这三个板块其实都有较大的主题出版空间。过去，主题出版在大众板块和教育板块体现较多。近年来，主题出版在学术板块有新的发展，比如，优秀传统文化类学术图书、治国理政类学术图书，甚至对接国家战略的科技类主题出版物也越来越多。除了以上约定俗成的板块分类方法，笔者尝试将出版内容按性质分为史、术、技、情、趣五类，各出版社所做的，本质上都是这五个方面的内容。展开分析，即历史、学术、技术、文学、趣味五个方面的读物。史，更多强调文化性和学术性；术，更注重交互性、非确定性；技，是实用性和确定性的产物；情，注重感染力和燃烧性，是最有力量的主题出版内容之一；趣，强调娱乐性和连续性。这五类的内容并非泾渭分明，而是有交叉、可转化。比如，以家国情怀开掘主题出版宝藏的《他日归来——钱学森的求知岁月》兼具历史的厚重与文学的动人。这五类内容的挖掘，决定了专业出版社的主题出版空间。众所周知，历史类和文学类内容可策划为主题出版物的空间最大，学术类和趣味类的次之，而技术类的较小。过去认为，技术类没有主题出版的空间。但从新冠肺炎疫情的发展来看，在特别时期，特定领域"技"类的出版物也构成主题出版。新冠肺炎防护手册类的出版物多达 70 余种，2020 年中宣部也鼓励此类选题申报主题出版重点出版物。事实上，随着如前所述出版主体的扩大，各类出版社通过以上五类本质内容的特色嫁接和创造性转化，都可以找到适合自身专业特色的主题内容出版。比如，人民邮电出版社长于学术出版和科技出版，策划出版"科技改变中国"丛书等新型主题出版物，主题出版元素鲜明，突出了其自身优势和特色，其创造性转化非常成功。再如，上海交通大学出版社出版的"大飞机出版工程"一直是强调主题出版物服务国家战略的典范。同理，普通的科技类图书与国家重大现实结合在一起，便也具备主题出版属性，如同济大学附属东方医院（国家紧急医学救援队）和杭州电子科技大学融媒体与主题出版研究院联合组织编写的《疫情来临时：新型冠状病毒肺炎居家防护指南》等一大批针对新冠肺炎疫情的实用类图书。可见，主题出版内容性质是相互联系的，有时可以因时因事而互相转化。

（四）主题出版的动力机制研究

我国主题出版的运营机制亟待由过去政府主导、出版单位参与的模式逐渐转向政府推动、出版单位主导、市场化运作的格局。政府支持和指导是主题出版的外生动力，能起到一定的推动作用，但主题出版真正的繁荣还是要靠出版主体、作者主体和市场主体内生动力机制的配备和改造。出版主体须制定长远战略，真正将主题出版纳入出版社核心周期战略，融入各层次绩效考核，通过建立良性的选题建设、培育优秀作者、引进骨干编辑、优化考核激励等方式完善制度保障机制。出版社要把主题出版真正作为一项长期的品牌事业来抓，不搞面子工程。对于创作主体，权威作者资源的保有和培育离不开政治上的保障、经济上的收益、学术上的支持，出版社要研究对优秀主题出版作者的社会认可度并提高相关待遇，让一大批优秀人才潜心从事主题出版创作，培养一大批名家、学术专家和版税大户。对于市场主体，以往的主题出版过于依赖系统发行，面向市场的营销没有形成突出优势，从而导致主题出版的选题策划脱离市场。因此，主题出版一方面要呼应主题、贴合节点，另一方面，也要打造精品、形成经典、站稳市场，这是衡量和评价主题出版物缺一不可的两个维度。构建我国主题出版市场维度评价体系的"目标导向 + 动力激发"制度保障机制，是我国主题出版向高层次、高质量发展的当务之急。

（五）主题出版的数字化转型和融媒体发展

主题出版最强调与时俱进，因此主题出版物不仅要在内容上适应时代，还要在表现形式上与时代同步。主题出版要真正做到让年轻读者入脑入心，就要积极拥抱新媒体，采取融媒体等青少年读者喜欢的出版形式。学习强国 App、"平'语'近人——习近平总书记用典"电视栏目及其同名视频书、人民出版社党员小书包 App、四川人民出版社矩阵式融合出版品牌"盐道街 3 号书院"和"金牌解说"都是主题出版利用融媒体打造优质内容、引流积累用户的积极实践。主题出版要形神兼备，既要内容优质，也要形式丰富、体验良好，要敢于创新、勇于突破。尤其是在数字化转型过程中，还有许多待开垦的传播模式，如 H5、增强现实等目前很少被嫁接到主题出版的发展运作中。因此，主题出版的转型升级离不开新业态、新模式以及新产品的高水平涌现。

（六）结语

主题出版的转型升级和高质量发展说到底要看能否产生一批真正优秀的出版产品，这些出版产品不仅要立意高远、鼓舞人心，还要是文字优美、引人入胜的经典之作。要真正做到这些，出版社需要在政府支持、作者打造、出版主体机制运作等方面努力，更需要对主题出版进行学术研究和理念更新。有什么样理念，就会生产什么样的产品，这一点从各社每年参与出版物评选的情况中就可以强烈体会到。主题出版是一个系统工程，要想转型升级，需要全方位的系统思考与实践，这项工作任重道远。

第三章

主题出版与学术出版的关系研究

我国主题出版工程推行以来，主题出版事业取得了系列进展。不过主题出版仍存在总体选题策划水平不高，同质化现象严重，专业化、学术化水平不高等问题，这限制了其精品化发展。本章主要探索主题出版与学术出版的关系，以及专业出版社打造主题出版物的路径。

▼ 一、关于主题出版与学术出版关系的思考

引语

本节首先对主题出版、学术出版的概念进行梳理和分析，在此基础上对主题出版与学术出版的关系进行分析，提出学术出版是主题出版的基础，二者在部分目标上具有趋同性，二者互相促进、相互依存。出版单位开始重新审视学术出版，主动把学术出版向时代主题靠拢，并将其作为一种出版方向的选择。

近年来，主题出版呈现出新的气象和态势。主题出版作为出版业的核心工作之一，党和国家的导向更加清晰，政策支持力度进一步提升。全国各类型出版单位都开始加入主题出版行列，也更加重视并主动开展多种创新实践。主题出版物突破国家、语言和传播媒介的限制，逐步受到国内外读者的认可和欢迎，市场回应也让从事主题出版的各类主体更有信心，主题出版呈现积极向上的喜人气象。主题出版在实践层面不断推陈出新的同时，也面临主题出版物的专业化、学术化水平不高以及与精品出版物的差距仍然较大等问题，基于主题

出版和学术出版二者关系理论层面的思考与建设亟待推进。探索如何有效传播代表中国高度的学术声音以及如何以学术标准弘扬中国主题文化，对我国出版界来说，既是责无旁贷的使命，也是空前的机遇和挑战。

（一）对主题出版、学术出版概念的界定

关于主题出版，原新闻出版总署对其概念的界定具有一定的代表性，认为主题出版是出版机构围绕国家政治、经济、社会、文化等方面的工作大局，就党和国家发生的一些重大事件、重大活动、重大题材、重大理论问题等主题而进行的选题策划和出版活动。应该说，这个概念将重大事件、重大活动、重大题材、重大理论作为主要诉求。实际上，只要体现党和国家意志、弘扬社会主旋律、弘扬传统文化的出版活动都可以称为主题出版，并不一定必须是重大事件、重大活动、重大题材、重大理论等。主题出版既需要宏大叙事，也需要微观视角。如果一定要把"重大"作为主要诉求，就在一定程度上缩小了主题出版的范围。那些见微知著的话题，融主流价值观于小的叙事题材之中，传播效果反倒很好。

杭州电子科技大学融媒体与主题出版研究院于 2018 年 8 月发布的《2018 年主题出版发展趋势报告》对主题出版概念进行了拓展，将关注中华优秀传统文化类、社会主义先进文化类、国家意志类、当代中国现实与治国理政类的出版活动也纳入主题出版的范围之内。这一拓展具有积极的现实意义，使得主题出版的涵容量大大提高，使"主题出版"中的"主题"的含义更加符合当代的需求。那些中华优秀传统文化类、社会主义先进文化类、国家意志类、当代中国现实与治国理

政类，都是响当当的时代主题，于民族振兴、国家强盛、时代主旋律关系至为重大，若不把它们包含在内，主题出版的"主题"时代特色便淡了几分。

基于此，我们认为，所谓主题出版，就是指体现党和国家意志，围绕我国现代化发展进程中政治、经济、社会、文化、科技等方面开展的倡导时代主旋律，弘扬传统文化、科技文化和国家精神，探索治国理政，帮助读者树立正确人生观和科学价值观的出版活动。

关于学术出版的争议较小，主要是指围绕学术研究所进行的出版活动，是对学术研究成果的总结与传播。

（二）学术出版与主题出版的区别

主题出版和学术出版两个概念的划分维度是不一样的。从逻辑关系来看，主题出版与学术出版是交叉关系，主题出版中有学术出版，也有非学术出版；学术出版中有主题出版，也有非主题出版。

主题出版和学术出版二者叙事方式不一样，主题出版重讲故事，学术出版重讲逻辑，探索新的认知领域。学术出版是指科学含量高的出版活动，学术出版很少讲故事，而是讲究逻辑的严密性，语言的专业性、精准性，观点的创新性。学术出版物一般是小众的，主题出版物是大众的。学术出版要求的是深度和高度，主题出版要求的是传播广度。

主题出版的基础是学术出版，相对其他类别的出版，二者对作者的要求都很高，专家型作者成为首选。不同的是，学术出版对作者的选取标准较为单一，深厚的学养、扎实的专业知识、独到而深入的研究是学术文本的基本保障。而主题出版对作者要求更高，要求作者站位高，具有全局意识，通晓党和国家方针政策及世界文化的发展潮流和规律。学术出版只是探讨个别局部的学术问题，微观层面的话题较多；主题出版是为了引领时代潮流，引导大众认知，大多是宏观层面的话题。学术出版是对最新学术研究的总结，重在创新；主题出版主要是把已有的知识讲得更明白、更通俗，如果有创新，也主要是叙事方式、内容结构的创新。学术出版的语言讲究专业性、精准性，主要针对专业人士；主题出版的语言讲究学术性、通俗性、趣味性，读者面更为广泛。

（三）学术出版是主题出版的基础

从近年的实践来看，主题出版主体呈现十多种新型发展模式，具体为党政读物创新型、治国理政学术型、文学市场创新型、本地资源立体开发型、科技与当代中国发展型、"走出去"与主题出版结合型、学术型主题出版工程、传统文化升华型等。其中，科技与当代中国发展型和学术型主题出版工程表现亮眼，佳作频出。这反映出主题出版要进入精品迭出期，需要转型。而专业化、学术化是主题出版转型的重要路径，拥有夯实的专业化、学术化土壤的主题出版物才能长青，可以说，学术出版是主题出版的基础。

主题出版一般选题重大，题材高端，往往代表中国强音，对论述要求较高，所论所述要求严谨、权威，其创作者须具有很深的学术造诣和水平，这是打造精品力作的前提和保证。职是之故，主题出版应顺势而为，夯实学术性和专业性基础，携手学术出版，打造精品力作。

1. 主题出版需要增加学术含量

主题出版物既要有政治高度，又要有学术高度，不能在学术上打折扣。要用学术的方法讲述中国道路自信、理论自信、制度自信、文化自信，用科学的方法把中国模式、中国故事传播出去。

增加主题出版的学术含量不等于脱离群众，增加学术含量和增加出版物的亲和力不矛盾，主题出版物不能像学术专著那样高高在上、远离普通读者，也不能无原则拔高、牵强附会，要有意思、有趣味，有真情、接地气，富含有价值的知识，富有道德感召力，让老百姓主动购买阅读。商务印书馆总经理于殿利认为，"要让主题出版真正发挥经济效益，就必须按市场规律办事，按一般读者的需求来开发选题和制作产品，不能所有主题出版物都千篇一律地只有一副'政治面孔'，必须要亲民、接地气，只有这样才能激起更多读者的兴趣，主题出版的市场才会有更为光明的前景，主题出版才会成为更重要的市场之一"。这就需要出版人、作者下功夫对主题出版物进行认真打磨。关于语言的通俗性和内容的实用性，上海交通大学出版社出版的《平易近人——习近平的语言力量》一书非常通俗易懂，书中收录的语言平实，没有使用生涩的概念，说的都是老百姓喜欢的大白话，不时插入一些巧妙的比喻、俚语，讲述的也都是老百姓关心的内容，但是其语言的逻辑性很强，问题论述清楚，说服力很强，通篇看不出说教的味道。我们的主题出版工作者应该认真研读此书。

现在是互联网时代，读者是很挑剔的，他们获取信息的途径多元化，主题出版物如果没有新意、没有趣味，就很难吸引他们的注意力，更不要说购买、阅读了。

一些大社名社的主题出版会引导社会的学术研究方向，使学者们关注社会重大问题，加强研究，从而促进学术研究的发展，这些学术成果的出版增加了学术出版的品种与分量。商务印书馆很好地实现了主题出版与学术出版的融合，其策划出版的"中国道路丛书"中的《中国道路与新城镇化》《中国道路与跨越中等收入陷阱》《中国道路与蓝领中产阶级成长》等出版物都堪称主题出版的经典，也是学术出版的经典。这才是学术出版与主题出版的理想状态。

整体来讲，主题出版物需要提高学术含量，这样做有利于增强说服力并延长它们的寿命。

2．学术出版为主题出版保驾护航

主题出版尤其是学术型主题出版工程需要做大量的基础性理论工作，这离不开学术出版专业化的支撑。主题出版物只有经过学术出版的科学探索和分析、理性解读和透视，才能被中国乃至世界人民认同，并经得起推敲。

主题出版要在质量上下功夫，这需要学术出版专业化的保障。主题出版应该增加学术含量，这不应该仅仅是激情、仅仅是口号，而应该提高可信度以及科学程度，论证分析要科学，符合逻辑，经得住推敲，妄断等逻辑推理的谬误不利于主题出版的传播。部分主题出版物应该由那些学术大家来创作，用他们的学术影响力提高主题出版的号召力。

出版必须反映时代、服务时代，主题出版、学术出版在这一点上没有区别。但是，主题出版需要学术出版的支撑。中国经济的迅速崛起，在人类发展史上是空前绝后的，一个十几亿人口的大国，2017 年的国民经济规模按不变价计算达到了 1978 年的 34.5 倍，在短短近 40 年的时间内是怎样取得如此伟大的成绩的，这是一个巨大的谜，不仅对普通人来讲是一个谜，就是对经济学家来讲也是一个谜，现在还没有人能够彻底解透，因此，需要全方位地解读。著名经济学家林毅夫先生认为，西方国家的理论无法解释中国发展的奇迹。中国人需要创立一种新的理论来解释中国的发展奇迹。很多国家的读者对此充满好奇，他们需要借鉴中国模式，这是伟大的时代主题、国家主题、民族主题，当然也是出版主题的基本内涵，中国出版界担负着向国际社会解释中国发展模式的重任。这样的主题出版物既具有广泛的国际需求，也具有伟大的战略意义，但是需要具有很高的学术含量，才能获得很高的国际认可度。

（四）主题出版、学术出版目标的部分趋同性

1. 在"走出去"的问题上日益趋同

近些年，出版"走出去"成为体现国家文化软实力的重大战略。随着我国综合实力和国际形象的提升，越来越多国家的读者急切地想了解中国、读懂中国，中国主题出版物成为海外的关注热点。主题出版深刻反映了中国近年来的政治、经济、社会发展的状况。做好主题出版是中华文化"走出去"、提升中华文化软实力的重要途径。在近年"走出去"的图书类别中，主题出版类图书无论是版权输出品种，还是海外市场的表现，都可圈可点。中国出版"走出去"，就是中国思想、中国文化、中国学术"走出去"，并参与世界思想、文化格局的重塑，这个过程是建立在充分吸收中国优秀学术成果的基础之上的。中

国学术出版"走出去"和主题出版"走出去",是我国文化"走出去"战略的"一体两面",学术出版物代表着中国智慧的结晶,是中华文化精髓、中国当代发展成果的重要传播载体,因此,学术出版"走出去"是中国出版"走出去"的重要一环。学术出版是世界认识中国发展的重要途径,能够有效传播代表中国高度的学术声音,以学术标准弘扬中国主题文化,"文化出海"是主题出版和学术出版空前的机遇、挑战和使命。

第一,以学术的角度切入时代主题,让学术资源更好地为国家战略服务,架起学术出版与主题出版之间联系的桥梁。例如,生活·读书·新知三联书店出版的《中华文明的核心价值:国学流变与传统价值观》一书,将学术研究、传统文化解读、主题出版相融合,不仅简体版销售突破3万册,还陆续实现了多语种版权输出。上海交通大学出版社出版的"大飞机出版工程",为大飞机的研制提供了决策参考和智力支持,部分成果还向国际科技与医学出版巨头爱思唯尔集团输出,获得了国际主流学界和出版业界的认可。浙江大学出版社出版的《中国历代绘画大系》,虽然是一套关于绘画的学术图书,但是对弘扬传统艺术文化贡献卓著,切合了时代民族文化建设的主题,也成为主题出版物的代表,虽然定价很高,但是销售成绩很好,获得了很高的市场认可度,可谓是主题出版与学术出版融合的典范。

第二,要增强主题出版"走出去"的传播效果,首先需要培育具有国际传播力的出版市场品牌产品,创新文化符码的编解,讲述好中国故事,拓展主题出版参与跨文化传播交流的维度,打造向全球讲述"中国好故事"的主题出版物品牌矩阵,以达到吸引国外读者、实现有效传播的目的。如上海世纪出版集团针对外国读者,约请法国知名汉学家撰写，讲述当代中国故事的英文版专著《中华复兴管窥》，以及中国出版集团围绕中国梦主题出版的"6 大丛书 +1 个多媒体项目"。

主题出版物实现国际化传播，要研究国际文化传播的规律。应该说，我国出版人对国际社会的读者需求研究还不够透彻，还存在很多空白。在这一点上，需要借鉴好莱坞的国际传播战略和艺术。好莱坞的电影起初在很多国家 / 地区遭遇失败，为了改变被动局面，好莱坞开始研究目标国家 / 地区观众的文化习俗和需求，为了实现在这些国家 / 地区的传播，会刻意隐藏美国文化的一些符号和包装。好莱坞寻找当地的影片公司进行合作，为当地的观众定制电影，把当地文化融入电影，而不是一味地把一个统一的模板推广到全世界。例如，在印度，起初，好莱坞的影片因为对爱情、婚姻、性和暴力的表达严重偏离当地的习惯和信仰，十分失败。后来，好莱坞选择和印度当地电影中心宝莱坞的电影公司进行合作，为电影打上当地人的烙印，《贫民窟的百万富翁》虽然是好莱坞电影，但是在印度十分成功。成功的秘诀就在于"本土化的内容"。当然，电影和图书不一样，但是在内容本土化这一问题上恐怕是一致的。主题出版也需要对目标国家 / 地区进行细致研究，实现内容的本土化设计。

中国出版单位在境外设立分社或通过资本手段并购国际出版商，在国际上出版中国主题出版物，这也是一条主题出版"走出去"的阳关道。例如，中国青年出版总社在伦敦设立中国青年出版社国际有限公司，已经成功出版上百种主题出版物。又如，广西师范大学出版社收购澳大利亚视觉（Images）出版集团、英国 ACC 出版集团，也出版了很多主题出版物，其编辑大多是当地人，站在海外国家读者的立场看中国如何成功，讲中国国家的成功故事。这些出版物都是通过当地主流销售渠道进入读者视野的，大家不再以异样的眼光看待中国主题出版物，而是想通过这些出版物获得某些启示与动力。这样的主题出版是实实在在的落地生根式的出版物，是真正的"走出去"。

2．主题出版物、学术出版都要向精品化发展，主题出版物也要打造传世精品

为提高主题出版物的国内、国际辐射力，对主题出版物的选题、作者也要优中选优，单纯追求品种数量的增长是没有意义的，而且容易产生负面影响。美国好莱坞电影的品牌不是轻易树立的，它们对选题、剧本的选择十分严苛。据估计，在电影摄制的不同阶段，好莱坞及其子公司的手上始终拥有大约 2500 部电影的策划方案。其中很大一部分，或者说 90% 的电影方案最终会被弃置，还有成千上万、铺天盖地的剧本，最后能被选中的概率很低，所以一部电影的横空出世堪称一个奇迹。我们的出版单位如果也像好莱坞电影公司那样认真选择选题、作者，我们的主题出版物走向世界就近在眼前了。

贝塔斯曼旗下的企鹅兰登出版集团每年出版新书 15 000 余种，再版书 25 000 种。美国约翰·威利父子出版公司每年出版新书与电子出版物约 2000 种，但是每年再版的书却在 11 000 种左右。德国施普林格出版社的再版书每年都在 17 000 种以上。我们的很多主题出版物"见光死"，重印书很少，主要原因就是学术含量不高，缺乏精品意识，在这一问题上我们必须加强内功的修炼。

据调查，很多主题出版物时效性过强，缺乏长效内容，一旦过了时间节点就不再被关注，出版单位的投资无法收回。我们需要时间节

点很强的产品，但是这和打造精品不矛盾，如何在满足时间要求的同时兼顾内容的传世性，是一个值得考虑的问题。《论语》《道德经》是我国古代儒家、道家的代表性著作，它们流传了两千多年，而且还会流传下去。这些出版物在很多国家被翻译出版，《道德经》仅英文译本就多达七八十种，世界上的主流语言都有它的译本。它们之所以能够穿越两千多年的时空，并且穿越国界，至今仍被全世界人民奉为经典，就在于它们对人生本质的洞察十分深刻。我们的主题出版物、学术出版物应该从这些传世经典的出版中借鉴经验。这样的出版物不需要太多，它们就是图书出版中的"核武器"，威力无比，一种的威力顶上万种，影响久远。主题出版也需要这样的传世精品。

剑桥大学出版社是全球最著名的大学出版社，以出版学术著作为主要目标，它们的学术出版在国际上堪称一流，几乎成为国际学术出版的典范，赢得了广泛的国际认可。曾任首席执行官的潘世勋说："我们85%的市场都在英国以外。"这种成绩的取得是多年历练的结果，若没有近乎严苛、精益求精的精神，是无法实现的。

剑桥大学出版社"剑桥中国文库"的启动是基于对李约瑟的《中国科学技术史》以及费正清、崔瑞德担任全书主编的"剑桥中国史"丛书的成功出版。李约瑟的《中国科学技术史》的出版可谓是中国科技史出版的精品之作、扛鼎之作。在此书出版以前，中国自己没有编写过规模如此巨大的中国科技史卷册。这实际上是境外主题出版，这些出版商看中的是中国主题的市场价值和文化价值。这些国外的出版商了解所在国家的民情国情，它们出版的主题出版物更接地气，更具有市场价值。这是一个需要认真研究的话题。

学术出版同样应该有精品意识。施普林格出版社、牛津大学出版社等都是学术出版商，重印书规模巨大，关键在于大多数都是精品，它们在全球范围选择作者，书稿都是经过业内顶级专家匿名评审的学术著作。国际上一些著名的学术出版商能够赢利的也很多，最典型的就是爱思唯尔出版社，在追求高学术含量的同时，销售也做得很好，利润率在 30% 以上，比苹果公司都高。在我国，商务印书馆汉译的世界名著系列中的图书多达 700 多种，基本上都能实现赢利，无疑也是学术出版的典范。

（五）学术出版主动对接主题出版成为一种选择

从 2018 年的出版实践来看，主题出版和学术出版二者之间整体表现出了牵连如织、彼此渗透的趋势，界限变得模糊。国家出版基金自 2007 年设立以来，带动了一批规模大、投入大、周期长、难度高，单靠出版社的力量难以完成的国家出版工程，如已成为"出版为国家战略服务的典范"的"大飞机出版工程"。发展国产大飞机是党中央、国务院在 21 世纪之初做出的具有战略意义的重要决策，"大飞机出版工程"作为服务国家战略的学术出版物应运而生。在此过程中，由于整体对接国家战略和国家意志，学术出版物变成了主题出版物，呈现你中有我、我中有你的特点，是谓"军装效应"。"军装效应"是指在策划选题过程中，通过选题的整体设计来主动对接国家战略、服务大局。普通的学术专著并不属于主题出版物，但是当其被赋予党和国家意志、反映时代主题并集中出版时，主动策划对接意识与规模效应就使其具备了主题出版物的属性，有些大众出版物也是如此。2018 年，一些主题出版物展现出了一定的"军装效应"，出版单位开始重新审视学术出版项目，开始有意识地把学术出版与国家战略、民族振兴等时代主题相对接，赋予学术出版以新的时代意义和文化符号，学术出版的主题特色开始扩展并得到凸显。这种对接成为一种选择，并得到普遍认可。

除此之外，有的主题出版物本身就是一套学术著作，如上海人民出版社出版的复旦大学教授张维为所著的"中国三部曲"，其中的"中国崛起"震撼了全世界，"中国模式"也成为国际学界、理论界热议的话题。作者力求以较宽广的国际视野来观察世界、思考中国问题，特别是探讨与中国崛起有关的热点问题，为国内外读者打开了认识中国的又一扇窗。

同时，风起云涌的主题出版发展潮流对作者群体也产生了正向的积极的影响，作者队伍对体现党和国家意志、宏大叙事、民族国家发展与崛起等时代主题的关注度提高，创作的主动性提高，他们视野开阔，主动向主流意识靠拢，稿件的学术质量不断提高。当前，高学术含量主题出版物的作者群正在壮大，为主题出版提供了不竭的源泉。

（六）主题出版和学术出版相互促进、相互依存

主题出版主动性和策划性较强，学术出版相对沉稳和厚实，在出版"传播力"即"生产力"的新时代，在"注意力经济"盛行和信息大爆炸的时代，公众的信息素养大幅提高、信息来源更加多元，认知语境与分析框架剧变，主题出版作为新的主流文化传播形式，凭借文化认同和体制优势，往往在内容形式上居高临下，实际传播效果未必乐观，而"学术出版"其内容的深刻性和专业性以及思想的复杂性往

往使得出版物难以实现易读性，主题出版物和学术出版物自身的特点难以改变，唯有通过构建由多种媒介形式组成的出版类型的矩阵，才能应对新媒体的挑战，提升传播力。出版物从供给侧有组织、有计划、有策略地推出，到需求侧达到什么样的传播效果？影响力如何？这些问题已成为保障主题出版和学术出版健康可持续发展的重要课题。

通过贴近受众的传播体验设计与传播策略选择，深化受众对主题内容的接受与认同，应对个性化、年轻化的阅读趋势，主题出版应不断转型升级。如主题出版物《开天辟地——中华创世神话》《马克思的20个瞬间》以及"中华民族文化大系"丛书的实践就颇具成效。

学术出版也为主题出版提供了选题的素材，学术出版具有严谨性，观点可靠，逻辑严密，可为主题出版提供可靠的观点和资料来源。有些主题出版物是对学术出版物的二次开发，这样的出版物立论扎实，观点可靠，可信度高。

作为两种不同的出版活动，学术出版也要讲导向，主题出版为学术出版提供了一些新的角度和思考，学术出版为主题出版提供立论基础，二者互相促进、互相依存。没有学术支撑的主题出版是空中楼阁，没有主题指引的学术出版有时影响力也会受到局限，二者都是出版活动必不可少的组成部分，不可偏废。

（七）结语

综上所述，主题出版和学术出版存在多方面的联系，本节所论只是一些重点方面，还有很多方面需要大家共同探索、研究。

二、重新理解主题出版与学术出版关系的演进

引语

对于学术出版与主题出版的相互关系，常规认为前者是后者的基础，后者是前者的升华，这一论点主要从逻辑关系上对出版业的两类主流出版类型进行定位，对两者间关联的理论认识还不甚清晰，缺乏对不断发展变化的出版实践的理论解释力。重新思考在新时代两者相互关系的演化，有助于澄清模糊认识，深化出版理论的研究。

主题出版是我国出版领域最重要的板块，也是新时期党和国家赋予出版人的重要使命。作为最有影响力的出版类别，全国各大出版集团将主题出版纳入长期发展战略，持续组织和推出主题出版的一系列精品佳作。中宣部、原新闻出版总署每年组织和部署主题出版工作，发布当年主题出版重点出版物选题。主题出版物的出版和发行具有示范和引领的特点，发挥着弘扬主旋律、引领主流价值观、激励人民群众奋进新征程的作用。

学术出版是当代世界出版界的主流出版类型。对于学术出版与主题出版的相互关系，常规认为前者是后者的基础，后者是前者的升华。这一观点主要从逻辑关系上对当下出版业的两类主流出版类型进行定位，对两者间关联的理论认识还不甚清晰，缺乏对不断发展变化的出版实践的理论解释力。重新思考在新时代两者相互关系的演化，有助于纠正模糊认识，深化出版理论的研究。

出版具有记录时代、传承文化的社会使命。主题出版时代特色鲜明，反映时代脉搏跳动，学术出版也不例外。学术出版关注学术共同体所普遍关心的问题，追踪具体研究领域的进展，展现国家科技创新

成就。在出版数字化和国际化趋势下，主题出版与学术出版两者的相互关系正在经历新的转变，呈现出新的特征，对两者之间关系的演进需要进行普适性的总结和抽象化的思考。

（一）主题出版的演进：从政治任务向政治高度、学术规范、市场运行三位一体发展

主题出版是具有本土出版理论特色和出版实践特色的活动，国外出版理论界相关研究较为缺乏。有学者对主题出版概念的来龙去脉进行考证，梳理得出当前意义的"主题出版"一词首次见于 2008 年《新闻出版总署关于纪念改革开放 30 周年有关工作的通知》中。一般认为，主题出版反映国家意志，聚焦特定重大节庆时机、重大事件以及重要理论，在选题策划上坚持正确的政治方向、舆论导向、价值取向，关注历史文化语境下具有重大政治、文化、经济、科学价值事件和活动的重点选题，是以国家战略需要为导向的重大出版活动。

既往对主题出版的理解多聚焦其密切联系党和国家的方针政策，扮演着配合政府工作大局和工作中心任务的社会治理角色。然而，伴随着主题出版物类型的不断丰富和完善，主题出版的范围在不断拓宽，主题出版的性质、内涵以及功能正在发生转变。

在性质上，主题出版从政治任务向政治高度、学术规范、市场运行三位一体转变。传统主题出版物大致分为三类。一类是重要精神和重大理论阐释的理论著作及普及读物；一类是与重要主题事件和活动对应的主题事件出版物；一类是与重要时机和节庆活动对应的节庆出版物，例如庆祝改革开放 40 周年、新中国成立 70 周年、中国共产党成立 100 周年的出版物。而当下，主题出版表现出政治属性、学术属性、市场属性

三位一体的特征。主题出版物呈现宏观、中观、微观相互融合的立体格局，选题切入不仅包括理论解读和历史记录的宏观取向，还包括产业中观和个体微观层面。主题出版的取材范围不仅是传统上的党史、国史、军史等革命史以及应重大社会事件、重要历史时机而生发的主题，还拓展到中华优秀传统文化类主题、先进科学技术类主题、社会关切类主题。

近年来，主题出版选题范围深化拓展，主题出版物传播力和影响力继续增强，主题出版日益发挥着牵引出版市场的引擎作用。以 2019 年为例，在 2019 年单品种累计印数前十的出版物中，主题出版物占其六，占据优势地位。该年度总印数逾百万册的单品图书有 82 种，其中，主题出版物有 20 种，约占四分之一。在该年度，单品图书印数（单年度）过百万的主题出版物包括马克思主义哲学思想著作，如《习近平新时代中国特色社会主义思想学习纲要》一书，其印数逾 7800 万册；也包括传播革命文化的主题出版物，如《红岩》《红星照耀中国（青少版）》等大众文学类的主题出版物，其印数超过百万册。

在内涵上，主题出版发生转变，从反映一种文化向反映三种文化转变，从反映革命文化向反映中华优秀传统文化、革命文化和社会主义先进文化转变。主题出版的内容不仅是具有高屋建瓴政治站位的理论解读，还包括能够体现时代特色的重要社会事件和影响人民群众生活的事件。如上海交通大学出版社出版的《查医生援鄂日记》，内容来自抗疫一线战线的医生手记。选题从个体的微观角度切入，通过普通人的生命史记录抗疫史，展现民众勠力同心、团结一致战胜疫情的勇气和担当。从出版实践分析，主题出版物的题材具有多元性和丰富性的特点，能够体现政府工作主线、阐释先进思想文化、讴歌时代精神、引领社会进步、坚定理想信念、达成社会共识的出版主题，属于主题出版。一言以蔽之，能够传播中华优秀传统文化、革命文化、社会主义先进文化的出版，均属于主题出版的范畴。

在功能上，主题出版从举旗帜、聚民心、育新人、兴文化、展形象向加强国际交流、赢得国际认可，为人类命运共同体谋健康、谋进步转变。通过聚焦世界各地读者关心的话题，遵循严格的学术规范，进行周密的理论论证等一系列出版流程的运作，主题出版不仅能够展示我国经济、文化、教育、科技等各方面的辉煌成就，还能够作为讲好中国历史和发展进步的故事，凝聚国际社会共识的媒介。

（二）主题出版与学术出版的辩证关系

主题出版与学术出版的辩证关系首先在于两者内涵和外延的相互交织和相互转化，其次，在于两者的相互促进和相互支撑。

1．主题出版与学术出版内涵和外延相互交织、相互转化

学术出版是指从事包含学术著作、学术期刊等面向特定学科和专业的图书、期刊、电子书、在线数据库以及信息服务等出版服务的总称。学术出版所生产和发行的产品类别一般包括学术论文类、学术图书类。学术出版提供专业内容，反映最新科学研究成果，又推动科技创新，也常被称为专业出版。

学术出版的出版主体不仅包括商业出版机构、大学出版社，还包括各类专业研究学会或协会。从当前出版市场来看，近50年来，西方国家学术出版机构的兼并浪潮趋势明显。较之于大众图书市场，学术出版国际化和垄断化程度较高。以英文为出版语言的高质量学术出版物广泛占有国际市场，少数出版集团发表了全球半数的研究成果。爱

思唯尔、施普林格、威利－布莱克威尔、泰勒－弗朗西斯等国外出版巨头是全球学术出版市场的"领头羊"。

如果将主题出版和学术出版各自视为一个集合体，两者之间并不是相互排斥、相互分离的关系。相反，两者间具有大量的交集和重叠空间。对主题出版与学术出版的认识不能将两者割裂和对立，一些类别的学术出版本质是主题出版。

基于学术出版所覆盖的学科类目和范围的差异性，可将学术出版分为三类。其一，马克思主义哲学题材内容的出版，侧重于马克思主义哲学及当代发展领域；其二，社会科学题材内容的出版，侧重于人文社会科学领域；其三，自然科学题材内容的出版，侧重于理工医学等学科领域。学术出版的这三个分支均与主题出版相关联，如马克思主义哲学题材内容的出版，本身属于主题出版，具有鲜明的政治属性和理论属性。又如社会科学题材内容的主题出版，如研究宋代礼器、礼制的学术专著，既属于学术出版，同时又是对中国传统文化的阐发和研究，在走向国际市场后，与主题出版更是密切关联。自然科学题材内容的主题出版物，内容涉及6个方面：其一，科学家精神；其二，科技战略和科技问题；其三，专业科技类；其四，科技史；其五，大科学装置，如"大飞机出版工程"；其六，国家科普，国家层面的科普出版属于主题出版，例如江苏凤凰科学技术出版社出版的《60万米高空看中国》，运用卫星观测数据记录全国各省农业、交通、工业等各方面的巨变，展现新中国成就，既是国家科普读物，又是精品主题出版物。

2. 主题出版与学术出版相互促进、相互支撑

主题出版的本质特征是政治性、学术性、市场性的统一，没有政

治导向的主题出版物缺乏灵魂，没有学术支撑的主题出版物很难有说服力和生命力，而没有市场的主题出版物则是空中楼阁。政治高度、理论深度和人文温度是优秀主题出版物的构成要素。

主题出版物可分为政治类、文学类和学术类。政治类主题出版物逻辑清晰严密，观点鲜明准确，重在理论阐释和学术论证，既体现党和国家意志，又有较多的理论拓展与学术创新。大众类主题出版物文质兼美、情节生动感人、细节把握到位、文字表达流畅、主题鲜明强烈，重在实现与读者的共情，以情感人，成为广大读者爱不释手的精彩之作。学术类主题出版物的内容质量主要体现在选题的创新与立意上，体现高度与深度，学术类主题出版物既是填补空白的原创工作，又是传播主流价值观念的经典之作。如江苏凤凰美术出版社出版的科普图书《大国重器：图说当代中国重大科技成果》，邀请权威学者创作，运用图片、图标、插画，生动展现量子卫星、潜水器等近年来自然科学领域的重大成果，图书入选中宣部主题出版重点出版物选题、《教育部基础教育课程教材发展中心　中小学生阅读指导目录（2020年版）》以及全国党员教育培训创新教材。主题出版与学术出版的融合创新，体现了主题出版与学术出版在承担社会责任、引领价值追求以及市场经济效益维度的有机统一。

（三）新时代主题出版与学术出版的趋同性与一致性

1. 主题出版与学术出版在高质量发展要求下趋于一致

从传播主题和传播主体分析，主题出版具备明确的传播者意图，选题策划的政策导向性明显，政府及其政策对主题出版有着强有力的影响。主题出版具有承载宣传功能的使命和价值，其编辑方针兼具由上而下和由下而上的特点。由上而下是指政府在主题出版的宏观方向引导上起着顶层设计的作用。由下而上是指各家出版社在坚持正确思想导向的基础上，立足地域特色或现有优势，加强主题策划，丰富主题出版的内容和类型。

主题出版的发展离不开学术出版的发展。如果将主题出版与学术出版两者视为泾渭分明的两类出版类型，在此基础上构建的出版理论将失去指导出版实践的能力。在各大出版社的出版业务实践中，一些出版社将两者割裂开来，视两者为不同类型、互不相关的业务，导致在学术出版业务上经营表现不俗的出版社，其主题出版业务未必表现上佳，而将主题出版和学术出版两者有机融合，采取综合出版模式的出版集团，其出版业务常常有声有色。如人民文学出版社、解放军出版社、中国人民大学出版社是将两者有机融合的典型样本。

以大学出版社为例，中国人民大学出版社属于传统的经济、政治类教材的出版重镇，具有学术出版优势，立足既有优势，发挥学术出版特色，采取学术出版强化主题出版的成长战略，已成为高校出版社中主题出版的主阵地之一。以综合类出版社为例，如上海人民出版社，将主题出版和学术出版的有机融合作为出版社的长期发展战略，组建政治与理论读物编辑中心，集合具有专业学科背景的编辑，通过打造主题出版的专业编辑团队，凝聚专业背景的权威作者队伍，借助学术力量，推进主题出版，实现了经济效益和社会效益的双赢。

2. 主题出版与学术出版在"走出去"战略与路径上同源共流

在增强国际出版能力建设的时代主题下，国内许多大型出版集团开始抢占国际市场。伴随着出版"走出去"的进程，图书作者作为传播者主体的身份角色开始发生改变，图书市场的销售对象、出版物的内容类别也发生改变。主题出版与学术出版的若干类别在出版国际化的情境下耦合和趋同。在国际出版市场，主题出版与学术出版两者的边界进一步消融。就社科类学术出版而言，出版国际化使得社科类学术出版物的主题出版属性从无到有，例如研究中国传统文化的专著，看似纯粹的学术出版物，但是经历对外版权输出、翻译为西班牙文等不同的语言版本、在国际市场发行等一系列出版流程后，打开了海外市场，让国外用户感受和了解中国文化，发挥了弘扬中华优秀传统文化的作用，于是转化为主题出版物。

又如研究中国问题和社会、阐释中国道理和中国方案、输出中国模式和中国道路的学术出版，在出版市场的跨国改变背后，是传播者身份角色的改变，作者不单单是某一学术问题研究的专家学者，还是对外讲好中国故事的专家和叙述者。作者通过阐释学术问题讲述中国故事，体现中国特色，使国外受众知晓中国的发展现状和成就进步，从而推动学术出版物转化为主题出版物。

随着市场主体以及出版市场的跨国变化，在以英语为主要应用语言的西方国家市场，社科类学术出版物转化为主题出版物，两者表现出耦合特征。或言之，学术出版在趋向国际市场的传播情境下，与主题出版的相关度发生了变化，在国际化表达的目的导向性上与主题出版相一致，两者高度趋同。在这类以中国传统文化或中国问题为选题，以国际市场为目标市场的出版业务实践中，学术出版与主题出版的边界趋于消融，两者呈现出同一性。

同时，应注意到，主题出版与学术出版在国际市场环境下并非完全重合的集合体，自然科学类别的学术出版在国际竞争的格局下，可能表现出相对独立性。例如引进反映国外科技最新进展的科技专著，就不属于主题出版物。

主题出版物进入国外市场，所面向的用户以及用户偏好发生了很大的改变。由于国内市场和国际市场两个市场所具有的民众话语方式、风俗习惯和文化背景存在较大差异，出版主体需要考虑国内市场与国际市场的异质性，面向当地图书市场进行本土化改造和适应，以提高主题出版的传播效果。而学术出版发表前沿学术研究成果，由立场相对中立的专家学者作为故事的叙述者，能够提高传者的权威度以及可信度。同时，学术出版以科学话语叙事，使用客观的学术语言作为叙事话语，对主题进行阐释，能够打破国际传播中意识形态的壁垒，有助于提高国家的文化软实力，赢得国家话语权。

（四）加强主题出版与学术出版的融合，提高出版业的国际竞争力

主题出版已然成为头部综合性出版社最重要的出版品类之一。中国出版业参与全球竞争是大势所趋。高质量的内容是出版业发展的立足点，因此无论是政府管理机构还是具体出版企业，都将主题出版物的质量作为重中之重。主题出版一方面具有担当国家使命、发出中国声音、增强国家话语权的重任，另一方面，还承载着提升中国出版业国际竞争力的任务。

主题出版传播中国声音，讲述中国故事，弘扬中华文化，增强中华文化的向心力和吸引力。学术出版由于其传播者身份的客观性、其话语方式和叙事方式的用户包容性，容易获得更广泛的受众接受度。

在出版国际化的竞争趋势和发展战略进程中，以学术出版推进主题出版，以主题出版支持学术出版，是中国出版业打造主题出版和学术出版世界品牌的必由之路。

作者：韩建民、王洁

三、专业出版社打造优秀主题出版物的内容选择与发展路径分析

引语

主题出版是我国出版界的重要使命之一，也是坚定文化自信、传播主流价值、凝聚社会共识的重要手段。在主题出版的发展过程中，专业出版社由于在理念机制、专业特性等方面的限制，尚未充分展开主题出版工作，甚至存在一些认识误区。本节的主要内容包括厘清学术出版和主题出版的学术理论关系，分析专业出版社如何依托自身资源优势与品牌特色，创新主题出版发展路径，为主题出版事业的全面发展做出应有贡献。

进入 21 世纪以来，党和国家将主题出版提升到战略高度，一系列支持主题出版的方针政策相继推出，众多出版单位纷纷将主题出版作为最重要的任务来抓。在主题出版的发展版图中，人民社、党史类、综合类出版社因其品牌资源与渠道优势一直占据主导地位。而相当一批专业出版社对于如何做好主题出版则有些迷茫。党的十九大报告将中华优秀传统文化、革命文化、社会主义先进文化上升为时代主

题，并且三者是有机结合在一起的，因此我国主题出版的内涵发生了重大变化，同时也为专业出版社做好主题出版预留了很大空间。

专业出版社当然可以做好主题出版，只要打开思路、深入研究、充分对接，就能在主题出版方面大有作为。本节下面提到的"史、学、情、趣"是对专业出版社主题出版物的内容分析，"长、优、外、融"则是对专业出版社做好主题出版的路径分析，其中的"长"是指出版社要制定发展主题出版的长远战略；"优"是指集中打造优质产品，提高策划含量，接地气，有市场；"外"是指国际化出版与传播；"融"是指以融媒体形式发展主题出版。在内容和路径方面运筹帷幄，构成主客体协同发展主题出版的立体图景。

2003年，新闻出版总署实施主题出版工程时曾经对其进行界定，这也是目前相对权威和官方的解释：主题出版是围绕国家政治、经济、社会、文化等方面的工作大局，就党和国家发生的一些重大事件、重大活动、重大题材、重大理论问题等主题而进行的选题策划和出版活动。但是随着时代的变化，特别是党的十九大之后，主题出版的内涵、要求也在新时代发生了深刻变化。2018年杭州电子科技大学融媒体与主题出版研究院在上海书展发布《2018年主题出版发展趋势报告》，认为"主题出版"已不再局限于原有概念，在党的十九大之后，主题出版的范围得到了较大拓展。主题出版物关注的主题开始涵盖政治、经济和文化科技等层面，可以是传统时政类主题，也可以是文化类主题，甚至可以是服务国家重大战略科技类主题。在时间线上，不仅可以是近代和当代主题，也可以是五千年中华优秀传统文化主题。主题出版物从原来主要集中于政治相关的选题扩展至更多丰富的主题，那些涉及党、国家和社会关注的核心问题以及对接国家重大战略需求的选题得到充分认可。因此，专业出版社依托自身优势打造复合型和可读性强的主题出版，也许更有说服力、更接地气。有些专业出版社这几年也进行了一些新探索，取得了较大成功。下面从专业出版社的资源优势和品牌特色出发，分析专业出版社主题出版内容选择与发展路径，在主题出版发展道路上为专业出版社提供参考。期待通过一些出版社和作者的努力，涌现一大批专业特色鲜明、立意新颖高远、老百姓喜闻乐见的优秀主题出版物。

（一）从专业出版社内容性质分析主题出版的可行性模式

回顾出版社的发展历史，我们可以发现，从 1952 年出版总署发布《关于中央一级各出版社的专业分工及其领导关系的规定（草案）》起，出版社开始了专业分工的内容出版，大部分出版社开始走专业化出版的道路。从本质上说，出版社的专业分工与其发展历史和资源特色相关，我国现有的大部分专业出版社，均是按照某一部门、某一行业领域的需要创办的。许多出版社前身是综合类出版社中的一个专业编辑室，独立建制以后，按专业化的方向，依托其背靠的行业优势和行政资源建立了一支有自己专业优势的编辑队伍，培养和吸引了一批相关专业的作者，从而逐步形成了自己的出版特色，出版了一大批相关专业的优秀图书。因此，出版社的专业分工可避免重复出版、质量不高的问题，但在某种程度上也限制了专业出版社主题出版内容的延伸。专业出版社若无法在本领域找到合适的内容挖掘模式，将无法在主题出版领域实现内容创新与专业融合。下面阐述专业出版社如何依托专业优势，分析内容性质、深挖主题出版物内容的创新模式。

专业出版社有专业资源和品牌优势，有特定的作者和读者积累。

策划到位的作品将让专业出版社的主题出版物形成特色、产生影响、赢得市场。出版社总体的内容性质大致可分为"史、学、技、情、趣"。其中"技"代表实用性与确定性，传播相对成熟简单，我们不提倡泛主题出版，"技"的主题出版空间相对较小，因此在这里暂不列入讨论。但是另外四个方面都可以通过创新内容和形式转化为主题出版物。

1. "史"的主题出版挖掘

中国有五千年历史文化，历代出版人的贡献为世人留下了大量的古籍。由于出版的存在，文明才可以系统、丰富、真实地传承下去。"史"包括学科史、专业史以及人类史中与专业交叉的内容，是文化和科技的传承与脉系。任何专业都有自己的历史，都有与人物和精神相关联的主题，这样就可以为专业出版社找到较大的主题出版空间。例如，人民邮电出版社的主题出版物就是科技出版与"史"类主题出版融合的范例，其出版的"科技改变中国"丛书以及《"芯"想事成：中国芯片产业的博弈与突围》等主题出版物，将信息技术的发展历史对接革命文化与社会先进文化，其主题出版物顿时形成特色，获得多方肯定与嘉奖。

"科技改变中国"丛书选取了我国科技发展的几大核心领域，包括《智联天下：移动通信改变中国》《巨龙飞腾：高铁改变中国》《绚丽变革：互联网改变中国》《智周万物：人工智能改变中国》《神州脉动：能源革命改变中国》《善数者成：大数据改变中国》等。互联网、大数据、高铁等专业技术领域的发展历史本隶属于其特定专业，并不与主题出版对接，但我们深刻地领悟到，科技进步是让我们生活发生重大改变的基石，也是新中国成立 70 年来最重要的成就和变化之一，科技发展史正是普通老百姓生活的改变史。"科技改变中国"丛书通过生活中的真实变化，诠释了科技发展对社会发展和人民生活的重大改变，也体现了新中国成立以后，中国共产党用科技创新提升国家实力、改善人民生活的光辉历程和伟大成就，自然成为优秀主题出版物，入选 2019 年中宣部主题出版重点出版物选题以及 2019 年度中国版协 30 本好书。由此可见，专业出版社通过特定的行业和学科历史，可以挖掘系列主题出版物。

2."学"的主题出版转化

以"学"为核心内容的主题出版也是专业出版社努力的方向之一，学术问题对接国家战略热点重点，可形成学术类主题出版物。当然学术出版转化为主题出版的过程中存在"军装效应"，不能泛学术出版主题化。所谓"军装效应"即单纯的学术著作不具有主题出版性质，但是当学术出版物总体上、立意上对接国家战略和时代主题时，则能体现国家意志，具有主题出版属性。因此，在对接国家战略后，学术出版物也可转化为主题出版物。如科技领域的国家重要战略"卡脖子"工程，虽属于自然科学，但由于其体现了国家发展的重要时间节点与意志，是国家实施创新驱动战略的重要内容，因此也属于主题出版范畴。如上海交通大学出版社出版的"大飞机出版工程""东京审判出版工程"等都体现了学术类主题出版物的优势与转化空间。

3."情"的主题出版升华

"情"是传播的重要力量，是改变和感染读者的重要元素。图书有很大一部分是以"情"动人的,"情"也是文学类图书的主旋律。一本书能够改变一个人的价值观和世界观,甚至影响一个人、一座城市、一个国家的感情。出版是能够传播文化、走入历史、延长生命的行业。书的纵深很大,一个出版工程就是一个可持续项目,可挖掘的内容浩如烟海。以"情"动人的出版物领域以往主要是文学类出版社的天下,专业出版社对"情"这一部分的驾驭与创造则相对生疏。"情"类型的内容易于传播,是主题出版物影响读者最好的催化剂。其实专业出版社的"情"是一个待开发的宝藏,音乐、美术同样有燃烧感情的神奇力量,我们有很多振奋人心的红色歌曲,而这也是音乐类、美术类专业出版社可挖掘利用的深厚资源。

科技类专业社策划"情"类型的主题出版物,一方面要和史结合,和人物结合;另一方面,要和事结合,提升普通读者对某类科技问题的关注度和自豪感,尤其是在国际上的排名与竞争上。总之,专业类出版社要创新内容生产,孵化自己的主题出版空间。浙江科技出版社出版的《他日归来——钱学森的求知岁月》一书,在出版过程中强调了书名的策划以及立意角度的选择,与其他高大厚实的以钱学森为主题的相关出版物相比,有"史"有"情",以"情"动人,这是专业社把握"史"和"情"两种内容性质创新结合的典范。

4."趣"的主题出版融合

"趣"强调的是娱乐性和连续性,不仅儿童出版要有"趣",针对成人的"趣"的策划出版也很有必要。专业出版社的主题出版应寓教于乐,不做"板着面孔"的主题出版,要使读者在兴趣中潜移默化地形成自己的世界观、价值观。"趣"类型的主题出版也与融媒体的传播有较好的融合性，对工作学习繁忙、生活紧绷的现代人群有较大吸引力。既有儿童类的主题出版趣味读物，也有成人喜欢的主题出版游戏类读物，更有现代融媒体形态的趣味主题出版物。

二十一世纪出版社出版的"大中华寻宝系列"，区别于说教式的知识传递，巧妙地结合了内容的娱乐性，将中华优秀传统文化与祖国各地的历史沿革、革命文化、风俗习惯、世界遗产、特色建筑、艺术文化结合在一起，让读者在趣味中接受传统文化和先进文化熏陶，是一个优秀的以"趣"带"情"、以"趣"带"人"的出版范例。

（二）专业出版社发展主题出版的战略与路径分析

专业出版社的内容选择提供了"原料"，但光有"原料"，没有好的"厨师"，也是无法创作出好的作品的。优秀的策划是主题出版物的灵魂，一样的内容，谁能把故事讲好，谁就可以做出精品图书和传世之作。而主题出版的战略制定和策划积累需要在传统图书发展的基础上转变观念，提升战略，形成合力，创新发展。

1."长"——专业出版社做好主题出版应与本社长远图书规划相结合

目前，国家有关部门对出版社的考核已从两个效益并重向更加重视社会效益转变，除了经济效益，更加强调社会效益。社会效益体现党和国家意志，体现出版导向，体现读者认可度。专业出版社首先不能把主题出版做成面子工程，要真抓实干，长久经营。真正的主题出版应是在专业出版发展的基础上经过创造性转化和精心打造而产生的，是油然而生、喷薄而出的，而不是牵强附会、矫揉造作的。因

141

此，专业出版社应在专业特色和专业资源上下功夫，与原有资源积累与特色结合在一起。要将主题出版与出版社的长远战略和资源有机结合在一起，主题出版战略和整体战略应是吻合、统一的。主题出版在某种程度上是学术出版的高级阶段之一，需要在学术出版上进行升华。主题出版要求的策划含量更高，需要作者打造的功夫更深，读者的检验能力更强。

2.“优”——做好主题出版应该与做品牌出好书结合起来

近年来，国内外出版业发生了深刻的变化，但编辑出版行业的发展有三点一直没有改变：创意和策划的行业性质没有改变；编辑在出版社的龙头地位没有改变；做品牌、出好书的宗旨没有改变。选题是出版社的种子，经典的好书可以穿越时空，这是出版界不变的规律。

主题出版在专业特色上要进行有机、有特色的升华和延伸。例如，人民邮电出版社和杭州电子科技大学融媒体与主题出版研究院合作，把信息技术方面的优势嫁接到主题出版中，打造了既主题鲜明又有专业特色的主题出版物《“芯”想事成：中国芯片产业的博弈和突围》，此书入选 2019 年度中国版协 30 本好书。专业出版社在发展主题出版的过程中应利用好自己的优势，扬长避短，突出亮点，体现创新点。专业出版社都有自己独特的主题出版空间，其所做的主题出版物由于其学术含量高，反而更容易“走出去”，更容易被海外出版界和读者认可，因此，我们说专业出版社的主题出版物更有学术性和说服力。

做主题出版不能为了时间节点而仓促组稿、一哄而上，要做深厚的主题出版。要做出让读者自发购买、对读者有深刻影响、文质兼美的主题出版物。专业出版社有自己特定的读者群体,它们认可出版社在专业特色领域形成的品牌。因此,专业出版社在做主题出版物时,要有定力,更要强调读者群体的兴趣和反应,通过创造性转化和创新式发展,巧妙地将他们的兴趣转移到新型主题出版物上来。其次,专业出版社的主题出版物由于比专业出版物更通俗易懂,更直指人心,反而能吸引普通读者注意,进而对此专业领域产生兴趣。此外,专业出版社的主题出版物要从书名、封面、文字等方面提高设计含量,增强市场意识,做到有影响、接地气。

主题出版最重要的优势是有很强的"透光率",容易形成影响。专业出版社在做主题出版方面有非常大的空间和特色。专业领域的品牌效应与经验积累让其对本领域的内容传播有权威性与说服力,且对特定读者群体的心理与需求非常熟悉,容易推出让读者信服的优秀作品。如前文提到的人民邮电出版社出版的"科技改变中国"丛书,不仅在国内产生了巨大影响,且输出了多个语种的版本。此外,出版社还需要承担向公众推广科学的使命,对专业性较强的复杂内容进行公众科普,策划创作更容易让老百姓读懂的书,向大众普及专业知识普及,这也是图书立体化的一个重要方面。

3. "外" ——专业出版社的主题出版物应与中国出版"走出去"战略进行有效结合

主题出版应从单纯依赖国内市场向国内、国际市场并重转变。专业出版社的国际化道路应比文学类出版社更容易"走出去",其主题出版物既有专业特色,也有鲜明主题和时代气息,很容易产生影响,受到国内外关注。近几年,中国出版"走出去"是时代主题,更是中

143

央高度关注和支持的板块，只要有好书，"走出去"的渠道是完全畅通的。如科技、医学、音乐、美术类专业出版社在这方面很有发展空间，因为科学和艺术本身是没有国界的。在专业出版社的成果中，也包括引进翻译的很多好书，但真正"走出去"的成果屈指可数。很多"走出去"出版项目只是单纯地在国外出版，甚至有些项目只是为了得到国家的资金支持。这种物理性的"走出去"其实并没有让中国出版真正走向世界，而"走出去"真正影响西方的读者，仍然是中国出版界的历史使命。国家对于中国出版"走出去"的支持力度非常大，对应的政策项目也很多，"走出去"既能提升出版社自身的影响力，又能得到国家支持，在这方面可做的文章较多。专业出版社的优秀主题出版物理应接轨国际，将主题出版与国家"走出去"战略相结合。

当然，目前相当一批专业出版社在发展主题出版上还比较被动。例如，在中美贸易战、新冠肺炎疫情肆虐国际之际，我们发现，我国出版界尤其是专业出版社并没有集中出版影响国外读者的优秀图书，代表中国立场和专业思考的深度主题出版物更是少之又少，国内出版物也大部分是防护和抗疫类的主题出版物。专业出版社恰恰应该发挥自己的专业化与国际化优势去做一些影响世界读者的书。

4."融"——专业出版社的主题出版物可优先采用融媒体形式

当前，我国网民规模世界第一。随着新媒体的迅速发展，信息的发布、传播和选择、获取方式都较以往发生了巨大改变，传统的文化生态环境和文化生产方式已被改变。读者是信息时代的重要参与者，同时也是传播者。因此，如何借助媒体融合的研究，传播重要内容，适应新的形势、新的受众群体，做到与时俱进，是专业出版社发展过程中重要的研究内容。融媒体的传播优势依托于 AR、VR、H5 等技术的支撑以及传播内容、传播方式、传播技巧的优化。对传播形式的创新研究将原有趣味性不强的内容制作成互动性较强的资源，呈现给读者，特别是打造了不少年轻读者喜闻乐见的内容主题。这对主题出版的发展是一次新的契机，将改变部分读者对主题出版的偏见，使主题出版又一次焕发生机和活力。专业出版社有较强的行业优势和市场资源，可以率先进行主题出版内容的融媒体模式探索，把原有单一的传播模式创新为形式丰富、互动性强的模式，从而帮助出版物融入主流文化思想传播中去。媒介融合在很多主题活动中已应用较多，且传播效果较好，如学习强国 App、《滑动手指，一笔画出 70 年》以及《快看呐！这是我的军装照》H5 小程序、《祖国名片》微电影等都广为传播。

专业出版社所在的专业板块读者群体的认知能力比大众图书板块更强，反而更容易应用融媒体的理念进行内容设计与呈现。国际上数字出版做得较好的出版机构一般都是专业出版社。专业出版社应开阔视野，做好从纸质图书出版社向信息服务提供商转变的理念创新，依托自己的专业优势走到学术和知识生产的前端。

专业出版社编辑应拥抱纸电一体化的发展趋势。融媒体的应用将打破原来传统概念的图书模式，除了纸质书，还将衍生出很多不同形式的产品，且同时具备传播功能。如以相关主题的 H5 小游戏产品的设计和传播来推广文化即是近两年的一个效果显著的融媒体传播路径。通过小程序、小游戏，在碎片时间里让用户得到愉悦，产生兴趣，同时传播了文化与思想，强化了情感共鸣，加强对中国文化的认同感。基于融媒体的互联网产品虽成本不高，但有效延伸了书的

145

内容。

专业出版社在进行主题出版媒介融合与路径创新时需进行角色定位、受众定位、内容定位以及竞争定位。应对特定的、已积累的读者以及目标读者进行分析，明确自身定位，关注受众的需求差异化，开发一批具有吸引力和个性化的主题出版融媒体产品，从而带动我国主题出版整体的转型与发展。

（三）结语

专业出版社的主题出版工作已取得了一定的成绩，也有了一定的起色，但是仍任重道远。在打造主题出版物的过程中，专业出版社不应亦步亦趋，照搬人民出版社等综合类出版社的模式与思路，而应整合优势，积极创新，深入探索，将内容领域的"史、学、情、趣"与战略层面的"长、优、外、融"充分结合起来，提升延展，融合创新，打造有专业特色的优秀主题出版物，为我国主题出版事业增添亮色。

第四章

主题出版的国际化研究

主题出版与中国文化和出版"走出去"是统一的。优秀的主题出版可起到以文化人的作用，可学习借鉴国际传媒企业尤其是好莱坞的传播技巧。据统计，好莱坞一半以上的收入来自美国之外，为实现国际传播，积极实行"全球本土化"战略，包括演员国际化、导演国际化、剧本内容国际化，以此消解输出目标国家的文化抵触情绪。主题出版也可学习借鉴这些成功的方法和经验，在世界范围内策划让受众喜欢的主题出版物，通过吸引人的故事更深层次地反映其文化属性。通过这些润物无声、有内在力量的好书，高水平传播我们的思想和价值观，并从里到外影响人。本章主要探讨主题出版在讲好中国故事、提升中国话语体系建构方面的作用路径。

一、主题出版"走出去"的内在逻辑与实践向度

> **引语** 面对两个大局，主题出版"走出去"恰逢其时。本节尝试从学理层面探索主题出版"走出去"的内在逻辑，以及不同逻辑参照下"走出去"的实践方向。历史维度下，中国的发展诉求与"他塑"困境是"走出去"的推力；制度维度下，文化"走出去"战略和政策导向是"走出去"的拉力，国际出版市场的竞争机制是"走出去"的压力，作为先导力量的技术则是"走出去"的助力。主题出版"走出去"的方向、效果则取决于以上四种逻辑能否产生协同作用。

在中国出版"走出去"的重大工程中，主题出版占有独特的地位。

2021 年 5 月 31 日，在中共中央政治局就加强我国国际传播能力建设进行的第三十次集体学习中，习近平总书记强调，"必须加强顶层设计和研究布局，构建具有鲜明中国特色的战略传播体系""要加强对中国共产党的宣传阐释""努力塑造可信、可爱、可敬的中国形象"。

2021 年 9 月 14 日，在参观第二十八届北京国际图书博览会时，时任中宣部部长黄坤明强调，要紧跟中国日益走近世界舞台中央的步伐，贴近海外受众策划出版选题、优化出版项目，广泛宣介中国主张、中国智慧、中国方案，展现中国共产党为人民谋幸福、为民族谋复兴、为人类谋进步的理念行动，引导国际社会形成正确的中国观、中共观。这再次将主题出版"走出去"提高到重要的战略地位。

从学术研究来看，目前主题出版多以业界的经验总结为主，学理层面的探索不足。从实践现状来看，我国的主题出版虽然已经取得不错的成效，但主题出版"走出去"仍相对薄弱。本节尝试从学理层面探究主题出版"走出去"的内在逻辑，进而思考其实践向度，为主题出版"走出去"提供学理思考。

（一）历史逻辑：厘清主题出版"走出去"的必然性与艰巨性

西方对中国形象的认知反射的是西方文明对中国文明的凝视，是在西方中心观参照下构建出的"中国想象"，难免存在误读。厘清中国形象认知的历史可以帮助更好地思考主题出版"走出去"的意义和价值定位，以在文明交流中找到平衡支点。

1. 被塑造的他者：西方对中国形象认知的史脉梳理

长期以来，中国实践的理论与模式被部分西方主流媒体、书刊等形塑，面临着被他者言说的话语困境。提起中国，国际传播中存在三种中国形象：一是古代中国形象，二是近代中国形象，三是现代中国形象。在对古代中国的认知上，物质性文化符号往往普及度较高，如中餐、中医。然而，附着在这些物质符号背后的中华文化内核却不为人所知。以饮食为例，2013 年曾深受中华饮食文化影响的日本和食、韩国泡菜申遗成功，而曾在文明交流中起重要作用的中华饮食文化在当代却遭遇瓶颈。这背后值得我们反思，究其原因，是饮食所承载的中华优秀文化内核无法得到有效传播。

博大精深的中国传统文化容易被污名化的近代中国落后形象所遮蔽。近代来华传教士的一些著作构建了西方有关近代中国的最初印象，这些著作所载的中国作为"蒙昧、未开化的国家"及"需要依靠鸦片麻醉日间劳作的辛苦""创造性被泯灭"等论述反映了西方中心观参照下对中国认知的偏差。1854 年到 1882 年，中国有近 30 万劳工进入美国，留下的中国人建立了最初的华人区，他们形成了一整套西方有关中国的想象、惯例和概念，并被牢牢固定在民间传说和文学作品中，与传教士的一些著作一起形成近代中国形象认知的主要来源，时至今天，多数美国人心中的中国形象在很大程度上仍植根于 1840—1949 年，尤其是 20 世纪头 40 年的感受，其中不乏傲慢、偏见与激烈的要素。

现代中国形象在中国崛起的进程中则充满了不稳定性和复杂性。从中华人民共和国成立到今天中国成为世界第二大经济体，西方部分人士对现代中国充斥了意识形态的偏见，中国及中国共产党的形象有时被污名化。尽管在 20 世纪 30—40 年代的抗日战争时期和 50—60 年代西方民权运动时期，中国形象出现过短暂的光明，但在国外部分媒体和人士眼中，现代中国的形象总体仍是负面的，到了 20 世纪末，"中国崩溃论""中国威胁论"等舆论不断在一些国际媒体发酵，中国作为一个想象中的他者，依旧被否定、被排斥、被贬低。新时代"一带一路"倡议等在日益复杂的舆论生态中又常受到误解。从古代、近代、现代中国形象的脉络梳理中，不难发现，中国长期处于被他者塑造的被动境地。

2．消解与重塑：主题出版"走出去"的必然性

自我无法言说的困境与当代国家日益增强的综合国力和国际地位是不匹配的。随着中国走向世界，在全球治理中发挥着越来越重要的作用，中国的发展模式也需要置身于本土语境进行自我表达，才能逐步打破西方舆论对中国崛起、共产党执政理念的固有偏见。

2013 年 8 月，在全国宣传思想工作会议上，习近平总书记提出要加强话语体系建设，着力打造融通中外的新概念新范畴新表述。新型话语体系的构建需要体现中国特色、中国风格，其底层支撑是以马克思主义为起点的中国哲学社会科学体系，立足点是与群众相结合的中国特色社会主义实践。这决定了话语体系构建必然是复杂的，其主体必然是多元的。

在知识碎片化、信息过载的今天，以政治性、学术性、市场性相统一的主题出版，相对于以短、平、快见长的新媒体，在解读、构建中国特色话语体系时具有天然优势，其"走出去"是必然的。第一，近年来，围绕中国话语体系的理论探讨产生了颇为丰硕的探索成果，形成了一些标识性概念，如人类命运共同体、国家治理等。随着国际舆论局势的日益复杂化和中国改革发展的深入，媒体的话语构建难免

出现相对零散、不成体系等问题，这容易弱化国际社会对中国的系统性认知，而主题出版能以系统、深度的阐释，帮助回答中国特色发展模式是什么、为什么的问题，这有助于解决当前国际传播中"有理说不清"的问题。第二，主题出版的内涵要求融合中华优秀传统文化、革命文化、社会主义先进文化，在塑造可亲、可爱、可敬的国家形象和共产党形象的同时，主题出版需要在历史的回溯中思考如何传播文化精神内核，以及以何种方式阐释近代中国社会变革中的历史选择，从而将中国的古代、近代、现代国家形象塑造为有机的连续体，在阅读中理解中国发展模式的合理性与必然性。第三，从出版机构自身来说，无论是从承载党和国家意志的本质属性来看，还是从做大做强的发展目标来看，主题出版都需要而且必须"走出去"。

3．循序而渐进：主题出版"走出去"的艰巨性

在理解主题出版"走出去"的必然性时，必须要看到其复杂性与艰巨性。从外部环境来看，长期以来，西方对中国刻板印象的形成可以说经历了至少百年的时间，比如"傅满洲"这一反派人物原型在西方近现代小说、影视剧、漫画、广告中经历了无数次的再创造，已成为污名化中国常用的话语策略。刻板印象是一种特定的社会认知图式，其形成直接来自个体所出生、成长以及与之互动的社会环境。在长期被他塑的舆论环境中，由于缺乏中国信息的反向输入，国外部分人士容易以预成图式去评价和归类中国，从而陷入西方中心论的怪圈。刻板印象的消解并非一日之功，需要破除他国意识形态的防范以及语言差异、价值观等多方面的壁垒，这就让主题出版"走出去"面临更加严峻的挑战。

从内部环境来看，自 2005 年以来，中国出版"走出去"取得了重要进步，比如在版权交易、项目合作、国际交流频次等方面都有大幅度增加，但总体来讲，国际影响力还较为有限。在海外出版的图书可读性需要增强，进入国际畅销图书榜单的还很少，中国大型跨国出版集团的数量有限，市场拓展仍没有找到解决路径，主题出版"走出去"需要解决内部的发展困局。正如中国出版集团原总裁谭跃论述，我国出版企业在选题策划、作品翻译、版权开发、人才储备、企业运作等方面还不具备大规模进军国际市场的条件，我国从出版大国到出版强国的成长仍然有一段很长的路要走。

主题出版"走出去"的艰巨性决定了出版国际化这一工程必将是长期的，出版机构在策划主题出版物时应向长远布局，不能急功近利，主题出版物需要打破"应景""形式化"的面子工程，应该从历史的情境中认识到主题出版的重要意义与方向，在动态的持续过程中完成主题出版策略的转变。

（二）制度逻辑：把握主题出版"走出去"的战略性与系统性

制度逻辑是一套用来帮助组织和解释现实世界、定义行为的总体准则，文化、认知图式等影响了组织的行为。中国特色社会主义制度蕴含了"党性"和"人民性"的有机统一，新闻出版制度遵循该原则，服务于党和人民事业，因而主题出版要在其所肩负的政治、文化使命中把握"走出去"的战略性和系统性。

1. 加强战略引领，避免文化"走出去"各行为体的游离状态

不同的制度逻辑塑造不同的行为逻辑。首先，中国新闻出版体系有

其自身的制度特性。出版业在市场化改革中逐步形成了一个以市场为主导、公益性出版事业与经营性出版产业协调发展的格局，不过这并不意味着资本和市场是改革的最终目的，它们只是手段，有效服务于党和人民事业才是最终目标。在这一体系中，主题出版与一般性的学术出版不同，它尤其要求出版物同时具备意识形态属性、文化属性、学术属性，且始终将导向和社会效益置于首位，实现社会效益和经济效益的统一。从这一方面来说，出版机构不能盲目将主题出版当成一项"任务"被动完成，而是应该从担负的重大文化使命出发，将主题出版"走出去"纳入战略布局。

其次，中国新闻出版体系既然是作为一个整体共同服务于国家战略，那么图书、报纸、期刊、音像制品和游戏等作为该体系的组成部分，都应在主流价值引领和战略高度下实现系统的有机互动，出版单位、媒体组织、文化企业都需具备政治、文化自觉性。然而，目前来看，这些行为体"走出去"的实践仍局限在各自的圈层内，缺乏交流，无法形成合力。比如，我国一般企业"走出去"的战略在 2001 年国家发布的"十五"计划中就已经出台，政府的支持力度相对较小，企业"走出去"主要以市场为行动逻辑，媒体"走出去"战略以《2009—2020 年我国重点媒体国际传播力建设总体规划》为起点，国家支持强度最大，形成了国家主导逻辑。在这两种逻辑的主导下，企业与媒体的互动较弱。出版业作为文化"走出去"战略的一部分，从 2016 年《关于进一步加强和改进中华文化走出去工作的指导意见》开始发力，主题出版"走出去"目前与一般企业走向国际化市场的文化融合更是屈指可数，更需要深入地进行理论和实践探索。

长期以来，这种条块分割、泾渭分明的形态无法在主流价值观的召唤下产生有效的化学反应。反观美国的文化输出，麦当劳、好莱坞、迪士尼等统一在市场逻辑主导框架下联动，输出了一套以个人主义为基石的核心价值观。主题出版"走出去"应该加强战略布局，思考如何在主流价值观的框架下与不同逻辑主导下的文化传播主体产生联动，互相借力。近年来，国剧"出海"已成为热门趋势，美国、韩国、日本、马来西亚、南非、泰国等经常购买我国国产剧的版权。在这些国产剧中，古装题材电视剧热度最高，如《甄嬛传》《三国演义》《琅琊榜》等。主题出版如果能与媒体、企业联动，发掘影视剧相关的政治文化元素，就有助于引导海外受众改变对中国的认知。

2. 跨界联动，形成主题出版"走出去"的系统性支持

主题出版"走出去"的系统性体现在三个方面。第一，出版机构的出海需要适应海外资本市场的规则，其成功与否依赖多部门、多机构的合作。近年来，我国一些出版机构选择落地海外，比如浙江少年儿童出版社收购澳大利亚新前沿出版社，四川美术出版社在新德里成立四川美术出版社南亚出版中心，伊朗中国图书中心落地伊朗德黑兰大学等。从图书的海外市场推广、资本重置、技术、印刷、采购到外贸结算、货运、贸易政策、法律法规等，主题出版"走出去"是一个系统性工程，是涉及全行业很多部门的工程。

第二，在制度规定的框架下，主题出版"走出去"对内涉及的主体部门繁多，也需要形成合力。从生产主体看，我国公益性出版事业单位、高校出版社、出版企业需要淡化竞争思维，形成松散、有机的出版联合体，共同推动"走出去"事业的发展。从涉及的政府部门来看，主题出版工作要与文化部门、商业部门、税务部门、外交部门、

155

教育部门等产生联系，这些都需要部门间的协调，其中难免出现问题。比如，当前国家级有关出版"走出去"的项目涉及主管部门多，在现有的制度框架下如何保障横向、纵向部门间的整合，保障系统的良性运行，仍是一个亟待解决的问题。

第三，从国际编辑人才的培养来看，主题出版需要出版人打磨国际编辑能力、掌握目标国家的文化习惯、出版政策和法规等。国际出版编辑人才的培养是一个系统工程，需要部门、机构、社会、国家的支持，这些也都是循序渐进的，不可能一蹴而就。以上制度要素都决定了主题出版"走出去"的系统性特征。

（三）市场逻辑：探索海外市场出版商业模式的可持续性

出版机构的国际化首先需要响应目标国家的出版业规则，市场逻辑则是当前海外市场主导性规则框架。虽然主题出版的最终目标是提升国家形象，但在实现手段上应适应市场化思维，参与海外图书市场的竞争，构建一套可持续的商业模式。

1. 精准识别读者诉求，以主题叙事构建认同基础

商业模式的核心是主题出版物。内容是构建认同的基础，只有内容蕴含的底层价值观符合受众的精神诉求，才能实现价值。因此，出版机构策划选题时需要思考：海外读者已经了解了中国的什么？他们从哪里了解的？与真实的中国存在哪些误差？他们最想了解中国的什么？主题出版能为海外读者提供什么？能在哪些方面纠偏？这要求出版机构在"走出去"之前调研海外市场的读者诉求。

目前已经有一些研究成果探索了中国国家形象的概况，包括中国

外文局进行的中国国家形象全球调查、美国皮尤研究中心发布的国际受众对中国认知态度的调查等，这些可以为出版机构提供参考。如在 2019 年的中国国际形象调查中，中餐、中医药等美誉度最高，与此同时，中国作为"全球发展的贡献者"的形象备受期待，这说明中国发展模式等应是主题出版考虑的方向。如商务印书馆和英国卢德里奇出版公司联合推出的"国家治理丛书"中，《东方社会发展道路与社会主义的理论和实践》就是有益的尝试。

此外，主题出版的选题还应在不同的国家和文化语境中因势利导，将舆论痛点、热点结合起来，提升针对性。以非洲国家为例，大部分非洲官员对中国在非洲的投资、援助等持积极态度，重视政府间合作，一些非洲人甚至渴望复制中国的经济发展模式，并认为可以从中国的脱贫经验中学习经验；不过普通的非洲民众、社会团体、西方在非媒体更关心中国企业在当地的经营状况。主题出版应针对不同的群体，选择合适的选题角度。比如，中国模式的发展与中国脱贫治理的经验可以非洲精英群体为传播对象，而中国企业形象的构建等需要聚焦普通民众，增强其对中国民族企业的理解。

2．以市场化运作增强主题出版物的竞争力

内容要实现好的传播效果离不开成熟的市场化运营。尽管目前主题出版"走出去"并没有一些成熟的案例和经验可以参考，但是可以借鉴其他文化出版物探究市场化运作的路径。主题出版可以借力学术出版。当前主题出版物存在较明显的问题是专业性和学术性水平不够，格式化、空洞化、口号化的情况较多见，尤其是在解读重大理论问题时容易陷入形而上的理论堆砌，而无法与具体问题联系。借力学

术出版，将选题的政治性与内容的学术性结合，可以提升主题出版的艺术性。

关于海外中国研究的学术出版中，汉学家发挥了极其重要的作用，他们通过经典翻译和社科研究，让世界各国对中国的文化政治有了初步的了解。一方面，主题出版可借鉴汉学家的翻译语言，减少目标受众的误读。另一方面，还应意识到海外中国学构建的是他者化的中国，是以西方理论来研究中国议题，主题出版理应关注本国学者论著，通过构建中国学派的话语体系来解释文化与发展模式，形成对话。《习近平谈治国理政》在海外的发行就比较成功，不少外国精英读者对中国领导人的治国之道比较感兴趣，也想听到来自中国的声音。除此之外，《中华文明的核心价值：国学流变与传统价值观》《中国文化精神的特质》《中国人行动的逻辑》等都是借力学术的典型代表。

在营销推广中，主题出版还需在细节上弱化行政色彩，包括封面设计、图书标题、语言表述，以提升可读性和深度性。比如在封面颜色的选取上，要考虑不同文化背景下颜色所代表的意义，如红色在国内和国外含义不同，在国外使用红色封面要思考其适用性问题。书名更是不能哗众取宠、故弄玄虚，而应提炼最能打动读者的点。《平易近人——习近平的语言力量》被译成7种文字，国外销量也很可观，其书名富有感染力、角度新颖。《中国共产党如何反腐败？》《中国梦：谁的梦？》等都以平实的表述回应了国际社会的关注，既切合了主题出版的要点，又弱化了行政色彩。

3．构建可持续的主题出版盈利模式

在国际出版市场，不同国家和地区的出版环境不同，内容变现应

考虑目标国家（地区）用户的阅读习惯、支付水平、出版市场情况等。就目前出版市场的整体情况来看，第一，纸质图书售卖依然是主导的盈利方式，如美国 2019 年的出版市场中，纸质图书营收占出版产业的 70.5%，数字出版占 22.3%。同样，非洲因信息技术、经济发展等方面的限制，图书市场对纸质书如饥似渴，数字出版业还不发达。第二，在较发达国家和地区，一些大型企业开始探索数字化转型，构建了特色的盈利模式，如爱思唯尔的数据库售卖模式，亚马逊和苹果公司的硬件售卖 + 电子书售卖模式。长期以来，有些国家和地区已经形成了传统巨头出版商垄断线上线下图书市场的局面。对中国的主题出版来说，在缺乏相应实力的状况下，寻求稳定的盈利模式需要一个过程。首先，主题出版物需要将内容做好，无论是纸质书还是电子书，都应该在前期内容输出时重视孵化 IP 版权，待后期形成品牌后，再考虑根据不同出版市场探索衍生性的盈利模式，要结合目标国家（地区）的具体情况和出版机构的自身特点，思考如何建设销售渠道、实现营收。以文学"出海"来看，海外网文平台"武侠世界"网站通过自建数字平台快速累积作者和作品，形成 VIP 会员 + 电子书售卖 + 广告的盈利模式；而刘慈欣的《三体》则是单本图书在线上线下书店售卖火爆后，形成了美中两国多家公司，如亚马逊、网飞、腾讯等对 IP 改编权（包括电影、电视剧、动漫、广播剧、游戏等）的竞争。总的来说，市场逻辑是以主题出版物的价值为原点，以能否占领读者的心智资源为标准，它需要考虑的是出版什么样的主题读物、如何命名、包装形象设计、渠道建设、推广方式、盈利方式等。主题出版物要面向海外市场，就必须遵循这一逻辑。

（四）技术逻辑：挖掘全球出版格局动态平衡的技术势能

2015年12月，习近平总书记在视察解放军报社时提到，读者在哪里，受众在哪里，宣传报道的触角就要伸向哪里，宣传思想工作的着力点和落脚点就要放在哪里。主题出版"走出去"应该与媒体"走出去"成为国际传播秩序重建的一体双翼，并通过技术驱动，才能实现弯道超车，要顺应互联网发展大势，勇于变革。

1. 应时应势：主题出版"走出去"的融媒体现状

媒介变迁会重塑传播场景，场景会重塑人的行为。从图书、电子杂志再到今天的多终端阅读，新的阅读场景和习惯不断被技术构造。在全球数字出版市场，90%以上的美国人在睡前看电子书，英国电子书收入占图书总收入的33%，47.7%的非洲男性在移动设备上阅读，中国58.1%的人选择看电子书，2019年中国数字阅读率超过了纸质阅读率。随着5G、VR、AI等技术的应用，阅读体验和习惯将再次被革新。在多元数字阅读情境下，信息处于流动、混杂、模糊的状态，虚拟环境的阅读、社交、分享等活动会动态建构、维系、转换人的价值观念，进而塑造文化认同，这意味着主题出版的融媒体建设刻不容缓。

融媒体建设是一项系统性工程，包括出版物的内容形态建设、平台建设、渠道融合、生产流程、管理模式等变革。我国出版"走出去"的融媒体建设相对滞后，只在渠道融合和平台建设上有少数典型案例。在渠道融合上，上海新闻出版发展有限公司的"文化中国"图书项目进行较早，早在2004年，"文化中国"丛书就在美国最大的连锁书店巴诺书店和一些独立书店销售，随后进入亚马逊网上书店。在平台建设上，以五洲传播出版社自建平台 That's books 为代表，通过瞄准阿拉伯世界和拉美地区缺乏数字阅读平台的机遇，聚合阿拉伯语小说资源。该 App 在阿拉伯世界下载量超 640 万，在本地数字阅读平台排行第二，西班牙语 App 下载量达 52 万，覆盖加勒比地区国家。该平台上线了多部反映建党百年来中国社会发展的现实题材小说，如《人民医生》《玉堂酱园》等主旋律作品，并翻译成阿拉伯语。其中《玉堂酱园》以中国民族企业玉堂酱园的成长为蓝本，讲述了其在中华人民共和国成立后以及改革浪潮中如何主动革新，获得新生的故事，这是主题出版与网络文学线上融合的典型案例。阅文的起点国际则依靠资本积累和内容储备，将中国本土生长出的阅读模式直接输出到海外。该平台的作家人数近 19 万，来自 200 多个国家和地区。可以说网络文学的出海在数字平台建设、内容积累、作家培育方面值得主题出版借鉴。

2．技术赋能：主题出版"走出去"的弯道超车

主题出版的融媒体建设是重构全球出版市场动态平衡的重要手段。传统国际出版格局仍是东强西弱的不平衡局面，以中国的版权输入与输出为例，2019 年我国的版权输出图书中，输出到欧美国家的占比为 18.42%，输出到丝路沿线国家的占比为 63.51%，输出到其他国家／地区的占比为 18.07%；而我国的版权引进图书中，来自欧美国家的占比高达 77.34%，来自丝路沿线国家的占比为 16.18%，来自其他国家／地区的占比为 6.48%。一方面，欧美国家积累了丰富的出版经验，以英语为主体的出版物在全球出版市场处于垄断地位，这限制了我国图书在欧美国家的影响力。另

一方面，我国输出到"一带一路"沿线国家的图书多，但引进版权的却不多，由于这些沿线国家市场体量小，语种多，文化复杂，图书出版的数量优势能否达到传播效果还有待考查。这一格局的重塑必然要借助技术。

信息技术本身的特性决定了打破传统出版不平衡格局的可能性。这主要体现在以下几点。第一，技术具有跨区域、跨国界、跨文化的传播特性，传播主体可以将一种新的声音传播给网络新世代，形成话语权的重新分配，推进不同文化的互相理解。不同传播主体都可有所作为。第二，技术具有可调试、可检验、可追踪的特点。传统出版模式下，图书的传播效果只能通过销量来模糊评估，而网络阅读的交互性极强，反馈周期短，评价指标多元化，可根据阅读时长、频次、书评等后台信息，建立大数据实时监测数据库，灵活调整策略，主题出版物也可以不断"试错"，优化、提升内容质量。第三，以技术为驱动的图书形态可以更加多元化，除了电子书，还可以音频、视频、漫画、H5、VR 等多种方式呈现，满足读者泛读、细读、慢读、深读等诉求，更容易实现润物无声。

中国互联网的发展虽然起步晚，但发展迅速，在过去 40 年累积了优势，2020 年数字经济占 GDP 比重达 38.6%，位居美国之后，排名世界第二。在全球互联网公司中，以华为、腾讯为代表的企业占据重要地位，同时它们还不断孵化新的业态和商业模式。华为 5G 的海外布局、Tik Tok（抖音短视频国际版）等为代表的现象级"出海"说明，网络时代中国业已形成的经济优势、用户优势、应用优势和平台优势可以转化为出版优势，其提供的前期基础和经验坐标具备重构出版秩序的潜力，出版机构应顺应技术发展的趋势和优势，构建以互联网为核心的数字出版主渠道，在全球要素配置中把握中国机遇，实现弯道超车。

（五）结语：以多重逻辑形塑主题出版"走出去"的动力系统

当前国际格局和国际体系正发生深刻调整，新一轮技术革命正重塑产业、信息生态，发展中国家与发达国家国际力量的对比趋于平衡。中国发展正处于重要战略机遇期，但面临的国际舆论必将是复杂的、长期的。在中华民族伟大复兴战略全局和世界百年未有之大变局下，主题出版"走出去"恰逢其时。

在宏观的背景下，主题出版"走出去"的关键在国家、国际受众、出版机构三者及其互动关系上，从而拥有了历史逻辑、制度逻辑、市场逻辑，技术作为赋能力量支撑这三者的发展。主题出版"走出去"的轨迹、方向、效果取决于以上多重逻辑及其相互作用。从顶层设计来看，国家需要通过主题出版得到国际舆论的正面反馈，因此主题出版需要借助国家力量贯彻文化"走出去"的战略主张，实现"走出去"的合理性。从实践来看，主题出版"走出去"涉及政府部门、出版机构和非出版市场主体，其面对的是一个稳定的科层制体系和市场化体系，一方面，需要形成制度化、规范化的组织体系和协作关系，减少结构化制度中存在的权责分散、业务交叉、资源浪费问题，另一方面，在鼓励市场创新和技术创新的同时，应兼具政治、文化自觉性。总之，需从加强政策协同、协调内部机制、完善制度细节、发展国外行业市场、增强技术创新方面形成主题出版"走出去"的合力。

163

二、主题出版"走出去"的路径与机制分析

引语

　　主题出版"走出去"是主题出版和"走出去"的结合。党的十九届五中全会提出围绕举旗帜、聚民心、育新人、兴文化、展形象的使命任务，推进社会主义文化强国建设。当前，主题出版"走出去"已成为主题出版和"走出去"的工作重心之一。本节在阐述主题出版"走出去"的意义和现状的基础上，重点分析主题出版"走出去"的实现路径，并探讨主题出版从"走出去"到"走进去"的实现机制。

　　主题出版"走出去"是主题出版和"走出去"的结合，是指通过版权输出、合作出版、实物出口等方式，将体现国家意志的主题出版物在海外出版和传播。中国出版物在早期实现海外版权输出最多的主要集中在中医、武术、中国饮食等介绍中国传统文化的图书品种上，随着主题出版内涵的扩大，这些图书有一部分广义上可以归属于主题出版物。因此，从某种意义上说，主题出版物天然带着"走出去"的属性，主题出版属于最值得"走出去"的图书品类之一。自 2003 年新闻出版总署把"走出去"作为中国出版业发展的重大战略以来，主题出版"走出去"已成为主题出版和"走出去"的工作重心之一。本节在阐述主题出版"走出去"的意义和现状的基础上，重点分析主题出版"走出去"的实现路径，并探讨主题出版从"走出去"到"走进去"的实现机制。

（一）主题出版"走出去"的意义和现状

1. 主题出版"走出去"的重要意义

2012 年，党的十八大将社会主义文化强国的建设目标延伸到不断增强中华文化国际影响力上来。2017 年，党的十九大报告提出推进国际传播能力建设，讲好中国故事，展现真实、立体、全面的中国，提高国家文化软实力。2020 年，党的十九届五中全会提出围绕举旗帜、聚民心、育新人、兴文化、展形象的使命任务，推进社会主义文化强国建设。主题出版体现了出版工作举旗帜、聚民心的作用，而"走出去"则承担了展形象的任务。实施主题出版"走出去"是国家文化"走出去"战略的重要组成部分，也是提升我国文化软实力的必然要求。

一个国家对外话语体系的构建是其文化软实力的展示，国际话语的影响力既能展示国家形象，又能围绕国际社会普遍关注的重大问题表达立场与观点。中国尤其需要构建一个能够展示国家形象、实力和发展道路的话语体系，而主题出版"走出去"在当今我国对外话语体系构建中发挥着重要作用，可以说是实现中国话语国际传播不可或缺的重要渠道。中国文化要"走出去"，中国的观念、价值观要输出，主题出版"走出去"要先行。

2. 主题出版"走出去"的现状

党的十八大以来，一批反映人民心声、具有新时代特点、适于国际传播的主题出版物引起了国外出版机构的关注，并被国外引进翻译出版。据初步统计，2012 年以来，中国主题出版物的版权输出总量占比每年递增 10% 以上。随着"一带一路"倡议的提出，中国主题出版物的输出地域和语种大大拓宽，从原来侧重于欧美主流国家和地区转变为欧美主流国家和地区与丝路沿线国家并重，中国的出版机构与丝路沿线国家的出版机构开展了全方位、多层次的出版合作。2015年，中宣部启动的丝路书香工程更是有力推动了中国的主题出版物输出"一带一路"沿线国家的进程，一批中国主题海外联合编辑部和出版中心也在这些国家陆续创建，如中国人民大学出版社在蒙古国设立中国主题出版物翻译出版中心、中国外文局在波兰设立中国图书中心等。2019 年，习近平总书记在亚洲文明对话大会开幕式上提出，"中国愿同有关国家一道，实施亚洲经典著作互译计划"。日前，中国已与 20 多个亚洲国家签署了互译协议，与亚洲其他国家的互译计划签署工作正在进行之中。

值得一提的是，近年来，中国主题出版物在世界上的影响力日益扩大。《习近平谈治国理政》第一、二卷已被翻译成几十个语种出版，全球发行突破 2500 万册。截至 2020 年 7 月 21 日，第三卷累计向 250 家海外发行机构发行，辐射全球 40 多个国家和地区。该书外文版的发行地区和发行量都创下了中国出版的历史纪录，更在全球范围内引起热烈反响，被誉为国际社会了解当代中国的重要窗口，以及寻找解答中国问题的一把钥匙。上海交通大学出版社出版的《平易近人——习近平的语言力量》等图书也陆续输出 20 多个语种的版权，用外国人也能理解的方式将理论讲深讲透。此外，一批生动体现当代中国价值观念、中国方案、中国模式的图书相继在海外出版并持续引起海外关注，如《中国共产党为什么能？》等。

（二）主题出版"走出去"的路径分析

近年来，随着主题出版"走出去"工作的逐步推进，中国出版机构在主题出版"走出去"方面探索出版权输出、国际营销渠道、数字化，以及平台和资本"走出去"等可行路径，在向世界展现真实、立体、全面的中国方面发挥了重要作用。

1．主题出版物的版权输出

版权输出是主题出版"走出去"最主要的形式，是指通过主题出版物不同语种的翻译授权在海外出版发行。随着中国国际影响力与日俱增，当代中国的发展受到世人瞩目，研究中国道路、理解中国崛起、认识当代中国的主题类图书尤其受到海外读者关注。加上近年来经典中国国际出版工程、中国图书对外推广计划的实施以及中华学术外译项目在版权输出、翻译出版方面的大力推动，一批中国主题出版物通过版权输出在国际图书市场崭露头角，成为国际畅销书。如人民出版社的《习近平讲故事》已输出 20 多个语种的版权，日文版已挺进日本亚马逊中国主题类图书畅销书排行榜前十名。上海人民出版社出版的《中国震撼：一个"文明型国家"的崛起》输出 7 个语种的版权，英文版被美国华盛顿大学选为国际关系课程的参考教材。

还有一批主题出版物进入海外主流学术圈，被国际学术会议推荐，被世界知名高校图书馆馆藏。如"马克思主义理论研究与建设工程"（简称"马工程"）重点教材《国际共产主义运动史》输出俄罗斯，这一教材是用中国的视角和思想对国际共产主义运动史做出解读。中国人民大学出版社确立了"遴选中国当代优秀学者阐释中国特色社会主义的制度优势和发展成就，阐释当代中国价值观念及其对人类文明的独特贡献"主题出版"走出去"战略，并在该领域取得一定成绩。值得一提的是，在 2020 年新冠肺炎疫情肆虐全球的情况下，一批中国抗疫主题出版物脱颖而出，助力全球抗疫。截至 2020 年 8 月，上海交通大学出版社出版的《查医生援鄂日记》输出 9 个语种的版权，其中日文版向日本知名出版社岩波书店输出，为海外读者勾勒出中国战"疫"路线图，揭开了中国迅速控制疫情的"密码"。

2．主题出版物的国际营销渠道拓展

主题出版物的国际营销渠道拓展主要针对的是主题出版物的实体出口。一些用外文出版的主题出版物是可以直接出口海外进行销售的，但好的主题出版物内容如果没有畅通的全球营销网络，很难进入目标读者的视野。所以，包括中国出版物国际营销渠道拓展工程、国家文化出口重点企业和重点项目、丝路书香工程重点项目在内的海外渠道拓展项目，进一步鼓励通过与国际知名发行、经销零售渠道合作，支持在海外具有一定影响力的海外华文书店，尝试以合资、独资书店等形式深入各国出版市场，深度参与海外发行与营销业务。"中国书架"图书推广项目就是通过在各国知名的书店设立中国主题出版物专架，集中展销反映当代中国政治、经济、文学、艺术等方面的图书，及时满足当地读者直观、客观、全面了解中国的需求。上海新闻出版发展有限公司则是在打造外文版"文化中国"丛书（几百种）的同时，与法国拉加代尔集团合作，将该系列 130 多万册图书销售到 43 个国家和地区，进入亚马逊网上书店、美国巴诺连锁书店、加拿大靛蓝连锁书店、日本纪伊国屋全球连锁书店、美国大都会艺术博物馆和哈佛书店等海外主流发行渠道。因此，营销渠道建设是主题出版"走出去"重要的一环，能与版权输出模式构成一个有机整体，两者互相促进，缺一不可。这方面的工作虽然取得了一定成绩，但任重道远，需要全力开拓。

3．主题出版"走出去"数字化建设

随着全球出版数字化趋势越来越显著，主题出版"走出去"不能仅仅停留在传统的纸质出版上。尤其是随着人工智能、机器学习、图像识别、语义标记等新一代技术的兴起，国外很多出版企业已完成了数字化转型，开放获取、单章节付费、订阅模式等基于数字化的新兴商业模式已逐步完善。这些虽然给中国出版机构带来了挑战，但也为更好地创新主题出版"走出去"带来了更多的机遇。在数字平台建设方面，中国图书进出口（集团）有限公司自主研发的数字资源交易与服务平台"易阅通"，整合了国内主题类图书数字版权，以"一个平台、海量资源、全球服务"为定位，不仅为国内外出版社提供一体化数字版权推广服务，还为海内外机构和个人用户提供了荐购、阅读、管理、整合一站式服务方案。在主题数据库建设方面，截至 2021 年 4 月，社会科学文献出版社皮书数据库的海外试用用户达到 130 家，正式购买的有 20 家，主要是英国、美国、澳大利亚、德国等国家的大学图书馆、政府机构，中文数据库的海外销售额超 160 万元。在网络实时翻译输出方面，阅文集团带有浓郁"中国风"的网络文学海外平台 Webnovel 的海外访问用户数已累计超千万。

4．主题出版平台"走出去"

主题出版平台"走出去"是指通过建立和发展海外编辑部或者出版中心，与国外当地出版机构开展深入合作，共同推出具有地区针对性的中国主题出版物，推进本土化图书的出版和发行。这种"走出去"路径力求构建形成适应当前对外宣传工作要求、符合国际传播特点，互惠互利、可持续发展的"走出去"模式，不仅能在当地孵化一条中国主题出版物产品线，而且能培养一批热爱中国文化、精通本土化出版的国际出版人才。此外，平台"走出去"也包括通过资本运作收购国外出版企业进行本土化运作，但在主题出版领域，仍以联合编辑部或出版中心、海外分社等形式居多。

主题出版平台"走出去"的实施一般可分为两步。第一步，在相关国家知名主流出版机构内部成立中国主题出版物联合编辑室（部）或出版中心，建立长期工作机制，共同策划选题，根据当地市场情况承接翻译、版权输出、图书销售发行等职能。第二步，围绕国际关切，充实完善中国国情、当代中国、中国文学、中国文化、中国科技等重点主题出版产品线，立足本土，策划出版多语种、多载体、多终端的优质内容精品，同时依托海外合作方的渠道，让中国主题出版物深入当地主流发行渠道，切实扩大中国主题出版物的海外影响力。上海交通大学出版社与印度知名出版机构联合成立的中国—南亚科技出版中心就是按照这样的步骤逐步建立起来的。该中心推出的中国科技类主题丛书"中国重大科技创新文库（英文版）"集中介绍了大飞机、船舶制造与深海开发技术、转化医学等中国重大科技创新成果。目前，这套丛书已逐步进入印度等南亚地区主流的高校、研究所、图书馆，初步打响了品牌。

（三）主题出版从"走出去"到"走进去"的机制研究

当主题出版"走出去"逐渐成为常态，下一步就要思考如何让"走出去"的主题出版物更好地走入国际主流的发行渠道，走进海外书店，走进海外读者的心中。主题出版"走出去"只是我们发展战略的第一步，而"走进去"才是我们的目的。因此，摸清当地的图书市场和读者阅读习惯，加强外向型主题出版物的选题策划，提高翻译质量，充分利用更多的渠道在海外推广中国的主题出版物，这样才能真正走入国外读者心中，更好地讲好中国故事，让中国声音传播得更远。

1. 加强外向型主题出版物的选题策划

所谓外向型主题出版物的选题策划，是指通过充分的国际图书市场调研，根据海外读者的兴趣和实际需求，直接策划针对海外市场的主题出版物。当前，一方面，主题出版物出版更多的是基于国内市场或者具体项目策划，在国内出版之后再向海外推介翻译。虽然这样的图书也有成功"走出去"的案例，但占比较少，大部分离真正"走进去"，离让海外读者充分认可仍有一段距离。另一方面，随着中国逐步走入世界舞台的中心，中国经济社会的发展已经逐渐成为世界关注的研究对象，越来越多的海外读者对中国的方方面面产生了浓厚的兴趣。因此，策划符合海外读者的兴趣和需求并能反映中国传统文化和当代社会的外向型主题出版物显得愈发重要。

在策划外向型主题出版物时，我们要注意充分调研国际市场的需求，针对不同层次的海外读者，策划他们感兴趣的主题出版物，特别是学术类主题出版物，要与其他海外出版物有相似的概念、研究方法，拥有文化背景的"接口"，这样才能产生"润物细无声"的效果。外向型主题出版物的策划可以考虑从国际视角切入，直接在国际上找海外作者组稿，讲述中国故事。比如，我们可以邀请对中国文化有相当程度研究的海外汉学家撰写其熟悉的中国题材主题出版物，跳开翻译环节，直接与他们签署作品的多语种出版协议。目前，丝路书香工程的重点项目"外国人写作中国计划"就是通过很多汉学家的笔墨，直接书写其在中国的感人故事或者其对中国某一方面的研究，这样既保证了原汁原味的内容质量，又形成了国际了解中国的新途径，在海内外获得较高的关注。

2．提高翻译质量，构建本土话语体系

翻译质量的好坏有时会直接决定一本主题出版物能否真正走入当地图书市场，被当地读者接受。有的海外出版社在购买图书版权时会要求看图书样章，翻译质量是外方评估的重要考虑因素。如上海交通大学出版社向剑桥大学出版社输出主题出版物《东京审判：中国的记忆与观点》英文版版权时，剑桥大学出版社在进行同行评审阶段就要求审核该书的翻译样章。由于该书专业背景涉及法学、历史和国际关系，对翻译的要求很高。上海交通大学出版社为此专门搭建了专业可靠的翻译团队，不仅寻找到华东政法大学的译者团队进行翻译，而且邀请到东京审判中国检察官之子向隆万先生为译稿样章进行审校。最后，剑桥大学出版社通过了对该书的评估，并把该书归入"剑桥中国

文库"。

在当前主题出版物的翻译实践中，很多出版机构主要还是偏向于找国内译者。虽然国内译者对我国国情以及相关领域的翻译术语等都比较熟悉，但他们的母语并非所需翻译的语种，译作往往不符合当地读者的阅读习惯，甚至与当地文化产生隔阂，这就会带来水土不服的现象。关于是找母语译者还是国内译者更适合主题出版物的翻译，目前仍有争议。让精通中国国情和文化的海外汉学家翻译，然后让熟悉专业翻译术语的国内专家审读，不失为提高主题出版物翻译质量的良方。高质量的译作完成后还要考虑本土视角，让当地知名学者或专家为图书撰写序言或导读也是推荐的一种好方法。《东京审判：中国的记忆与观点》英文版的导言就是由在国际学界有较大影响力的学者，《哈佛中国史》主编、汉学家卜正民撰写的。该书英文版出版后，在西方学界引起了很大的反响。

3．充分利用国际书展，多渠道海外推广

国际书展不仅是各国出版社进行版权贸易业务交流的聚集地，还是贴近海外读者、展现成果的宝贵机会。近年来，随着中国出版业与海外出版业的交流日趋频繁，中国出版机构越来越多地参加国际书展，国际书展把中国作为主宾国的次数也越来越多。主题出版物作为最能讲述中国发展成就、弘扬中国文化、展示大国形象的图书品类，理应在各大国际书展及中国主宾国的活动、展区中推广。为了更好地把《习近平谈治国理政》推向全世界，外文出版社先后在德国、巴基斯坦、韩国等十几个国家举办了图书首发式，在柬埔寨、英国、美国、南非等国家举办了多场关于该书的研讨会。外文

出版社还通过中国主题出版物展销、合作翻译出版签约仪式、设立中国图书中心等方式，全力推广《习近平谈治国理政》多语种图书，使该书在国际社会产生了重要影响，在国内外图书市场上形成热销局面。

除了传统的线下海外推广渠道，构建自己的海外网络销售渠道也成为海外推广的主要方式之一。如联络当地的权威媒体，对主题出版物的出版进行报道；配合自己的海外新媒体推广，如定期在推特、脸书上发推文，促进主题出版物的推广。

4．充分借鉴中国"网文出海"的成功经验，实现 IP 协同"走出去"

截至 2019 年年底，中国向海外输出网络文学作品 1 万余部，覆盖40 多个"一带一路"沿线国家，海外市场规模达数亿元，海外网络文学用户数量达数千万人。"网文出海"之所以能在海外市场获得成功，是因为与作品 IP 改编成果"走出去"协同发展。如"一带一路"蒙俄展映推荐片目中有《择天记》，YouTube 等欧美主流视频网站、东南亚地区各大电视台上能看到《扶摇》等人气 IP 改编剧集。这些网文通过 IP 改编不断得到强化，而覆盖漫画、影视剧、游戏等不同形式的 IP 改编成果也能够进一步扩大作品的传播范围。主题出版物尤其是文学类主题出版物，可以充分借鉴此类成功经验，不单是纸质图书的"走出去"，还要覆盖多种 IP 改编成果协同"出海"，这样才能真正达到"走进去"的效果。

主题出版"走出去"经过多年的发展，一大批中国主题出版物在世界的影响力日益扩大，为海外读者真正了解中国做出了重要贡献。随着主题出版"走出去"的路径不断拓宽，"走进去"的机制研究不断深入，相信在"十四五"期间，中国主题出版物的国际传播力将得到进一步加强，从而更好地讲好中国故事，传播好中国声音。

三、主题出版"走出去"——基于中国话语和中国叙事体系构建的视角

引语 随着每年主题出版重点出版物选题的申报、论证、筛选和目录公示等工作的有序推进，主题出版已经成为出版单位的工作重点，涌现出一大批主题鲜明、文质兼美、影响深远的主题出版物。顺应时代的发展，主题出版的内涵和外延不断深化，成为理论研究的重要课题。对主题出版问题的深入研究，不仅对出版实践有重要指导意义，也能为相关管理部门部署主题出版工作提供有益参考，更是主题出版高质量发展的必由之路。本节从中国话语和叙事构建的视角探究主题出版"走出去"。

自中国出版"走出去"实施十多年以来，出版产业国际化进程明显加快，出版的国际交流合作达到了前所未有的深度和广度。近年来，党和国家有关部门多次强调要向世界讲好中国故事，传播有利于中华民族复兴、有利于中外文化交流、有利于世界和平进步的理论主张和生动叙事。2021年12月14日，习近平总书记在中国文学艺术界联合会第十一次全国代表大会、中国作家协会第十次全国代表大会开幕式上，再次提出"用情用力讲好中国故事，向世界展现可信、可爱、可敬的中国形象"。

（一）主题出版"走出去"的内涵

1. 主题出版"走出去"的根本内涵是中国话语和中国叙事体系的构建

主题出版要求体现党和国家意志，服务党和国家工作大局，强调出版工作要围绕党和国家的重点工作、重大会议、重大活动、重大事件、重大节庆日等。主题出版以它特有的使命和贡献，为我们各项工作提供不可或缺的理论滋养、思想动力和现实贡献。

书籍可以深层次影响一个人的世界观和价值判断，是理论表达、情感表达和内在表达的重要载体，是解决价值认同和理论互信的重要方式。文化认同是一种群体认同的感受，尤其是对外来文化的认同足以影响一个国家和地区的政治文化体系。美国政治家赛缪尔·亨廷顿指出不同人常问"我们是谁"，并喜欢用"祖先、宗教、语言、历史、价值、习俗和体制来界定自己，表示文化认同，反之都具有一定的排斥心理"。我们要在国际上争取最广泛的认同和肯定性确认，就需要推动主题出版"走出去"，这也是主题出版"走出去"的学术基础和文化背景。

首先要从国际出版的角度来确定主题出版的归属。主题出版主要归属于社科出版或者学术出版的范畴。2013 年 8 月，在全国宣传思想工作会议上，习近平总书记指出，"着力打造融通中外的新概念新范畴新表述，讲好中国故事，传播好中国声音"。在当今国际学术出版转型升级和资源进一步集中的情况下，要鼓励支持中国出版企业研发打造既具有中国特色又符合国际标准的学术产品，对外出版一批以马克思主义为指导的，体现中国特色社会主义学科体系、学术体系、话语体系的哲学社会科学学术成果，对外展示好、宣传好新中国波澜壮阔的发展历程、感天动地的辉煌成就、弥足珍贵的经验启示。

其次，要明确主题出版的重要意义。这一点是不言而喻的。2021年5月31日，习近平总书记在主持十九届中央政治局第三十次集体学习时强调，"讲好中国故事，传播好中国声音，展示真实、立体、全面的中国，是加强我国国际传播能力建设的重要任务"。

因此，主题出版"走出去"的根本内涵是助力中国话语和中国叙事体系的构建，主题出版"走出去"需要从学理或者学术角度，推动包括中国哲学社会科学在内的中国学术成果的国际化和数字化发展。

2．主题出版"走出去"的必然性、战略性和艰巨性

从构建中国话语和中国叙事体系的角度，主题出版"走出去"具
有必然性、战略性和艰巨性。

（1）必然性

中国出版"走出去"是世界经济一体化、各民族文化相互融合的必然要求，是出版发展的必然趋势，更是出版事业发展的较高阶段。随着中国逐渐走到世界舞台中央，在全球治理与发展中发挥着越来越重要的作用，中国的发展道路和模式需要置身于全球语境进行自我表达，构建中国话语和中国叙事体系。因此，主题出版在民族复兴、出版事业发展、学理推进等方面都具有历史和现实的必然。

（2）战略性

中国出版"走出去"已经是国家文化战略的一部分，政府主管部门高度重视，投入较大，政策措施到位，而且已经形成完整的体系。出版"走出去"涉及国家的国际形象、国家文化安全，以及国家整体实力的提

升，这些都是战略问题，不是局部的、细枝末节的问题。所以，考虑主题出版"走出去"的政策和措施的时候要注意其战略性、宏观性和系统性。

（3）艰巨性

主题出版"走出去"的艰巨性，一方面表现为出版单位对国际上的出版习惯以及文化政策的了解需要时间，出版物质量的提高也需要时间，出版人的国际编辑能力和国际管理能力等更不是短时间内就能够提高的；另一方面，主题出版"走出去"本身就是一个持续的过程，不是到某个时间节点就能完成、结束的。"走出去"是一个动态的、持续的过程。由此来看，主题出版"走出去"不可过于急躁，而应按出版规律和国际文化交流规律深耕细作。

中国话语和中国叙事体系的构建需要学界、业界深入研究如何构建。这是一个庞大的议题，与各个行业领域均有关，而不仅仅是与出版业自身相关。中国出版是文化体制改革的先行者，中国出版，尤其是主题出版"走出去"取得了长足发展，与"政策推动、企业主体、市场运行、社会参与"工作机制的良性运行有密切关系，这一机制的提出和坚持奠定了中国主题出版"走出去"的基本格局。

因此，认真研究过去十多年来的经验以及存在的问题，对于主题出版"走出去"的高质量发展，及其在中国话语和中国叙事体系的构建方面发挥的作用，具有非常重要的意义。

（二）主题出版"走出去"的现状与存在问题

1. 近年来主题出版"走出去"取得的成绩

中国出版"走出去"已经有了十几年的积累。党和国家新闻出版主管部门设立了一系列的资助项目，包括丝路书香工程、中国图书对外推广计划、经典中国国际出版工程、中国当代作品翻译工程、中华学术外译项目等，在这些政策导向和项目扶持下，出版单位"走出去"的动力不断增强。借助国家重大出版工程项目、北京国际图书博览会、国际大型综合性书展等，中国出版业在版权输出的品种数量、改变版权贸易逆差、实物产品出口、海外分支机构建设、数字出版产品开发等方面取得了显著成就，这些为我国主题出版"走出去"奠定了良好基础。

近几年，主题出版"走出去"既是时代主题，也是出版业高质量发展的要求和特征，更是中央高度关注和支持的事业，只要有好书，"走出去"的渠道是完全畅通的。通过政府相关部门和出版企业的努力，我国出版"走出去"工作取得很大成就，主题出版"走出去"也多有亮点。

十多年来，政策层面从支持内容生产、渠道建设、平台建设、人际人脉交流等方面向企业释放资源、增加动能，解决了政策层面和行业产业的连接和转换功能，有效地推动了一大批优秀的中国主题出版产品进入国际主流市场。

2. 现阶段主题出版"走出去"存在的问题

从取得的成效来看，现阶段主题出版"走出去"还有很大的发展空间。从深入国外读者市场的物理性"走出去"，真正发挥图书的国际交流作用来看，出版"走出去的文化影响力仍需进一步提升。我国主题出版"走出去"主要存在以下三方面问题。

（1）国际出版交流合作效果评估缺失

相关部门只注重对版权贸易出版投资项目数量的考核，还没有把"走出去"效果作为考核指标，缺乏对应的评价指标，导致出版合作的效果不持久，落地不生根。有些主题出版物虽然走出了国门，却无法进入当地主流图书市场，有些版权合作流于形式。

（2）地区合作不平衡

我国与世界不同国家和地区的出版交流合作的程度参差不齐。总体来说，与亚洲及周边国家合作较多，欧美主要国家也占有一定数额。比如，亚洲的韩国、泰国等国家与我国版权贸易往来频繁，出版行业交流与合作日益深入，合作领域不断拓宽，合作形式更加多元，合作层次和水平持续加深。但与南美洲、非洲等区域的一些国家，如阿根廷、巴西等，由于经济、地缘、语言等多方面的因素，直接交流层次较浅，频率也不高，甚至有不少国家还未覆盖，存在空白。对于不同的国家和地区，我们需要具体问题具体分析，提倡"一国一策"。这些问题的存在，一方面，是由于目前我国版权输出的经济规模还相对较小；另一方面，则是因为我们还未找到被世界认同的表达方式。我们往往习惯于利用传统的传播模式，对国外读者进行"灌输"，没有充分考虑到海外受众的接受心理和接受习惯，存在"自说自话"、缺乏针对性的情况，自然也就缺乏吸引力和感染力。

（3）出版内容与形式的交流合作不均衡

在我国与世界各国的版权贸易中，文学、少儿类图书的版权输出和引进的数量比较多。近几年，版权贸易情况也在发生变化，科技、时政类的图书引进和输出逐渐增多。与发展中国家以及经济落后国家的出版交流合作，大部分仍局限于纸质图书的合作，数字出版产品的合作很少，甚至没有。这些出版合作内容与形式的不均衡，导致合作领域不够全面、程度不够深入，制约了出版交流合作的进一步发展。

中国出版"走出去"仅十余年时间，行业总体尚属于内向型产业。具有国际出版经验的专业人员匮乏，在国际编辑能力和中国内容国际表达方面的确存在较大的认知和实践差距，难以做到从内容选题策划、翻译、编辑、营销各个环节实现国际化产业链和规模产能。总体来看，中国主题出版"走出去"需要解决以下四个方面的问题。

（1）形成有效的合作机制，提高组织效能，使中国话语和中国叙事体系的构建超越个体产品

现阶段，我国的出版机构基本上可归为四类：国家级出版社、地方出版集团、大学出版社、城市出版社。出版行业尽管经过了文化体制的改革，但国内出版条块分隔限制了优质出版资源的重组和做大做强。

出版企业在主题出版"走出去"方面有更大探索、创新空间，但迈出第一步后，往往就存在着资本和实力的问题。有少量中国出版物真正走进欧美主流出版市场的优秀企业，积累了一定的产业经验和能力，但总体上规模、体量还不大，难以产生更大的影响力，与国内其他大型出版集团的合作也不是十分畅通。

（2）加快实现主题出版"走出去"数字化转型，为读者提供更便利的产品和服务，促进国际传播

应该看到，目前国内出版产业在数字化转型方面还存在较大的短板，而发达国家的国际先进企业已完成了数字化转型。国际上先进的学术出版和科技出版公司80%甚至更高的收益来自数字产品和知识服务的营收。

以学术出版和科技出版为例，现在学者研究学术问题，基本是通过网络阅读数字资源，那么从为研究者，也就是为读者提供更便利的产品和服务的角度来讲，我们应该提供什么样的产品？从学术出版和科技出版产品的传播效能来讲，国际传播更依赖数字化。所以，主题出版逐步要摒弃单本书、单个产品的思维模式，要从为读者服务以及国际传播的角度思考，认真研究推进如何加快主题出版"走出去"的数字化进程。

（3）解决国际化表达问题，做好中国话语和中国叙事体系的建设

内容是出版的核心，也是"走出去"的根本。中国文化是内容的富矿，有五千年文明史、百年救国救亡史、新中国成立70多年的历史、40多年改革开放史。国际出版商认为，中国不缺优质出版内容，但缺乏中国内容的国际表达能力。

凡是国际畅销的产品均是按照国际出版产业各个专业环节标准打造出来的，是流畅完整的国际出版产业链条下的产品。因此，要做好中国话语和中国叙事体系的建设，必须解决其国际化表达问题。

比如，从学术出版的角度，必须遵从国际通行的学术规范；对于主题出版的"扶贫减贫""小康社会建设"等问题，国家各层面做了很多探索，积累了宝贵经验，也出版了一系列论著。但从中国话语和中国叙事体系的构建角度，我们还需要转换思维，思考其在国际语境下的哲学理念，如何与国际既有的话语体系进行对接，让更多的人了解我们为什么这么做及其背后深层的含义和价值。

（4）借用巧用国际资源，构建中国话语和中国叙事体系

从本质上讲，所有的出版单位都是人才资源管理公司。因此我们可以凝聚世界上所有国家和地区的专家资源，共同创新话语体系，邀

请他们开展研究、表达观点。从这个角度来讲，出版单位的视野可以更开阔一些。

那么如何发现和吸引更多的国际作者呢？一方面，需要将国际人脉资源融入中国主题出版产业链；另一方面，是在高等院校的人才培养方面进行合理科学的布局，例如成立国际出版学院等。

（三）主题出版"走出去"的经验与路径

1. 主题出版"走出去"可以借鉴的成功经验

主题出版"走出去"是一个系统工程，既需要把握导向，更需要研究海外受众与市场。只有将优质内容和市场因素结合，才能做出接地气、高质量、有效果的主题出版。

（1）借鉴网络文学成功经验，赋能主题出版

我国网络文学作为"世界四大文化现象"之一，在"走出去"领域取得了一系列显著成果，被认为是中国文化输出的重要标志之一。截至2020年，我国面向海外输出的网络文学作品已经有一万余部，其中尤以玄幻仙侠类和都市言情类小说广受海外读者的青睐。前几年，当中国网络小说在英语世界刚掀起翻译热潮时，曾因为翻译速度赶不上阅读的需求，导致许多读者不得不多方寻觅，同时跟读几个网站的连载。虽然网络文学的内容有待进一步优化和提高，但其成功的要素值得主题出版机构和人士借鉴，需要用年轻人喜欢的内容与形式，赋能主题出版，在内容和形式上加大研究力度。

（2）积极拓展数字出版跨国传播渠道

数字出版既是内容问题，也是传播方式问题。为此，出版企业还

183

需积极拓展数字出版跨国传播渠道。比如中国大百科全书出版社与比利时根特大学共同研发，推出《中国大百科全书》欧洲单机版和网络版，并由 VarTec 公司负责总经销。这种合作方式既把产品的内容推出去了，又形成了新的产品销售渠道，以技术手段实现了传播渠道向国际市场的拓展。

知名国际出版企业如施普林格·自然、圣智学习出版公司等，成套系、成规模地出版中国学者的学术著作，包括反映中国当代政治经济、社会文化、生态文明发展的主题类图书，这是中国出版对外传播的生动案例。近些年，国家出版品牌出版了 2000 多种中国主题的学术图书，有的电子书下载达几十万次。

2．我国主题出版"走出去"的路径

基于前述分析，中国主题出版物要想真正实现"走出去""走进去""走下去"，确实需要从理念和方法上有新的创新和突破，而数字化模式就非常值得期待。

随着互联网技术的发展，版权贸易中数字版权的占比逐渐提升。数字出版内容国际传播的特点是相对灵活快捷，既受国界限制，又不受国界限制。受国界限制，是因为每个国家的对外信息传播都要适合本国的国情；不受国界限制，是因为在数字出版内容国际传播的过程中，有许多共同的原则对世界各国普遍适用，而且数字化技术的国际传播过程很少受到国界的制约。加之目前世界大多数国家读者的阅读终端都是手机，更加速了世界数字阅读的一体化。随着汉字数字化技术以及网络信息技术的发展，数字出版产业异军突起，中国网络文学已经成为与美国好莱坞电影、日本动漫、韩国电视剧并称的"世界四

大文化现象"。近年来，随着中国数字出版业"走出去"的逐步深入，中国数字出版内容国际传播的理论研究以及实践发展受到了越来越多的关注，取得了一定的进步。技术驱动是实现主题出版"走出去"弯道超车的重要方式与重大机遇，只有通过顶层设计实现统筹管理，通过深入调研落实"一国一策"合作模式，开展双边与多边合作，才能实质推动主题出版"走出去"跟上时代步伐。

建立中国的国际学术话语权并非一朝一夕，国际化、产业化是中国话语和中国叙事体系构建的必由之路。

（1）培育中国内容的国际表达能力

目前，国内部分舆论还将"走出去"的痛点简化为翻译问题，其实更底层的是话语体系和国际表达的问题。这可以在很大程度上解释不少中国外文类出版产品影响力不强的问题。比如企鹅公司出版中国作家的作品，往往都要请国外编辑重新梳理故事逻辑和结构，以符合外国读者的阅读习惯。"学会说话"是中国主题出版"走出去"的新功课。

（2）进入国际出版产业链

不进入国际出版产业链，或者本身不是国际出版产业链的一环，就难以实现国际话语和国际表述。进入欧美出版圈则更需要经受严苛的选题论证和市场考验。国际出版巨头翻译出版中国内容都有严格和独立的审稿标准，注重作者的学术知名度和影响力，选题的通过并非轻而易举。但是，一旦被国际知名品牌选中，基本可以成为全球产品，其他语种的翻译出版则水到渠成。现已有不少成功的案例，而在这些案例中也有值得我们思考的问题。

黎巴嫩是中东的出版中心。到 2019 年，黎巴嫩"数字未来"出版公司已经翻译、出版了 200 多种中国图书，总发行量在 100 万册以上，这缘于其总裁穆罕默德·哈提卜第一次来中国时的经历。10 多年前，他在深圳的一家书店被一套制作精美的儿童故事书深深吸引，于是通过种种渠道联系到了安徽少年儿童出版社，获得了该书的版权许可。现在由"数字未来"出版公司出版的中国图书，不少被列为阿拉伯中小学教师推荐的必读书目，尤其是少儿图书，备受阿拉伯国家儿童喜爱。

麦家的《解密》由英国译者发现并推荐给英国企鹅兰登书屋集团，由其与美国 SFG 公司共同推出，调动国际一流媒体进行营销；刘慈欣的《三体》由美国最大的科幻出版公司 Tor 运作；曹文轩的作品由英国知名童书出版社沃克出版。圣智学习出版公司、泰勒·弗朗西斯集团表示愿意支持中国专家学者著作的国际出版，并将以"中国系列"冠名，忠实呈现中国学术观点并向世界学术圈推广。圣智数字平台覆盖全球数万家主流图书馆，对中国学术内容进入欧美主流受众极有价值。

（3）积极引进国际化专业人才

主题出版"走出去"需要国际化的出版专业人才，只有实现人才的国际化，才会有内容的国际化和产业的国际化。在出版国际化的进程中，出版机构的国际化专业人才结构建设一直没有引起足够的重视。我国知名出版集团和出版社很少有外籍雇员，国际作者约稿也比较罕见。

因此，出版社吸引国际化专业人才的眼光要放得更宽一些，要把更多国外专业人士纳入对外出版进程和对外"讲好中国故事"的产业链，为人才、内容和产业国际化创新创造更多的条件和机制，引进更多能在国际出版产业链中发挥作用的外籍专家。

（4）多举措培养外向型人才

中华图书特殊贡献奖是国家新闻出版署设立的政府奖项，旨在表彰在介绍中国、翻译和出版中国图书、促进中外文化交流等方面做出重大贡献的外国作家、翻译家和出版家。设立至今，已有百余位外国作家、翻译家和出版家获奖。很多出版企业积极与获奖者开展各种形式的合作，如针对中国内容国际表达的编辑培训。出版企业还积极与国际知名出版集团开展联合培训、案例讲解。这些充分体现了中国出版企业对外向型人才的迫切需求。与国际知名出版集团合作的编辑人才培训班，已经由图书编辑延伸到期刊和数字出版领域，如 2019 年 10 月 21 日至 11 月 2 日由中国期刊协会和施普林格·自然集团共同承办的"科技期刊人才境外培训班"在英国伦敦举办，参与培训的编辑反映眼界大开，对中国期刊"走出去"产生了很大影响。

除了出版人才的培训，还要以产业发展的视角，去推动广大外语院校设立外语出版和编辑专业，涉足国际化出版人才的培育。目前，大学外语专业学生毕业时常常遇到瓶颈，因为外语院校除了培养翻译和"外语 + 其他专业"的人才外，缺少文化产业的概念，与产业脱节。文化出版"走出去"呼唤"懂世界、懂中国、爱交流、善沟通"专业人士，而外语专业天然地具有这个优势。中国有很多大学有编辑出版专业，但基本没有英语编辑出版专业，更不用说小语种编辑出版专业了。中国每年有万余部长篇文学作品诞生，但是国内的作者和编辑能与外国出版同行进行专业文学交流的太少了，更不用说促成作品的版权交易。我们推荐中国作家的作品往往只有简单的内容简介，没有提供章节的英文翻译和英文的市场报告等更详细的内容。

整体而言，我国出版国际化还处于初级阶段，距离成为国际出版强国还有较长的一段路要走。对于主题出版"走出去"的问题，我们需要拓宽视野，将其定位为助力中国话语和中国叙事体系的构建。虽然中国话语和中国叙事的构建问题更多地指向学术研究，尤其是社会科学领域，但出版活动，尤其是主题出版，更能发挥整合的作用。从学术传播的角度，将中国话语和中国叙事体系构建的目标及任务向出版界倾斜，出版尤其是主题出版应能发挥更大、更独特的作用。

四、我国主题出版物国际编辑能力建设研究

> **引语**　在我国主题出版"走出去"的诸多影响因素中，把握国际阅读趋势、具备国际资源整合能力等具有国际编辑能力的国际编辑是重要因素。本节描摹中国主题出版"走出去"的现实境遇，包括中国主题出版"走出去"的三个层次和四个转变，在此基础上，从国际出版理论研究、出版经纪人制度、政府支持方式和力度、融媒体驾驭能力、国际化选题策划与营销能力五个维度，分析我国主题出版"走出去"国际编辑能力建设中存在的问题并进一步给出建议。

2012 年，党的十八大将社会主义文化强国的建设目标延伸到不断增强中华文化国际影响力上来。2017 年，党的十九大更是第一次提出推进国际传播能力建设，讲好中国故事。主题出版物承担着传播中国声

音、讲好中国故事的重任。做好主题出版"走出去"工作是中国文化"走出去"的重要组成部分，亦是提高国家文化软实力的重要路径。

（一）我国主题出版"走出去"的现实境遇

我国主题出版"走出去"的实践一方面得益于中央关于"走出去"的顶层设计、政策推动和整体谋划，另一方面根源于各类主题出版主体的积极实践与探索。近年来，我国主题出版"走出去"呈现三个层次和四个转变。

1. 我国主题出版"走出去"的三个层次

（1）彰显中国实力，与时俱进之需

"十三五"期间，在文化强国总战略的指引下，我国主题出版"走出去"在加强主题出版物内容针对性创设、培养高素质翻译人才、建立海外分支机构、拓展外向型平台和渠道等方面进行了积极探索，取得了一定成效。在经济全球化的背景下，出版产业可以创造大量出版物产品和服务，利用文化智能资源，为制造业和服务业增加文化附加值，还能在国际上扩大影响力，争取广泛的国际认同和合作。正因为如此，彰显中国实力、追求与发达国家平等的地位成为我国主题出版"走出去"的第一层次。

（2）讲好中国故事，固本强基之举

如何通过中国故事提升中国国际话语权？主题出版物作为"讲好中国故事"的排头兵，特别强调用中国概念（中国特色、中国道路、中国制度、中国理论、中国立场）讲好中国故事，包括经济持续增长、中国梦、"一带一路"、"互联互通"等叙事，进一步实现从"讲好中国故事"到"讲好全球故事"的路径，选择有代表性的好故事进行出版和传播，更加接近世界不同地区受众心理、文化需求，用对方能够听得懂、愿意听的故事来开展交流、施加影响。发出中国声音，讲好中国故事，拥有国际话语权和媒介影响力，成为我国主题出版"走出去"的第二层次。

（3）落地生根，从"走出去"到"走进去"，现实意义之迫

随着2003年1月我国出版业"走出去"战略的提出，据统计，我国版权输出数量从2003年的1427种增加到2018年的12778种（2014—2018年我国版权输出主要区域对比见表4-1），成绩斐然。但是，我国主题出版"走出去"的实际效果未必乐观，来自中国的主题出版物仍未很好地进入海外当地市场，未真正地进入海外读者的阅读视野里，主题出版"走出去"的文化影响力仍需进一步提升。我国主题出版"走出去"的传播活动既要不断强化力度与广度，又要在深度、精度、温度、气度方面全面推进。落地生根，实质性培育国际读者群，形成长远盈利模式和若干国际化出版巨头，成为我国主题出版"走出去"的第三层次。

表4-1　2014—2018年我国版权输出主要区域对比

年份	输出版权总数/种	版权输出数量/种（版权购买者所在国家为美国、英国、德国、法国、加拿大）	版权输出数量/种［版权购买者所在国家（或地区）为"一带一路"沿线国家、亚太国家和其他地区］
2018	12 778	2780	9998
2017	13 816	2702	11114
2016	11 133	2519	8614
2015	10 471	2703	7768
2014	10 293	2631	7662

数据来源：国家版权局。

2．中国主题出版"走出去"的四个转变

（1）主体理念转变

在我国主题出版"走出去"的早期实践中，存在主体不明、参与人员动力不足之惑。究其原因，一则经济效益较好的出版社，对版权收入和政府"走出去"的支持不甚看重；二则在政策设计、激励措施、社会效益考核等方面，国际化部分占比尚不足；三则"走出去"是长期经营的过程，有些单位和编辑较为注重短期收益，无动力奋力突破。由是观之，我国主题出版"走出去"的主体亟待由过去政府主导、出版单位被动参与逐渐转向政府推动、企业主导、市场化运作的格局。真正"走出去"要靠主题出版主体、主题出版物作者主体和市场主体内生动力机制的配备和改造。需构建以创新我国主题出版"走出去"评价体系为主体，出版产业政策引导、资金扶持为两翼的"目标导向＋动力激发"制度保障机制；在发展过程中需整合政府主导力、市场配置力、出版机构主体力，采取"三力合一"的协同监管机制。

（2）组织方式转变

21世纪初，国家相关管理部门出台了一系列重要政策，推动出版物版权"走出去"，投入一定的资金支持，促进一系列出版"走出去"项目和计划启动，取得了一定成效。伴随着出版企业市场主体地位的成熟和出版产业上下游产业链的完善，以及各类服务角色构建的整体生态提升，我国主题出版"走出去"出现从"项目制"到"平台建设"的转变，平台将两种甚至更多个相互独立的环节联通起来，从品牌培育到渠道掌控再到读者聚集等，资源整合的质变效应初显。

（3）内容转变

主题出版作为新的主流文化传播形式，凭借文化认同和体制优势，取得了一定成绩，但部分主题出版物在内容形式上居高临下，传播效果不容乐观。过去，主题出版在大众出版板块和教育出版板块表现突出，近年来在学术出版板块有了新的进展，如优秀传统文化类学术图书、治国理政学术图书，甚至对接国家战略的科技类主题出版物也越来越多。普通的技术类图书与国家重大现实结合在一起，便也有了主题出版属性。2020 年 4 月初，复旦大学附属华山医院感染科主任张文宏团队编写的《张文宏教授支招防控新型冠状病毒》已敲定 13 个外语语种的版权输出。随着一系列应时应景的主题出版物走向海外，"中国方案""中国经验"正在全球"战疫"中发挥作用。

（4）地理路径转变

2013 年 9 月和 10 月，习近平总书记提出"一带一路"倡议。在这个巨大的历史机遇中，中国主题出版"走出去"得到不断完善与创新。一系列相关出版工程项目的设立和实施，对面向"一带一路"沿线国家开展主题出版"走出去"起到了支撑作用，也产生了显著的效果。来自国家版权局的最新统计表明，伴随着"一带一路"倡议的实施，中外出版业的交流合作迎来了历史性的新机遇。中国主题出版物获得了丰富的选题资源和市场空间，众多出版社乘着"一带一路"的东风踏上了新的征程，之前未受重视的伊朗、印度、东南亚等国家和地区成为中国主题出版"走出去"的版权出版新路径，具体的例子有上海交通大学出版社在印度设立的中国—南亚科技出版中心、外语教学与研究出版社"一带一路"国家网络课程、"一带一路"国家语言服务网、中南出版传媒集团援南苏丹教育技术合作项目等。

（二）提升我国主题出版"走出去"国际编辑能力的五个维度

主题出版"走出去"是传播中华文化，更是为"世界做书"。在主题出版"走出去"的诸多影响因素中，把握国际阅读趋势、具备国际资源整合能力等具有国际编辑能力的国际编辑是决定中国主题出版物能否成功"走出去"的重要因素。结合中国主题出版"走出去"的现实境遇，在此基础上，从国际出版理论研究、出版经纪人制度、政府支持方式和力度、融媒体驾驭能力、国际化选题策划与营销能力五个维度分析我国主题出版"走出去"中国际编辑能力建设存在的问题并进一步提出建议。

1. 国际出版理论研究维度

虽然国内有关出版"走出去"的探讨极为热烈，截至 2020 年 3 月，中国知网搜索显示有 524 篇与出版"走出去"相关的论文，有 1300 篇与国际出版相关的论文，但绝大多数论文将出版"走出去"视为一个不证自明的概念，学理研究较为薄弱。随着出版"走出去"走向纵深，面对增强我国国际出版话语权的趋势以及我国出版"走出去"战略建设的必要性与紧迫性，系统研究国际出版理论有十分重要的意义，一方面可以帮助业界更好地推动出版"走出去"发展，另一方面有助于建构立足中国现实境遇、影响世界的国际出版原创理论。

因为出版具有复杂的向度，出版学与其他学科之间存在交叉、融合，跨学科的视野使出版学能够获得更多角度的洞察与观照，获得理论与方法内在逻辑上的支持。且出版"走出去"是一种较为通俗的说法，实为国际传播的一种，因此需要从国际出版、产业经济、文化研究等向度夯实我国实施国际出版的理论基础。

2.出版经纪人制度维度

2016 年曾上映了一部美国电影《天才捕手》,这个颇具噱头的名号其实是赋予一位精于与各种书稿打交道的编辑的。这位名叫麦克斯·珀金斯的主人公是历史上第一位被称为"作家编辑"的人,对潜力作家的挖掘只是第一步,将未经打磨的文字编辑成阅读性极高的作品,将一部部耳熟能详的经典作品送上畅销榜,才是他担得起这个头衔的真正原因。海明威的《太阳照常升起》《永别了,武器》,菲茨杰拉德的《人间天堂》《了不起的盖茨比》,托马斯·沃尔夫的《天使望故乡》《时间与河流》均受益于这位编辑的"金手指"。作为西方出版经纪人中的翘楚,麦克斯·珀金斯之于托马斯·沃尔夫,正如里特之于 J.K. 罗琳。里特作为一个与全球 100 多个国家的 170 多个出版社有联系的经纪人,以超凡的眼光与努力,成为"哈利·波特"系列小说的第一知音。优秀的出版经纪人不仅能帮作者联系相应的出版社,协助进行稿费与版权谈判,还能评估与发掘作家的商业潜能。他们深谙美国式包装、策划、宣传、营销之道,以惊人的预判能力助"哈利·波特"系列小说荣登《纽约时报》畅销书排行榜,并持续多周,热度不减。

国外出版经纪人制度告诉我们:出版经纪人和出版社之间的张力并不是一场零和游戏,它具有明显的放大效应和震荡效应,在书稿诞生之初的上游就蓄势放大书稿的社会效益和经济效益,帮助出版社扩大销量以降低成本并增加利润。

我国主题出版"走出去"这一大工程从图书策划、运营到输出,都需要整体和全局的国际化考量。而在我国传统的出版实践中，组稿过程是线性的，我们不乏具有发行权的"书商"，却没有与作者沟通并与出版社合作的"稿商"。随着我国出版市场竞争的日趋激烈，出版者被动地从来稿中发现作品的局面已经改变。在我国，出版经纪人制度尚未正式建立，对出版经纪人资质的培训、考核、执业也尚未出台相关成熟的规范。不过中国出版经纪人正在成长，正在奋力追赶国外同行。其中，许多体制内外的资深编辑和出版家们，由于多年经验的积累，已经具备了相当的策划能力、市场能力和资本运作能力，在项目开发、作品改编、市场营销、挖掘作者、品牌培育、版权贸易、资本运营等多层面日益专业化，已经在事实上成为中国出版经纪人的开拓者，为中国出版市场带来生机和活力。

我国主题出版"走出去"在制度上需要与国际接轨，我国出版经纪人制度的建立才能赋能正当性和复合型的"走出去"模式。而培养合格的出版经纪人绝非易事，规范的市场机制、完备的法律法规、积极的政策支持，都是推动出版经纪行业顺利发展的关键。我们要从影响其发展的基础建设入手，为出版经纪人创造一个良好的环境，保证其健康成长。

3. 政府支持方式和力度维度

21世纪初，随着文化"走出去"战略的实施，中国主题出版也步入"走出去"提速阶段，政府相关部门出台了一系列重要政策，推动主题出版物版权"走出去"，投入一定的资金支持，促进一系列主题出版"走出去"项目和计划的启动。政府支持是"走出去"的初始动力，真正"走出去"还是靠市场主体。新时代政府支持"走出去"亟待两

195

重转变。

（1）资助对象有待转变

近年来，有关部门进一步加大了政策扶持力度。2014—2017 年，通过丝路书香工程，我国面向周边国家／地区和"一带一路"沿线国家输出图书版权近 4500 种。截至 2016 年年底，经典中国国际出版工程共资助了 3000 多种外向型图书。

然而，要实现中国主题出版"走出去"良性且长远的发展，政府部门不仅需要支持诸如"经典中国""丝路书香"等的优秀项目，更要支持母体和平台的国际化，应重点支持 10～15 家出版社转变成国际化出版社，实现出版母体长久持续的造血功能。要加大对出版企业"走出去"的经济和政策支持，通过出版企业在海外设立的分支机构，打造吸纳国际人才的优质平台，健全"走出去"的投融资机制，倡导树立跨国资本运营的机制，形成"走出去"合力。要加大对出版企业"走出去"渠道和平台的支持，加强与国际知名出版机构和版权代理机构或平台的合作，拓宽发行渠道。要落地生根，实质性培育国际读者群，形成长远盈利模式和若干国际化出版巨头。

（2）资助方式需要转变

除了由资助图书向资助平台和母体转变，政府资助方式也急需在如下两个方面进行转变。

第一，由资金支持转变为技术支持。在融媒体时代，加大对出版企业"走出去"的技术支持势在必行，加速媒介融合平台的搭建，如主题出版"国家队"阵营的人民出版社、党建读物出版社、学习出版社等，凭借资源整合和内容开发能力，搭建以数据为核心的智能化融媒体基座，通过平台化、工具化的应用，覆盖数据查询、知识服务、内容数据资产化、线上线下互动等多种功能。要探索平台经济框架下的融合变现，实现运营效率的全面提升，不断提升产业边界的拓展能力。

第二，由资助项目和成果转变为资助人力资源涵养。广泛开展国际编辑实训计划，建立面向国际的开放型编辑与出版人才选拔、引进与培养机制。应建立编辑专业人才激励机制，如设立主题出版"走出去"国际编辑专项奖励计划，为"走出去"提供源动力。

4．融媒体驾驭能力维度

出版企业一方面普遍认为与融媒体深度融合十分必要，另一方面，在融合发展如何落地、建设路径和未来向哪些方向推进、从相加到相融等关键问题上认识较为模糊。"出版融媒体"是一个复合概念，特指传统出版系统内一种新型的媒介运作理念，是"融化"式的嵌入，是打通技术、内容、终端各个环节，再造生产、消费、营销、服务流程的创新。

（1）数字化嫁接内容产品能力

上海新闻出版发展有限公司"文化中国"编辑部用"大象无形"来阐述编辑理念，即出版的真谛在于不拘形式、不限题材，只要是中国文化都是表现内容，关键是用何种形式向外呈现中华文明之"内秀"。"文化中国"中的大型画册《清明上河图》属个中翘楚，其外观为国际市场熟悉的装帧设计，内芯则为中国文化特有的折页形式——既可单页阅读，拉开亦是一幅完整的宏伟长卷。一幅中国北宋风情画卷徐徐展开，令外国读者大开眼界。

中国出版集团以"文化出海"，打造向全球讲述"中国好故事"的出版物品牌矩阵。利用全媒体内容打造产品，以电子书、融媒书、音视频、动画影视、H5、VR、AR 等全品种全渠道触达读者，并借助融媒体传播形成全网营销体系的整体统筹，推动线上与线下深度融合。又如党建读物出版社的《新中国七十个瞬间》、人民出版社的《图解政府工作报告 2016》、上海人民出版社的《马克思的 20 个瞬间》、浙江人民出版社的《红船精神问答》、大连出版社的"中国海洋梦"系列、吉林科学技术出版社的"嗨！我是地球"系列漫画丛书、广东科技出版社的《解码深圳·华强北》项目、四川人民出版社的《红军长征过雪山行军路线详考》《红军长征过草地行军路线详考》主题出版融媒体产品等，都非常注重线上与线下的融合。

（2）利用大数据技术捕捉全球阅读趋势

应积极、合规利用大数据技术开展全球出版市场与用户分析、需求分析、市场竞争情况现状分析。基于国内外各个图书销售平台的海量数据抓取；通过网络爬虫工具从国内外各大数字化社交平台抓取用户数据；在数字资源中植入追踪程序，从而获得海量的用户对图书内容的全方位反馈信息，进而捕捉全球的阅读趋势和受众的需求，创新主体间性对外传播模式。

（3）知识付费产品的国际化

据中国知网官方 2019 年的报道，其用户覆盖全球 56 个国家和地区的 3.3 万家机构。掌阅 iReader 在全球 60 多个国家的销售量都位居前列。在国际出版界，世界超过 1/4 被引用科技论文来自平台；平台收录了超过 14 万篇同行评议文章以及 400 篇诺贝尔获奖者的科技论文；71 种期刊在世界 235 个科学门类中排名第一；在平台发表文章的作者国际期刊论文质量（FWCI）达到 1.51。

爱思唯尔作为全球数字化实践的翘楚，正是借由数字化的"东风"铺就其全球化之路的。在全球知识付费的浪潮下，对比每日付费阅读数量可观的巨头爱思唯尔，力量尚且薄弱的初涉付费阅读的出版社，应学会"借力"实现出版产业化运作，将相关的专业图书打包置于爱思唯尔平台上，一边培养国内读者和用户形成付费习惯，一边打磨产品和渠道链条，实现产业化运作。

我国主题出版正搭建以数据为核心的智能化融媒体基座，通过平台化、工具化的应用，覆盖数据查询、知识服务、内容数据资产化、线上线下互动等多种功能，探索平台经济框架下的融合变现。人民出版社的"中国共产党思想理论资源数据库"，由中央党校图书馆牵头的"习近平新时代中国特色社会主义思想专题数据库"，四川人民出版社的矩阵式出版融合品牌"盐道街3号书院"平台、旅游文化平台"金牌解说"，都是主题出版利用融媒体打造优质内容、引流积累用户的积极实践。

5．国际化选题策划与营销能力维度

（1）选题策划国际化和内容国际化

由我国策划、选题、编辑和发行，邀请世界名作家组稿写作的"外国人写作中国计划"取得了可喜的突破，佳作频出。2019年9月，《中国廊桥：水上的建筑（英文版）》（*China's Covered Bridges：Architecture over Water*）在上海首发，此书由美国肯特州立大学教授米勒·泰瑞与上海交通大学设计学院教授刘杰合作撰写，全景式地向世界传播中国古廊桥文化之美。为了将丝路书香工程的"外国人写作中国计划"这个项目深入和持久地开发下去，甚至可以考虑建立世界汉

学专家库数据平台，评估世界中文数字内容影响力指数，有的放矢地推出主题出版物。

（2）管理运营模式国际化和市场推广方式国际化

类似上海新闻出版发展有限公司的精品力作"文化中国"这些既符合国际审美又以中国文化为蓝本的外文图书，之所以能进入美国最大、拥有 717 家门店的巴诺连锁书店（2017 年数据），以及 2000 余家独立书店，可归结于"牵起国外经销商的手，按西方的规则运作图书"。

主题出版"走出去"的传统路径是走向欧美国家，但由于中西方文化的巨大差异和中华文化语境形成的天然"壁垒"，欧美市场对中文出版物的接受程度相对较低。经过多年的出版"走出去"实践，在接受层面，对这些地区的许多受众而言，中国文化及中国出版物依然犹如镜像中的"他者"。近年来，我国主题出版打破传统路径依赖，积极开辟新的行之有效的新路径，如"一带一路"沿线国家、亚太国家和地区，以及从前未受重视的版权出版新路径，如伊朗、印度、东南亚地区，中国出版物进入这些地域的障碍要少很多。

（三）结语：对我国主题出版"走出去"国际编辑能力建设的若干设想

我国主题出版"走出去"是彰显中国实力、追求与发达国家平等地位的重大战略，是在国际舞台上发出中国声音的积极举措。

第一，在政府资助的主体上，国际编辑的作用至关重要，应加大力度培育和支持 10 家国际型出版社，启动 100 名骨干国际编辑培养计划，对版权经理和国际编辑的劳动和荣誉予以高度肯定。

第二，在政府资助品种上，经典的力量更易于穿越时空，除了社科类图书，还应积极培育中国文化、科技经典图书。

第三，在资助手段上，需借助数字化等新兴技术进行国际编辑能力建设，利用大数据对国外读者群和渠道进行深入研究，培育国际读者群，形成长远盈利模式。

第四，在资助时效上，应长远布局，坚持专项资金持续投入，保持政策稳定性、连续性，保证"盆景"长成"大树"。

五、从"走出去"到"走进去"：中国出版业国际化的路径选择

201

> **引语**　　出版"走出去"是我国文化"走出去"战略的重要组成部分，十几年来实施"走出去"战略取得了长足进步和显著成效，但离真正融入主流国际出版市场仍然有较大距离。本节分析"走出去"战略的内涵，提出"走进去"才是中国出版国际化的终极目标和成功之道。为此，需要在理念、内容、组织方式等方面进行转变，切实提高"走出去"战略的成效以及中华文化的国际话语权和传播力。

出版业作为信息和知识传媒产业，外向传播是其固有属性。在我国的国情下，它同时肩负对外宣传党和国家政策主张，弘扬中华优秀文化的神圣职责。进入 21 世纪，政府将"走出去"战略作为出版业

转型升级的重要抓手之一，并取得了可喜成绩。就总量而言，我们已经是一个名副其实的出版大国；但就输出而言，我们的出版业在国际上的话语权依然不足，我们的理念、内容和产品依然无法真正融入国际市场，无法实现可持续的盈利。因此，思考如何真正"走进"国外市场成为迫在眉睫的问题，这不仅关乎我国能否由出版大国向出版强国转变，也关乎增强我国国家软实力及提升国际文化影响力，甚至是中华民族在世界之林的地位。

（一）中国出版"走出去"的三个层次

我国出版业提出"走出去"战略可以追溯至 2003 年，为响应党的十六大对文化事业发展的新要求，新闻出版总署提出出版业应当实施精品战略、集约化战略、科技兴业战略、"走出去"战略和人才战略。那之后，新闻出版主管部门出台了一系列措施，不断推动我国出版业的外向型发展。纵观十几年来"走出去"的实践，笔者将其分为以下三个层次。

1. 第一层次：彰显中国实力，追求与发达国家的平等地位

可以将其比拟为飞机飞行的"起飞阶段"。在过去相当长的一段历史时期里，我们在经济、科技等方面都和欧美发达国家有一定差距，这直接导致中国出版业整体水平和文化软实力不强。因此我们在这一阶段最重要的任务是"追赶"，尤其是体量和规模上的提升。据原国家新闻出版广电总局吴尚之副局长介绍，2015 年全国共引进版权 16 467 种，输出版权 10 471 种，版权引进品种与输出品种的比例由 2003 年 8.2:1 变为 2015 年的 1.6:1，大幅减少了逆差。

2．第二层次：发出中国声音，讲好中国故事，拥有国际话语权和媒介影响力

可以将其比拟为飞机飞行的"平飞阶段"。这一阶段强调在量积累到一定程度后，实现质的突破，即涌现一批承载中华优秀传统文化的精品力作，为国外读者所认可和接受，从而增强我国出版企业在与国际同行进行合作时的话语权以及在国际媒介领域的影响力。

有学者对出版的国际话语权的内涵做了更全面的概括：即一国的出版理念、出版发展模式、出版内容和资源、出版运作机制、出版创新能力、出版传播以及出版所传播的该国文化软实力在国际出版中的主导能力和影响力。这是对话语权的一种更高层次、更全面的解读。

3．第三层次：落地生根，实质性培育国际读者群，形成长远盈利模式

可以将其比拟为飞机飞行的"着陆阶段"。"走出去"的目的是"扎下来""活下去"，不能只是为了"走出去"而走出去，否则这种"走出去"是不可持续的。这个层次的实现需要国内与国外资源和市场的完美嫁接。

上述三个层次由表及里，在广度和深度上不断提升。其中第三个层次即本节重点讨论的中国出版"走进"国际出版市场的问题。

（二）"走进去"的内涵

"走进去"是自中国出版"走出去"战略提出后即被业界反复强调的。"走进去"意味着我们不再孤立于国际主流出版界，可以为国际同

行贡献我们的智慧、理念和价值。因此,"走进去"比"走出去"更加重要,这也是目前我国出版业国际化遇到的瓶颈之一。在此,我们有必要分析"走进去"本身包含的几个面向。

1．突出以消费者为中心的理念,生产为国外消费者普遍接受的产品

突出以消费者为中心的理念,并贯穿编辑、出版、营销和发行全流程,生产为国外消费者所普遍接受的产品。编辑工作是出版工作的核心环节。上游产品的质量好坏直接决定了出版的成败。如果需要实现"走进去",前提是在产品策划和组织环节就做足市场调查工作,从国外读者的现实需求和阅读喜好出发来运作项目。

2．找到可持续的发展道路,实现稳定的盈利

近年来,国家在推动"走出去"战略的过程中推出了经典中国国际出版工程、丝路书香工程、中华学术外译项目、中国图书对外推广计划等国家级资助项目,为部分"走出去"重点项目提供了资金保障,但仍然是杯水车薪。"向国家伸手要钱"显然无法与"向市场买家要钱"相提并论,当形成一套成熟的机制后,后者无疑能更长久、更稳定地对出版事业形成支撑作用。

3．融入国际出版业发展潮流,建立具有中国特色的出版价值体系

出版作为上层建筑的一部分,反映的是一国一地的社会制度和文化价值观,因此不同国家和地区的出版理念以及出版机制之间出现难

以融合的情况实属正常，中国的出版理念无疑和中华文化一样具有独特的价值和魅力。"君子和而不同"，理念上的相互包容无疑是"走进去"最好的注脚，我们最终的目标应该是建立既符合国际主流的出版价值内涵又彰显中国特色的出版价值体系。

（三）"走进去"的现状

从目前"走出去"战略的实际运作来看，已有不少出版社逐渐把握"走进去"的实质，开展了很多开拓性的工作，朝着真正融入国际出版市场的方向努力。

1. 国内出版单位面向全球组织外文稿件，与国外出版单位同步出版

随着国内学者用外文撰写学术论文能力的提升以及部分出版单位国际影响力的增强，国内出版单位进行全球组稿已成为新常态。只要选题能够为国外出版单位接受，在获得版权收入的同时，在国外同步上市有益无害。考虑到国内图书价格和国外的差距，这种操作办法也受到国内读者的欢迎，典型案例如上海交通大学出版社与施普林格出版集团共同出版的"转化医学出版工程"，浙江大学出版社与施普林格出版集团共同出版的《浙江大学学报（英文版）》等。

2. 境外设立分支机构，收购品牌出版社

在境外设立分支机构主要包括在国外开书店、办分社、设编辑部等，招聘一批本土的选题策划人才和出版经营人才，提高中国书刊在海外出版的针对性，策划出版适销对路的产品，从而打通海外发行渠

道，进入主流市场。

此外，通过兼并、参股、收购国外的出版企业，或在海外成立合资公司，与海外企业开展深度合作，建立本土化的出版社，研究和了解当地读者的需求，从内容、语种、编辑到印制、营销、发行等各个环节实现本土化。如人民卫生出版社的"人民卫生出版社美国有限责任公司"、清华大学出版社的"日本株式会社树立社收购及运营"、北京语言大学出版社的"北京语言大学出版社北美分社投资建设项目"、上海交通大学出版社的"中国—南亚科技出版中心"、山东友谊出版社的尼山书屋"走出去"工程、江苏教育出版社的"美国 PIL 公司并购项目"等。

3．数字化嫁接

利用国际知名出版集团在数字出版技术、营销平台和渠道方面的巨大优势，将国内出版单位现有的内容资源数字化，面向全球分发，为提升出版物和科研人员的国际传播力和影响力创造条件。例如，2017 年中国科学杂志社与爱思唯尔合作，其《科学通报》获得了传播平台、推广渠道和数据分析服务，提升了该刊的国际影响力。

4．打造自身面向国际的出版平台

除了利用国外出版商已有的平台，国内出版单位同样可以组织相关资源打造自己的国际出版平台，这能够从根本上扭转对国外大型出版商平台和渠道的依赖，走出一条自力更生的道路。例如浙江大学出版社成立"一带一路"重大项目出版平台，与由浙江大学、北京大学、中科院地科所牵头组建的"一带一路"合作与发展协同创新中心，共同研发"一带一路"主题出版物出版。

（四）"走进去"存在的问题

尽管在不断融入国际出版市场的过程中，我们已进行了不少有益的尝试，取得了一些可喜的进步，但仍然存在诸多问题需要破解。

1．内容不够贴近国外读者

在出版流程中，如果我们不知道读者的"痛点"和"痒点"在哪里，就会像在一场战役中不知道敌人在哪里，变得手足无措。这种不熟悉，一方面来自目前我们版权输出的体量相对于整体市场而言依然非常小。统计学上有个原理，即掌握的样本量越大，我们得到的信息也就越接近真实情况。正因为我们掌握的读者的需求信息还十分有限，容易造成在进行选题策划时缺乏支撑。这种不熟悉，另一方面则来自我们还未找到被世界认同的表达方式。我们往往习惯于利用传统的外宣模式，对国外读者进行"灌输"，没有充分考虑到境外受众的接受心理和接受习惯，存在"自说自话"、缺乏针对性的情况，自然也就没有吸引力和感染力。

2．翻译不到位

语言是进行信息和文化跨地域传播的基础，而不同语种之间的转化，翻译是至关重要的环节。因此，优质的翻译作品除了正常的"信、达、雅"的要求外，还需要考虑不同地域的人们表达方式和语言习惯等方面的不同。目前，我们在进行版权输出时，还存在外文译稿由国内翻译人员译好交由国外出版社出版的情况，但其实国内翻译人员纵使英语水平无可挑剔，其译文的表述方式和风格也未必是国外读者所能够接受的，如果国外出版单位不仔细把关，这样的作品恐难获得认可。

3．无法占领主流渠道

这是由我们版权输出的主力产品所决定的。长期以来，我国出版输出内容主要以中国传统文化、语言类书籍为主，科技类比较少。因为人文社科类图书的地域性相对较强，而大部分的科技类图书与国际前沿水平仍有差距，这导致我们输出的图书很多无法进入西方的主流社会。

4．合作伙伴选择不慎

因为对国外的诸多情况不是很了解，外加不理性的投资等原因，我们在甄别合作伙伴时可能存在不够审慎的情况。具体来说，一是对国外合作出版单位过于追求高端，导致后续合作过程中对方并不是很上心；二是选择收购的国外出版单位存在不良资产，造成背负莫名债务。

（五）如何才能真正"走进去"

"走进去"不应只针对出版物或版权贸易，而应是一个从理念到行动都不断进化的行为。虽然我国在国际出版界的活跃程度日增，也多次成为重要国际书展的主宾国，但离真正"走进去"还有不小的差距。为此，需要在以下几个方面不断努力。

1．增强文化自信

自鸦片战争以来，我国的仁人志士就一直在寻求救亡图强之道。在向西方学习的过程中，有些人逐渐生成"自我矮化"的心理。但事实上，文明之间没有高下之分，只有适合不适合之别，出版理念同样如此。在新时代背景下，在出版"走出去"工作中，我们首先需要摒弃的就是"低人一等"的心态，唯有如此，我们才能和国外出版商平等对话，才能将主要精力放在挖掘我们有而国外没有的重要资源上，既不亦步亦趋，也不左右彷徨，直到有一天国外出版界认可我们的出版话语体系。

2．了解国外市场的需求，有针对性地进行出版合作

"走出去"之前，我们首先需要做足功课，做到"知己知彼，百战不殆"。例如，我们需要知道究竟哪些中国题材受国际图书市场青睐，是否有新的未开发的"处女地"，哪些作者的哪些作品是国外译介的重点，哪些出版企业对中国特别关注。通过分析这些重要信息，建立大数据系统，找到真正在国外受欢迎的产品和合作方案。

3．提高出版物的质量和内容水平，学会"用国际语言讲好中国故事"

内容是出版的生命。如果没有高质量、高品位的内容，"走出去"将会变成一句空话。

一方面，需要进一步增加翻译作品数量，提高翻译质量，切实提升中国图书的国际竞争力。在加强培养国内高级翻译人才的同

时，还要努力凝聚一大批了解中国文化的海外翻译家、作者，他们既能找准海外读者的兴趣点，又能在中西方文化差异中转换自如，准确反映当代中国。

另一方面，进一步提高海外本土出版能力，以本土语言出版打入本地主流营销渠道。国际出版业的发展经验证明，只有通过本土化才能真正实现国际化。要充分发挥中国拥有丰富内容的资源优势，发挥海外出版机构了解市场、掌握渠道的先天优势，通过合作出版、收购或设立海外出版机构等方式，以本土语言出版更多反映中国的图书，并使其通过海外主流渠道真正走近海外读者。

4．运用新技术，快速融入国际出版融合发展的新潮流

抓住数字出版飞速发展的机遇，以数字化实现国际化，推动"走出去"进一步提质增效。移动互联的发展突破了"走出去"在时间、空间和成本上的限制，极大提升了"走出去"的覆盖范围和影响程度，为加快"走出去"提供了一个前所未有的发展良机。应运用相关技术，由项目制向平台制转变，实现内容与技术、平台的结合。数字出版市场高速增长，移动阅读成为主流发展趋势，在这样的新形势下，只有快速融入国际出版融合发展的新潮流，才能实现中国图书"走出去"的弯道超车，在规模和影响上得到更大提升。

（六）结语

出版竞争归根到底是对上游出版资源的竞争和对下游市场渠道的

竞争,"走出去"战略对于我们充分利用国内国际两种资源,开发国内国际两个市场具有重要意义。但在"走出去"的过程中,如果我们对这一战略的理解浮于表面,可能无法使我们朝着正确的方向发展。"走进去"是"走出去"的手段,更是目的;"走出去"容易,"走进去"难。本节提供了一些视角,希望"抛砖引玉",让大家不断对中国出版业的国际化之路有更深刻的思考和更有效的行动。

六、中国出版"走出去"数字化模式与路径分析

> **引语** 在互联网引领的时代发展机遇中,就目前中国出版"走出去"的总体现状与特征而言,内容、渠道、资本是创建数字化模式的三大根基。利用数字技术、遵循互联网思维、秉持合作共赢理念,强化内容输出、渠道建设与资本运作,有助于构筑现代传播体系,切实推动出版"走出去"各项工作的提质增效。

211

我国出版业"走出去"战略的提出,始于 2003 年 1 月在北京召开的全国新闻出版局长会议。2006 年,出版"走出去"写入新闻出版总署的《新闻出版业"十一五"发展规划》。此后,出版"走出去"成为体现国家文化软实力的重大战略。当前,人工智能等新兴网络信息技术成为全球科技竞争的新高地,数字经济成为世界各国谋求经济增长的新动能。在这一新时代背景下,探索中国出版"走出去"的数字化模式与路径,能够推动新闻出版"走出去"各项工作的提质增效,加

强中国国际传播话语权。

（一）探索中国出版"走出去"数字化模式的必要性

以移动互联网为核心的新兴科技，推动并塑造着现代人的生活方式。移动阅读已然成为全球网民的一种生活习惯。要增强中国出版的国际影响力，势必要创新互联网环境下中国出版"走出去"的模式和路径。

1. 移动互联是全球数字阅读的发展趋势

当前全球范围内互联网用户的规模呈持续增长之势。有研究数据预测，2019 年全球互联网普及率将超 50%，届时全球将有 38.2 亿网民，占总人口的 50.6%。随着互联网、信息基础设施的完善和新一代信息通信技术的产生，互联网普及率不断提高且日益呈现出移动化、泛在化、智能化的趋势，从而重塑人类的生活方式。通过智能移动终端，随时随地获取任何想要的信息内容，已然成为网民的基本需求。在移动互联状态下，便捷地获取视听内容，代表着全球数字阅读的发展趋势。一份数字阅读用户规模的预测数据报告指出，全球数字图书用户总规模在 2021 年将增长至 6.06 亿人。这庞大的基础用户群体，是新时代引领世界数字出版潮流的关键力量，也是中国出版"走出去"的核心目标读者。为全球范围内的移动互联用户提供中国特色数字阅听内容，是顺应时代发展趋势、响应国家发展战略、推进出版行业发展、强化知识传播力量的重大举措。

2. 提升中国出版的影响力，需要进行数字化模式探索

出版"走出去"是体现我国文化软实力的重大战略。2013年"一带一路"倡议提出后，中国新闻出版"走出去"迎来了巨大的历史机遇。"十三五"时期，我国新闻出版"走出去"以"传播中国声音、提升中国形象、产品服务走出去的成效和作用更加凸显"为目标，结合互联网迅猛发展的时代背景，探索出版业"走出去"的新路径、新方式。充分利用大数据、云计算等技术，不断推动出版内容资源的数字化整合与优化，提高外向型业务收入和利润比重，提升出版企业的市场竞争力，也是企业自身完善与创新的必要之举。互联网已经全面深入渗透、改造甚至颠覆社会发展的各行各业。对出版机构而言，目前扩大国际市场份额、实现海外跨越式发展，离不开"互联网+国际化"的创新平台。数字化发展模式的探索，是中国出版影响力在全球持续扩大的保障。

213

（二）三种数字化输出模式

目前，中国出版"走出去"整体发展的特征可以概括为精品图书是重点、版权输出是方向、企业品牌是基点、项目依托为支撑。近年来，在国家级"走出去"项目（如经典中国国际出版工程、丝路书香工程、图书版权输出奖励计划等）的支持之下，覆盖内容、产品、渠道、平台、服务、人才等方方面面的成功个案越来越多。另外，欧美与日韩在出版对外传播、跨文化交流等方面，也有值得借鉴与参考的典型案例。对比分析国内外出版国际化实践方面的典型案例，可以发

现内容、渠道、资本是创建数字化模式的三大根基。

1. 基于"内容输出"的数字化模式

优质内容永远是出版业的稀缺资源与核心资源。讲好中国故事是中国出版"走出去"的使命。基于"内容输出"的数字化"走出去"模式，特别适用于有优质或独家内容和版权资源的出版社及数字集成服务商，结合对目标市场或目标用户的调查，输出符合当地阅听需求的优质内容，是提升我国出版"走出去"效力和实力的首要保障。具体而言，基于"内容输出"的数字化模式可以分为数字版权输出模式、IP 全产业链运营模式、基于数据库的信息服务模式和针对教育出版领域的数字教育解决方案服务模式这四种。

数字版权输出模式。 版权输出是最为常规、传统的发展模式，即出版机构将图书或网络小说的数字版权授权给海外出版商或数字集成商，各类出版物均适用。如中国人民大学出版社的《21 世纪大英汉词典》的数字版权已销售给美国、韩国、新加坡等多个国家的平台制造商、软件供应商和网络服务商，版税收入超过 40 万元人民币。整合了腾讯文学和盛大文学资源的阅文集团，旗下多家网站的原创小说已向日本、韩国、泰国、越南以及美国、英国、法国、俄罗斯等国授权数字出版和纸质图书出版，2020 年内授权作品约 200 部。

IP 全产业链运营模式。 该模式以优质网络文学或动漫 IP（原指知识产权）作为内容的源头，在互联网中快速获得流量，聚拢注意力资源，然后通过动漫、影视剧、音乐、游戏、演出、衍生品等多元文化形态的联动开发、市场共振，实现内容产品的价值最大化。日本动漫产业的海外扩张就是 IP 全产业链运营的典型代表。以动漫作品输出为中心，在形成一定的品牌影响和粉丝数量后，日本动漫实现了相关游戏、影视剧、衍生品等多元文化形态的联动迭代开发和推广，产业链一环扣一环，不断在全世界范围内扩大受众、提升品牌影响，从而提高了投资回报率，形成了众多具有超长生命力和极高商业价值的动漫 IP。IP 全产业链运营模式给日本带来了可观的经济效益和巨大的全球文化影响力，也成为 IP 全产业链运营模式的成功典范。

基于数据库的信息服务模式。该模式利用数据库技术，将分散、无序的专业文献资源按照知识体系及其内在联系汇集，结合各类搜索、管理、分享算法和工具，提高内容的附加值，为全球用户提供全面的、个性化、专业化的信息与知识服务。基于数据库的信息服务模式特别适用于学术出版机构，其特点是发展模式成熟、投入成本高、利润回报也高。荷兰爱思唯尔出版集团拥有科技、医学等领域最新的前沿研究成果，在此基础上，为全球用户提供世界一流的科研内容，其 SciVerse 一站式信息获取平台包括拥有超过 1100 万篇全文科研文献的 ScienceDirect 资源库，拥有 4100 万条文摘信息的科研文摘库 Scopus，提供对网络上的免费科研信息实现一站式搜索的 Scirus 服务（2012 年数据）。爱思唯尔还研发了基于语义的搜索产品 illumin 8、Scopus 文摘工具、Spotlight 工具等，为全球科研人员提供数字化信息和知识解决方案以及科研绩效的评估与规划等服务。

针对教育出版领域的数字教育解决方案服务模式。该模式借助教育内容和技术的结合，为境外用户提供基于在线课程、作业管理、在线测试、多媒体电子图书等个性化的教育及相关服务。如英国剑桥大学出版社剑桥词典在线，基于权威英语及其他教育学习认证的

215

优势，针对不同国家和地域的语言学习市场，提供不同类别、不同年龄段的在线语言学习服务。北京语言大学出版社先后开发了跨终端的"国际汉语教学资源平台""国际汉语网络课程平台""HSK（汉语水平考试）学习与评估系统"，搭建跨终端、开放、共享的汉语教学资源与教学服务平台，为世界各地的汉语教师和汉语学习者提供教学服务。这些平台目前已有来自全世界 162 个国家和地区的 4 万多名注册用户，其中"一带一路"沿线国家的网上销量每年实洋在 30 万元人民币以上。同时，该社还立足于用户大数据，以学界读者为核心，构建了一个学术文献的社交生态，发展高附加值的信息产品与服务。

2．基于"渠道建设"的数字化模式

基于"渠道建设"的数字化模式适用于已经在海外拥有成熟市场发行体系，包括线下的学校、图书馆、书店等渠道和线上的图书、期刊、数据库内容资源推广渠道等。此种模式可以细分为以下 4 种。

数字内容平台模式。数字内容平台通常依托渠道优势，聚合各类数字内容资源，实现数字化服务。国内在此领域取得显著成效的典型代表有中国图书进出口总公司和五洲传播出版社。中国图书进出口总公司的"易阅通"国际数字资源交易与服务平台，聚合了国内外数字资源 130 多万种，通过打通国际营销渠道，为海外机构客户提供荐购、阅读、管理一站式综合解决方案。五洲传播出版社建成了英文版、西班牙文版、阿拉伯文版和法文版数字内容多语种运营平台，聚合图书 3000 多种，内容涉及英文、西班牙文、阿拉伯文、法文、德文、俄文等近 20 种语言文字，目前已有近 30 家阿拉伯地区出版机构加盟其阿

拉伯语的平台。

社交分享平台模式。社交平台的传播威力目前已被人们广泛认同。以用户社群为核心，借助版权体系中"合理利用"条款，通过社交分享平台可以实现单篇文章的开放获取，由此拓宽了出版机构的盈利途径。英国 Mendeley 个人在线图书馆全球学术社交网络平台，就是通过社交分享平台将单篇文章的获取权限开放化，同时立足于用户大数据，以学界读者为核心，构建了一个学术文献的社交生态，发展高附加值的信息产品与服务。

大数据智能服务模式。该模式的重点是凭借先进的知识检索技术和分析技术以及智能化的产品应用，解决图书及数字内容产品"走出去"过程中信息不对称的问题。如中译语通全球出版大数据平台通过整合全球出版社、书店、图书馆、新闻资讯 40 多年的历史数据积累，涉及 65 个语种与 200 多个国家和地区，支持 3000 万种图书、14 000 多家出版社以及 EB 级互联网开放性文本及多媒体数据的检索与分析。中译语通利用自然语言处理、智能语义理解、大数据分析挖掘、大数据内容安全等技术，构建了出版行业的知识图谱，有效解决了出版"走出去"过程中产品特征、用户需求、市场动态之间缺乏匹配的问题。

线上线下结合的跨境图书发行渠道建设模式。该模式的典范是尼山书屋。山东友谊出版社的尼山书屋目前已有 25 家实体书屋在欧洲、美洲、大洋洲、亚洲的 14 个国家落地。同时，作为尼山书屋的重要组成部分，数字尼山书屋将书屋的精品藏书转化为数字产品，实现精品图书的数字化阅读和全球资源共享，线上线下交互配合，形成了集图书阅读、销售、展览、馆藏、国际出版与版权贸易五大功能于一体的"O2O"文化交流的综合性电子商务平台。

3. 基于资本"走出去"的数字化建设模式

资本"走出去"是中国出版"走出去"发展战略提出以来的重要举措之一。具有一定资本实力的出版集团和大型出版社，通过战略联盟、建立海外分支机构、直接收购海外出版机构这三种不同的方式在不断探索与创新。基于资本"走出去"的数字化模式建设适合具有一定资本实力的出版集团或者大型出版社。英国培生教育出版集团依托其教育内容资源的强大优势和成熟的投资并购经验，不断收购境外拥有技术、平台的数字教育公司，与相关公司展开战略合作，在全球范围内迅速拓展其教育出版和在线教育服务业务，是基于资本"走出去"数字化模式建设的典型代表。中国社会科学文献出版社于 2015 年与俄罗斯科学院涅斯托尔出版社合资成立斯维特出版社，推动了国内一批有影响力的图书在俄罗斯的出版，也带动了出版社"一带一路"数据库、中国主题出版物数据库等产品在俄罗斯的销售。

（三）数字化模式的实现路径

在这个互联网时代，信息传播环境凸显的是数据、技术、交互三者的相互渗透、彼此交叉与共生共荣。中国出版"走出去"的模式创新，需要基于针对用户的需求分析以及新兴科技驱动下的产品开发与服务升级，围绕内容、渠道与资本，不断探索数字化模式的实现路径。

1．加强出版"走出去"的数字内容建设

技术将不断升级迭代，内容却永远是稀缺资源。出版业的核心竞争力，体现在能够打造令精品内容源源不断产出的良性生态环境。这样的生态环境建设，离不开国家顶层设计支撑下的平台、机制与人才。第一，加强顶层设计，推动国家级项目中对"走出去"数字内容资源建设的资助力度，是提升中国出版的总体实力和核心竞争力的关键。第二，需要建立海外汉学家专家库与海外华文数字内容影响力指数和数据平台，着力打造数据驱动型数字出版产品，强调以用户为中心的分享性文化产品的对外传播，并建立数字内容产品海外影响力的科学评价体系。第三，要从战略高度制定并实施国家"走出去"人才培养、培训计划，构建"走出去"人才培养、培训、使用和储备的长效机制，加强版权贸易人才、数字内容策划人才、小语种翻译人才的培养。

2．加快出版"走出去"数字化渠道建设

渠道建设的力度，直接影响中国出版"走出去"的传播力，而传播力是引导力、公信力的前提。数字化渠道建设，应树立服务用户的理念，通过发行、销售、传播的全面开展，来实现知识共享。强化合作共赢的服务意识，加强与海外出版机构和数字版权代理机构或平台的合作，进一步拓宽数字出版物的发行渠道，最终为目标用户提供便捷、高效的服务。在这个过程中，根据互联网时代的发展特点，应充分利用互联网的功能，重视当地市场数字出版物直销服务的平台建设，尤其是针对图书馆、学校、政府机构等目标用户。与此同时，还

需要在宣传平台建设、电子商务平台建设、社会化阅读平台建设以及大数据服务平台建设等不同领域同时布局、彼此联动。

3. 实施出版"走出去"的数字化本土化策略

中国出版"走出去"是方法，目标是"走进去和走下去"。所以中国出版"走出去"数字化发展的最终目的应是在当地落地生根、发芽结果。具体的本土化策略首先包括健全投融资机制，倡导建立跨国资本运营的机制，加大对出版企业"走出去"的经济和政策支持，加强与当地民间资本的合作力度。在开展收购、并购业务时，要充分调研海外当地市场需求，针对性地开展出版机构或业务海外扩张的核心工作，并建立可持续的运营计划。在建立中国数字出版"走出去"联盟方面，借用"走出去"优秀出版机构在海外分支机构的平台作用，形成"走出去"合力，也是值得关注的有效策略。

（四）结语

出版业具有经济与文化的双重属性，是国家经济建设与文化建设的重要支撑。随着互联网时代的兴起，我国出版"走出去"数字化模式方兴未艾。构建中国出版"走出去"数字化模式，将同时体现国家出版的硬实力与文化的软实力，意义重大。利用数字技术、遵循互联网思维、秉持合作共赢理念，强化内容输出、渠道建设与资本运作，是出版业构筑现代传播体系，夯实长线、立体、开放、多元的文化输出数字化模式的根基。

七、"十四五"中国出版"走出去"的展望与思考

引语　作为"讲好中国故事"的排头兵,"十三五"以来,中国出版积极探索和运用多种途径,"走出去"工作取得了较大成就。本节回望"十三五"期间中国出版"走出去"的经验、模式与路径,分析"十四五"期间中国出版"走出去"的背景、动因、机制等,讨论中国出版"走出去"存在的问题,并展望"十四五"期间中国出版"走出去"的发展趋势和创新路径。

党的十九届五中全会着眼战略全局,对"十四五"时期文化建设做出战略部署,明确提出到 2035 年建成文化强国的远景目标。中国出版"十四五"承担着"传播中国声音、讲好中国故事"的重任,是中国文化"十四五"的重要组成部分,更是提高国家文化软实力的有效举措。"十三五"以来,中国出版界积极探索,运用多种途径和方式,出版"走出去"工作取得长足进步。"十四五"时期是我国开启全面建设社会主义现代化国家新征程的第一个五年,也是"百年未有之大变局"背景下,新冠肺炎疫情引起国内外格局重大变化之后的第一个五年,对中国出版"走出去"提出了严峻的挑战和更高的要求。本节回望"十三五"期间中国出版"走出去"的经验、模式与路径,分析"十四五"期间中国出版"走出去"的背景、动因、机制等,讨论中国出版"走出去"存在的问题,并展望"十四五"期间中国出版"走出去"的发展趋势和创新路径。

221

（一）"十四五"期间中国出版"走出去"的背景与动因分析

1. 大国崛起之际，彰显中国文化软实力之需

中国出版"走出去"是一个系统工程、长期工程，需形成"走出去"合力。经济"走出去"是文化"走出去"的前提和基础，今日之中国作为制造业大国，已然成为世界第二大经济体，在世界经济版图中的作用不容小觑。在大国崛起的过程中，携有中国思维、习惯、模式、价值追求的中国产品大量"走出去"。这些中国产品走到哪里，中国文化就会传播到哪里，并影响当地文化。经济全球化是商品、技术、信息、服务、货币、人员的跨国、跨地区流动。而出版物作为一种文化产品，也参与其中，在全球范围内生产、传播和变现。一直以来，受制于产业成熟状况、文化意识形态差异等多方面的因素，中国出版"走出去"工作表现出了一定程度的不平衡。美国国际关系学者约瑟夫·S. 奈在《硬权力与软权力》一书中提出了"软实力"的概念，指出"软实力"是一种柔性力量，它吸引人而不压迫人。在"一带一路"倡议持续推进的当下，中国文化需要展现这种"软实力"的磁性，从而带动中国出版产业乃至文化产业走向世界。中国出版要进一步拓宽文化传播渠道，积极整合媒介资源，通过多种形式的文化交流活动，用高质量、接地气的内容打破文化壁垒，进一步提升中国出版的辐射范围和影响力，增强国家文化软实力。

2. "百年未有之大变局"之际，赢得国际话语权之需

早期西方绘画、好莱坞电影中的中国人形象都有被典型化的倾

向，2020 年上映的真人版电影《花木兰》中无处不在的、带有刻板印象的东方主义延续了这种倾向。《花木兰》在中国市场的口碑滑坡对迪士尼乃至整个好莱坞都是重要的警醒，也从侧面折射出中国文化输出的任重道远。事实上，大多数尝试中国元素的好莱坞电影都让中国观众感到中国文化被深深地误解。

近年来，国外学界对东方文化和中国问题的研究开始升温，这些研究中虽不乏带有意识形态的有色眼镜，但也有相当一部分研究比较客观，甚至出现了许多前瞻性的研究和分析。这给中华文化与世界文明展开对话、讲好中国故事、传播好中国声音提供了机遇，同时也对中华文化"走出去"提出了更高的要求，带来了更多的挑战。

图书是一种非常特殊的商品，可以系统地影响人的价值观和世界观。中国出版"走出去"可以有效提升中国的国际形象，减少国际社会对中国的误解，从而减少中国在国际交流与合作中的障碍。中国的和平崛起和发展奇迹蕴含着丰富的故事，挖掘整理这些故事是中国出版人的使命，也是中国出版国际化的契机。

目前，中国文化在海外传播的过程中，被误解、被扭曲的情况很多。国际社会，尤其是美国、欧洲一些国家对中国存在很多偏见。"中国威胁论""环境破坏论"等就是这种偏见和误读的体现。这个问题不解决，世界人民很难认同中国的发展道路、价值取向、发展模式。因此，我们更需要图书这种媒介发挥由里到外、润物无声的沟通功能。中国出版肩负着以正视听、争夺话语权和舆论引导权的重大责任。目前，中国出版界在国外有影响力的图书还非常少，没有大量有影响力的优秀出版物"走出去"，是很难完成"深入交流、加深理解、相互支持"这一重要任务的。中国出版"走出去"依然任重道远，这

223

是中国出版人面临的一个巨大挑战，也是"十四五"期间中国出版业十分艰巨的任务和伟大的使命。

3．网络时代数字革命之际，转型升级发展之需

数字革命能够助力出版企业完成产品结构的战略性调整和技术的升级换代。数字革命是出版全球化发展的重要标志，更是出版企业发展转型的重要依托。2016 年 8 月，国务院印发《"十三五"国家科技创新规划》，围绕建设创新型国家和世界科技强国，对中国未来 5 年科技创新进行了系统谋划和前瞻布局。随着"文化强国"战略的提出，文化与科技的融合日益紧密，出版产业的发展拥有更多可能性，新一轮变革与创新即将到来。2019 年被称为 5G 商用元年，5G 及相关支撑技术的应用，将为出版产业开启一个万物互联的全新时代。从产业链的各个环节来看，出版产业的内容生产、传播流通和消费环节，都会因此注入更多科技含量。大数据、VR、AR、人工智能、区块链等技术以及新材料在出版领域的应用，将成为"十四五"时期中国出版"走出去"的重要推动力量。

数字化传播为中国出版的"走出去"开辟了一条全新的道路。过去，对外文化传播多是依靠体量庞大的文化交流项目。而在互联网时代，对外文化传播有了更多载体、平台和渠道。我们一定要抓住新媒介革命的机遇，转变向世界讲述中国故事的方式和形式，顺势而为，另辟蹊径。如"2019 年度文化传播人物"李子柒入驻 YouTube 频道，仅 2 年时间订阅人数超过 750 万，成为当时中国区头部网红，截至2019 年年底，总观看量累计 9.7 亿次，单个视频的播放量破千万。李子柒的视频，通过展现中国式的衣食住行，向观众传达中国传统文化

的精致之美，引发众多外国网友对中国文化产生浓厚兴趣。可见，顺应时代发展，积极拥抱数字革命是中国出版"走出去"的新动力与新契机。中国出版界应依托中国强大的信息化、数字化优势率先突破，打造一批纸电结合、丰富多彩的融媒体产品，为中国出版"走出去"做出特殊贡献。

4．中国出版亟须完成从"走出去"到"走进去"的转变

"十三五"期间，中国出版"走出去"在数量上获得了突破，扭转了长期版权贸易逆差过大的不利情况。据统计，中国版权输出数量从2003 年的 1427 种增加到 2018 年的 12 778 种，成绩斐然。但"走出去"的质量还有待提高，实际效果还远未达到理想状态，中国出版物仍未能很好地进入海外市场，很多"走出去"出版项目只是单纯地在国外出版，甚至有的项目只是为了得到国家的支持。这种物理性的"走出去"的并没有走入海外读者的阅读视野。很少有中国出版社在国外形成盈利模式、站稳市场，离真正"走进去"还有较大差距。中国出版"走出去"的思想理念和实施路径仍需得到进一步的提升。中国出版"走出去"不仅要不断强化力度与广度，还需在深度、精度、温度、气度方面全面推进，实现中国出版由"走出去"到"走进去"的转变。

（二）中国出版"走出去"的经验梳理和发展路径展望

1．中国网络文学成功"出海"，为中国出版"走出去"提供样本

"十三五"期间，中国"出海"企业的类型逐渐多样化，网络文学、动漫、短视频等业务形成合力，推动海外市场健康发展。其中，

网络文学表现最为抢眼，在文化输出、用户下沉、中国形象塑造方面发挥了重要作用。截至 2020 年年底，中国网络文学覆盖 40 多个"一带一路"沿线国家，上线英、法、日、韩等十几个语种的版本。《2019 年中国网络文学出海行业分析报告》中提及，中国网络文学潜在市场规模预计达 300 亿元，市场潜力巨大。

纵观中国出版"走出去"实践，网络文学"出海"的成功绝非偶然。从 2007 年以前的萌芽期，到 2008—2014 年的积累期，再到 2015 至今的发展期，网络文学出海呈现出蓬勃的市场活力，从自发性发展阶段迈入政策介入发展的阶段。网络文学"出海"与中国出版"走出去"在以往相当长一段时间内的路径有很大区别。一直以来，中国出版"走出去"都是在国家推动、政府投资和扶持下，出版企业跟进和响应的，出版企业的主动性和积极性有待彰显和激发。在网络文学"出海"乃至中国出版"走出去"的进程中，有四方面的力量在发挥作用：一是来自政府的指导帮扶；二是来自国有出版企业的业务拓展；三是来自民营企业的积极参与，尤其是内容平台和技术服务商（如国内的阅文集团、掌阅科技，海外的 Wuxiaworld 等）的积极参与，这些民营企业的探索带来了新的生机，能起到"国家队"难以起到的作用；四是来自民间出版人、网络文学作者、翻译者等的自发实践。这些力量的良性互动共同构成了文化自觉视野下中国出版"走出去"多元主体聚力的现代图景，也是"十四五"期间中国出版"走出去"值得期待的全方位突破。

2．以"一带一路"为背景和依托，积极对接中央有关政策，构建中国出版国际化的重要版图

习近平总书记提出的"一带一路"倡议产生了重要影响。截至

2022 年 4 月底，中国已经与 149 个国家和 32 个国际组织签署了 200 多份共建 "一带一路" 合作文件。丝路书香工程、中国对外推广计划、经典中国国际出版工程、中国当代作品翻译工程、中华学术外译项目等一系列出版工程项目的实施，对面向 "一带一路" 沿线国家开展出版 "走出去" 起到了稳固的支撑作用，产生了显著的效果。

伴随着 "一带一路" 倡议的实施，中外出版业的交流合作也迎来了历史性的新机遇。中国出版物获得了丰富的选题资源和市场空间，众多的中国出版社乘着 "一带一路" 的东风踏上了新的 "走出去" 征程，伊朗、印度、东南亚等国家和地区成为中国出版 "走出去" 的新路径，如上海交通大学出版社在印度设立的中国—南亚科技出版中心，外语教学与研究出版社的 "一带一路" 国家网络课程、"一带一路" 国家语言服务网，中南出版传媒集团的援南苏丹教育技术合作项目，上海教育出版社的 "一带一路" 相关培训活动和数字出版项目等。

新冠肺炎疫情阴影虽然令全球出版业陷入困境，但也给一些试图重整旗鼓，积极投身数字化转型升级的出版机构带来了历史机遇。在数字出版领域，中国学术出版在 "一带一路" 沿线国家的发展空间巨大，"十四五" 时期，中国出版企业应进一步加强与 "一带一路" 沿线国家的出版机构及数字版权代理机构（平台）的合作，拓宽数字出版物的发行渠道；建立数字出版物在当地市场的直销服务，尤其是针对图书馆、学校、政府等机构用户的直销服务；加强宣传平台、电子商务平台和社会化阅读平台的建设。

3．中国大型出版企业在海外建立平台，开拓市场

政府支持是中国出版 "走出去" 的初始动力，但真正 "走出去"

还是要靠市场。"十三五"以来，中国出版企业"走出去"数量逐年增多，积极探索"走出去"持久发展的新模式，从版权输出转向国内外合作出版，从在境外设立各种分支机构到直接收购国外出版机构、与海外主流机构合作成立合资公司等，参与国际资本运营和国际市场竞争。中国出版企业通过扩大境外投资，输出重点产品，开展本土化运营，系统推广中国优秀出版物。

随着全球经济一体化的发展，出版国际化程度越来越高。国际大型出版集团之间频频兼并与重组；一种出版产品在多个国家同时上市，使用多种语言出版；一家出版公司的员工来自多个国家；出版资本来源更多元，分不清究竟应属哪个国家；作者分布在世界各地，等等。尽管受到了疫情的影响，但"十四五"期间出版业的国际化发展趋势不会改变。爱思唯尔等国际出版巨头于 2020 年暑期在中国大规模招兵买马。中国出版社也应该顺应国际化发展潮流，参与国际出版竞争。

中国出版"走出去"是全方位的。这里的全方位不是指每一家出版社都要"走出去"，而是指具有"走出去"目标的出版单位需要全方位"走出去"，具体包括选题国际化、编辑人员国际化、编辑加工审读国际化、设计制作国际化、营销国际化、作者国际化、出版机构国际化、出版资本国际化等。纵观世界著名出版集团，每一家都是跨国出版集团，有的跨国出版集团的出版业务跨几国、十几国甚至几十国。很多跨国出版集团的国外收入相当可观。爱思唯尔在全球拥有200 余家出版单位，施普林格 6000 多名员工分布在 20 多个国家和地区，威利集团近一半的销售额来自国外，牛津大学出版社每年用 40 种文字在全球出版 6000 种图书（2011 年数据），企鹅兰登书屋在全球 16

个国家和地区经营着 200 多家出版社和出版品牌。相比之下，中国很多大型出版社也出版了不少外语图书，但是很少有外国雇员，更没有系统地进行全球化配置和布局，更多的是偏安国内市场，国际化发展只是附加动作。立足中国，放眼全球，以全球市场为目标，这样的中国出版企业太少。临渊羡鱼，不如退而结网，中国出版企业只有全方位改革、深层次发展，才能跟上时代步伐，与世界出版商在全球同台竞技。

中国的出版集团大多是由政府主导建立的集团，而不是靠兼并建立起来的，其市场适应性、内部凝聚力和生产效率都有待提升。中国的出版集团与爱思唯尔、威利集团、企鹅兰登书屋等跨国出版集团相比，还有很大的发展空间。与此同时，中国不少民营出版公司表现抢眼，如新经典分别在英国、法国、德国、日本收购当地出版社，构建童书多语种出版帝国。新经典在美国收购了 Highlights 儿童杂志社旗下大众图书出版部门 Boyds Mills Press 及其附属品牌 Calkins Creek 和 WordSong，单独组建 Boyds Mills & Kane 公司，为新经典在纽约的子公司。该公司专注于儿童教育绘本出版，拥有 1000 余部动销书，作品曾荣获西伯特奖、纽伯瑞奖、普林兹奖、金恩夫人奖和苏斯博士奖。新经典还在法国购买了 KN 出版社，该社出版的《数学帮帮忙》销售 800 万本。2016 年上半年，新经典收购了非常著名的菲利普·毕基埃出版社（Editions Philippe Picquier），该社是华语作家在法国落地的大本营，曾经出版过莫言、余华、阎连科、王安忆、毕飞宇、曹文轩等中国作家的图书。2018 年 1 月，新经典在日本建立子公司株式会社新经典。尊重市场规律，鼓励民营书业加入国际市场将是中国出版"走出去"的必由之路。中国国有出版企业应该借鉴优秀民营出版企业

"走出去"的成功经验，发挥政策优势和平台优势，改革创新，与优秀民营出版企业一起在国际上争取中国出版的主导地位，为中国出版"走出去"贡献各自的力量。

4．中国出版企业和国外企业合作开发优质内容

"十三五"以来，中国出版"走出去"在加强图书内容针对性创设、培养高素质翻译人才、建立海外分支机构、拓展外向型平台和渠道等方面进行了积极的探索，也取得了一定的成效。中国出版"走出去"是一个系统工程，并非朝夕之功。在漫长的浸润过程中，中国出版应该探索一种更有效的分享和交流方式，突破国外读者的心理壁垒，符合它们的阅读习惯。中国出版企业需要对"走出去"国家的图书市场进行深入研究，重点调研输出国家和地区的文化属性，与国外出版企业共同进行选题论证和内容加工，总结出双方出版物的共同点，寻找更具讨论价值的故事。例如，近年来，中国网络文学"出海"取得阶段性成功和振奋人心的传播效果；2020 年 9 月，网飞官方宣布将拍摄《三体》英文系列剧集，中美团队共同开启"实验式合作"。又如，华东师范大学出版社、爱乐奇联合推出的《中国好故事 Tales of China》分 16 册，含 75 个故事、100 集音频，由贴近小读者兴趣的成语、传说、远古故事构成。主编梅琳达·莉莉·汤普森在书中谈道，"过去，中国读者学英语更多是为了应试和体验西方文化；如今随着中国登上全球舞台，用英语讲故事，不仅仅是为了了解西方世界，更是参与全球对话"。中国出版企业应用世界听得懂的语言讲述原汁原味的中国故事，用全球思维吸引更多海外读者。无论是中国故事还是外国故事，从本源上讲的都是相通的道理。价值观的浸润式传播远比枯燥

的符号元素堆砌能更好地入脑入心。中国出版应以柔性力量促进文化交流、价值认同、理解互通，进而为中国智慧在国际平台上实现更大的价值积累文化势能。

中国文化蕴涵五千年历史积淀下来的经验与智慧，以无形的力量潜移默化地滋养着中国经济社会的发展，是中华民族文化自觉与文化自信的重要来源。除了填补国际出版市场空白，不少中国出版人也在思考：如何在保留传统文化思想精髓的基础上，融入现代精神和全球思维，引发全球读者的情感共鸣？当世界的目光更多地聚焦中国，中国话语体系能否更好地与世界沟通交流？中国故事的表达接受度显得尤为关键。"十四五"时期，应进一步推动中国出版企业提高海外市场本土化运作水平，把中国内容与国际表达结合起来，使"走出去"更具针对性和时效性。

5．对海外读者阅读习惯和市场特点的研究更加深入，有效改善"十三五"期间中国出版"走出去"水土不服的情况

对出版者而言，出版作品不是最终目的，读者才是传播环节的最后一部分，好的出版物能促使读者从认知、态度、行为 3 个层面发生积极的转变。虽然中国重点推进了多项对外出版项目，但从其传播效果来看，依然面临着"不出圈"的困境。关键原因就在于，这些对外出版项目不是市场竞争出来的产物，一味闭门造车，想当然地单纯输出自家产品，缺乏对海外读者文化背景和阅读习惯的研究，缺乏对用户需求的精细把握，致使"走出去"的效果不佳。随着世界图书市场上的中国图书日益增多，怎样吸引全球读者的目光，激发读者的阅读兴趣和购买欲，一直是中国出版企业关注的焦点。

"十四五"期间中国出版"走出去"面临的主要问题在于作品如何突破地域文化差异，通过引发共鸣的故事和价值观的传递提升中国出版的全球影响力。所谓国际视野，就是突破单一民族的立场、观点来观察和处理问题。编辑的国际视野就是放眼国际出版市场，观察人类社会发展的共同规律，这样更容易把握人类社会发展的共性。例如，"逆天改命"的母题在中国传统文学中被多次演绎，中国网络文学携带着中国传统文化的基因，将这种"逆天改命"的母题融入其特有的"爽文"模式，令外国读者也大呼过瘾。再如，备受关注的全世界第一本由一线医生撰写的抗疫日记《查医生援鄂日记》，自 2020 年 4 月出版以后，从纸质出版物多次加印，到有声书上线，再到顺利"走出去"，其走红绝非偶然，它以温暖、真实的文字，彰显了出版人讲好中国故事、传播中国声音的使命担当。国际出版人莫汉·克里斯汉·卡尔西表示，《查医生援鄂日记》将会鼓励更多医生去拯救生命，整个世界都会被查医生的大无畏精神所鼓舞。

大数据时代的到来与移动互联网的普及，为中国出版"走出去"在传统出版的内容变革和数字出版的模式创新带来了新的发展空间。出版行业的相关数据正以指数级速度增长，中国出版企业应积极利用大数据技术开展全球出版市场竞争现状与用户需求分析。"十四五"期间，中国出版将以价值观认同为导向，"走出去"思维将从传统的"以书为主"向"以受众为中心"进行转变，以达到更好的对外传播效果。

6. 中国出版界涌现出一批国际作者，更多出版社选择全球化组稿

20 世纪 90 年代以前，只有个别中国出版企业进行国际化组稿。

20 世纪 90 年代中后期，一些大型出版企业的国际化组稿开始增多。例如，辽宁出版集团在美国成立"大中华出版公司"，在加拿大组建威斯塔出版公司，这两家公司都直接在美国、加拿大组稿和出版。2013 年 6 月，二十一世纪出版社与全球著名童书作家麦克·格雷涅茨签约，格雷涅茨将"很长很长的蛇"系列、"阿尔伯特"系列等 10 本图画书作品的全球版权授权给二十一世纪出版社。此举具有标志性意义，说明中国的出版商已经具有海外影响力，得到了全球知名作者的认可，国际化组稿能力非同一般。这也是中国童书出版迈向国际化的一大步。上海译文出版社连续组到哈佛大学傅高义先生的 3 部优秀书稿，并在全球同步出版，效果显著。外语教学与研究出版社编辑张世钦策划的"悦读联播美文精选"丛书，是针对小学、初中、高中课外阅读的关于英国文化的英文读本，张世钦直接向英国作者约稿，销量多的分册重印 50 余次，销量近 40 万册。译林出版社创新性地采用"海外约稿"模式，在法国、土耳其建立求真译林出版有限公司，确定主题后直接向所在地作者组稿，实现多语种同步出版。求真译林也尝试让外国作者到中国来体验生活，以便他们发现写作题材。

作者"走出去"，一方面是指出版机构作者的国际化，出版机构国际作者占比逐渐提升；另一方面是指中国作者走出国门，被更多国外出版商接纳。"十三五"以来，中国每年出版的国外作者的图书大多是通过版权引进的，直接向国外作者约稿的较少。事实上，在国际范围内组稿是超越版权贸易的一种策略，它能使编辑放眼全球，寻找最优秀的作者，从而大幅度提高书稿质量，这些书稿能够被翻译成多种文字，从而增加图书版权贸易收入。了解国际阅读趋势、具备国际资源整合能力的国际编辑，能够在国际范围选用文稿和图片，查找数据和

233

文献，充分利用国际出版资源。国际编辑要有过硬的外语水平，懂得和尊重国际出版习惯，熟悉著作权法相关知识，能够驾驭国际出版资源，完成组稿任务。在海外，通过出版经纪人来组稿是更为通行的做法。欧美国家 90% 以上的大众类图书是由出版经纪人代理的，很多作者不接受编辑直接约稿。即使编辑能找到作者本人，作者也会把编辑推给出版经纪人。所以，国际编辑应该学会与出版经纪人打交道。

7. 学术出版是中国出版"走出去"的重要阵地

科学超越时代、超越国境、超越所有价值观。学术出版是高度国际化的产业，也是"走出去"的核心。近年来，随着中国科研投入的稳步增加、科研水平的不断提高、科技论文数量的日益增多，中国出版应与时俱进地认识科技期刊和学术著作在反映科技成果、推动创新和经济社会发展中的基础性作用，准确把握中国发展学术出版的良好条件和需要克服的问题，加快提高中国学术出版的质量和水平。加快建设世界一流学术名刊、世界一流名社，产生一批有国际影响力的学术成果，是促进中外出版交流的基础，也是中国出版"走出去"的核心任务。随着"走出去"成为中国出版界的常态，学术出版迎来了"战略机遇期"。目前，中国科技期刊的学术影响力稳步提升，国际话语权扩大，中国跃入科技期刊"大国"的行列，但中国科技期刊总体质量不高，面临学术功能异化、高水平论文外流等痼疾，与国际期刊的先进水平存在明显差距，科研成果传播力和影响力不够。2018 年 11 月 14 日，中央全面深化改革委员会第五次会议审议通过了《关于深化改革 培育世界一流科技期刊的意见》，为中国由科技期刊"大国"走向"强国"带来新的机遇。

中国学术图书的出版也是如此，中国出版界还没有像爱思唯尔、施普林格这样的国际出版巨头，大多数学术图书还仅在国内销售。"十四五"期间，随着中外出版商的深入合作，这一现象会有所改变，中国学者撰写的优秀学术图书将有更多机会被国外大学和科研机构选用。

在中国文化"走出去"的战略举措下，中国通过很多国家级项目支持数字期刊的外向型发展，如中国知识基础设施工程。该工程通过多年努力，建成了世界上全文信息量规模最大的 CNKI 数字图书馆、中国知识资源总库及 CNKI 网络资源共享平台，成为全世界中英文知识资源的高效共享平台及数字化学习平台。科技出版随着文化走出国门，对于服务创新型国家建设、维护国家科技信息安全、提高科研人员在国际同行中的学术影响力、提升学术交流的话语权，以及推动中国科技出版产业转型升级，意义重大。

在 2020 年 10 月 16 日举行的学术期刊"走出去"专家委员会年度会议暨第二届中国期刊影响力提升研讨会上，爱思唯尔董事长池永硕先生分享了科研和出版行业在未来的三大关键趋势：全球合作、技术赋能和开放科学。中国出版应针对这三大关键趋势，进行学术出版"走出去"的转型升级。

8. 主题出版与中国出版"走出去"融合趋势明显

2012 年，党的十八大将社会主义文化强国的建设目标延伸到不断增强中华文化国际影响力上来。2017 年，党的十九大第一次提出推进国际传播能力建设，讲好中国故事。如何通过中国故事提升中国国际话语权？主题出版物作为"讲好中国故事"的排头兵，特别强调用中国概念（中国特色、中国道路、中国制度、中国理论、中国立场）讲好中国故事，包括中国经济持续增长、中国梦、"一带一路"、"互联互通"等叙事。主题出版物承担着传播中国声音、讲好中国故事的重任。主题出版"走出去"是中国文化"走出去"的重要组成部分，亦是提高国家文化软实力的重要战略。

主题出版物的国际传播深刻影响着世界读者对中国的认同和理解。主题出版在提升国家软实力、增进中国与世界交流互通方面起着重要作用。如何主动出击，让更多人看到和读到真实的中国，加大主题出版"走出去"力度，创新主题出版"走出去"模式，增强主题出版"走出去"效果，显得尤为重要，尤为迫切。主题出版的国际化发展是长期的、渐进的过程，不能拔苗助长，不求一日之功。在漫长的发展过程中，中国出版业应该正视互联网时代国外读者对中国的片面认识和误解。尤其是 2020 年以来，新冠肺炎疫情在全球大流行，客观上较大程度阻碍了国家、地区间经济文化的交流合作，国际上也有一些歪曲、妖魔化中国抗疫成就和发展的声音。在这样特殊的时期，中国出版业更需要制作深层次、有感染力的主题出版产品，向国际社会讲好中国故事、传播好中国声音。

首先，主题出版国际化和中国出版"走出去"进程将密切融合，打通国际国内市场，建立和嫁接国外专有的网络及营销渠道，探索长远盈利模式；其次，中国出版业将积极采用 5G、数字出版相关技术，赋能主题出版，策划生产一批理念先进、适销对路的数字主题出版产品；最后，中国出版业将利用大数据技术对国外读者和渠道进行深入研究，并针对国外读者进行内容策划与生产，从而培育国际读者群。

（三）结语

中国出版"走出去"是一个系统工程、长期工程，需形成"走出去"合力。"十三五"期间，中国出版"走出去"取得了较大成效，但在许多关键层面还有明显不足。展望"十四五"，中国出版"走出去"已不应仅仅是政府推动下国有出版企业的职责。多元市场主体作用的确立和彰显，出版经纪人制度的成熟，国际化的话语表达、翻译逻辑以及融媒体运用能力的熟稔，国外市场营销渠道和宣传模式的开拓，国际化作者的培育，国际化出版品牌的打造，及至中国文化国际传播的势能提升，将形成强大合力，助推中国出版"走出去"在"十四五"期间再创佳绩。

第五章

主题出版的数字化研究

　　主题出版的数字化发展是当前一项重要而紧迫的工程。主题出版物最终是给普通读者看的，当前我们有些主题出版物不接地气，往往忽略了读者的阅读感受，仅满足于开开新书发布会、发发新媒体推文了事。在融媒体时代，主题出版需要适应年轻读者和新媒体的变化，"90后""00后"是未来阅读的主导群体，应该研究他们的话语体系、阅读方式、兴趣倾向，策划一批他们喜欢的新型主题出版物。本章探索主题出版的融媒体发展路径，思考在数字时代主题出版的传播模式、传播效果、市场化等问题。

▼ 一、数字时代提升主题出版传播效果的策略分析

> **引语**
>
> 　　人们热议短视频博主李子柒成功输出中国传统文化的现象，折射出我国主题出版传播效果亟待提升的重大问题。新时代移动互联网成为主题出版的主战场，运用数字化手段全面提升主题出版的传播效果，需要对前沿科技进行创新应用，在构筑做策划、做产品、做营销、做服务的数字内容传播模式的过程中，通过优化顶层治理方案与评价指标、强化融合出版业务、深化参与式传播等策略，扩大主题出版在移动互联网上的传播影响力。

　　2019年12月6日，短视频博主李子柒登上微博热搜，随后她成为全民热议的话题人物，并成为12月30日发行的《中国新闻周刊》封面人物。李子柒制作了很多展示中国农村图景的短视频，截至2019年12

月底，她在微博上的境内粉丝数达到 2170 万、在抖音上的粉丝数超过 3390 万、在快手上的粉丝数达到 410 万，全网粉丝总数超过 7400 万。与此同时，李子柒在美国视频平台 YouTube 上的粉丝数超过 790 万，有些短视频的点击量超过 4000 万人次，总播放量超过 10 亿人次。这个量级是否可观，同 YouTube 上其他国际知名媒体的粉丝数相比即可不证自明：同期，英国新闻广播集团 BBC 的粉丝数是 569 万；美国娱乐行业巨头 FOX 的粉丝数是 393 万；美国新闻集团 CNN 的粉丝数是 805 万；人民日报（People 's Daily）的粉丝数是 4.39 万；新华社开设的 New China TV 的粉丝数是 56.6 万；中国国际电视台 CGTN 英文频道的粉丝数是 88 万。

一个来自中国民间的短视频自媒体人，其文化传播影响力俨然匹敌甚至完胜国内外官方文化传播机构，以至于一时间抖音平台上的"李子柒与中国传统文化输出"成为近 5 亿人浏览过的话题。我国央视新闻指出，"李子柒让世界认识美好中国"；人民网评论文章指出，"文化传播需要更多李子柒"；北京外国语大学教授撰文《润物无声中传递直抵人心的力量——李子柒式短视频走红海外的启示》，也对此作出评价。人们对李子柒的惊美与赞叹这一现象背后，折射出一个重要问题——正是由于我国官方文化传播机构在传统文化输出上表现不理想，所以当取得傲人成绩的是一个来自民间的自媒体人时，大家才会眼前一亮、津津乐道，甚至五味杂陈。

为了讲好中国故事、传播中国文化，自 2003 年以来，原新闻出版总署实施了"主题出版工程"，打造中国特色社会主义文化建设的"国家队"。多年来，国家及地方出版社依托"主题出版工程"，推出一系列优质主题出版物，引领出版业发展势头，主题出版工作成为各个出版社工作的重中之重。但观察政府及出版单位的投入和出版热情，同时再观察"李子柒"这类依托社交媒体崛起的自媒体传播数据的表现，可以发现，主题出版总体选题策划水平不高，优质畅销的市场化主题出版物依然欠缺；同质化现象严重，难以吸引读者，主题出版的传播效果亟待提升。在当前这个数字时代，主题出版"国家队"在传播中国优秀文化方面如何做才能不输李子柒、回应民众期待、提升传播效果，这是本节试图探讨的问题。

（一）主题出版的传播现状

作为基于政府顶层设计而落地的出版活动，主题出版体现的是国家意志、国际视野以及中国特色。多年以来，主题出版都是以传统纸质图书为主、数字出版为辅，部分品种依托行政力量进行系统出版发行。单从纸质图书出版发行的数据表现看，我国主题出版的传播效果成绩突出。但在数字出版领域，主题出版尚处于探索阶段，在移动互联网上影响力薄弱。

1. 传统出版领域主题出版的传播效果

我国主题出版在传统出版领域业绩斐然，成为实现出版机构社会效益与经济效益的有力抓手。浙江人民出版社 2007 年出版的《之江新语》截至 2019 年 10 月底已发行 400 多万册。2016 年《习近平总书记系列重要讲话读本》当年总印数超过 5200 万册，《习近平关于严明党的纪律和规矩论述摘编》总印数超过 600 万册，《全面小康热点面对面》总印数超过 200 万册。2017 年 10 月，党的十九大召开后，在国家政策的影响下，主题出版物的销售量持续走高，入选主题出版重点出版物的 176 种图书单品种平均印数 6.8 万册，是整个图书市场单品种平均印数的 4.9 倍。在单品种当年累计印数和平均期印数排名前十的图书中，主题出版物占据多数。其中，17 种主题出版物年度累计印数均超过 100 万册，8 种进入印数前十。这些成就在引领行业动向、传播中国特色文化方面起到了示范作用。但政策性读物在经过一年多的销量增长后，从 2019 年上半年开始销量明显下降。而市场上缺乏新的能达到同等量级的主题出版物，因此不再能支撑这些细分门类的增长，反而由于 2018 年同期的超高增速，2019 年上半年市场呈现明显的负增长。2019 年 10 月，中国新闻出版研究院院长魏玉山指出：虽然从数据看，主题出版物平均印数高达 27.8 万册，有 35 种主题出版物年度印数超过 100 万册，但也要看到，平均印数高的背后是部分图书的印数超常，拉高了平均印数。绝大部分的主题出版物印数不多、市场知名度不高。可见主题出版在传统出版领域的持续供给与长效发展的能力还需提升。

2．数字出版领域主题出版的传播效果

人民出版社自 2010 年开始上线运行的"中国共产党思想理论资源数据库"、党员小书包 App 和党校培训系统，堪称主题出版领域"互联网＋党建"的先锋模范。2019 年人民出版社和学习出版社制作了通俗理论读物《新中国发展面对面》，图书内嵌 12 集动漫微视频，通过游戏、动画等丰富多样的形式，展现新中国 70 年各方面的变迁，用户扫描图书上的二维码，即可观看配套动漫微视频，深化对纸质图书内容的了解和掌握。在 2019 年 10 月 9 日中国国家博物馆开幕的"书影中的 70 年·新中国图书版本展"中，该书入选核心展区，是宣传阐释

243

习近平新时代中国特色社会主义思想图书的典型代表。近年来，数字出版领域基于新兴传播技术诞生的融媒体出版物越来越多。采用大数据技术，以智能推送技术为基础，向受众精准传播的融合主题出版物的代表是学习强国 App。该 App 一经上线就成为使用量最大的客户终端。2019 年 8 月，学习强国 App 月活跃用户数量达到 4400 多万。第三方数据平台易观千帆 2019 年 8 月公布的"移动 App Top1000 排行榜"显示，学习强国排在第 81 名，前 50 名月活用户均超过 7000 万。但是，数字出版领域的主题出版尚处于起步阶段，在移动互联网文化传播阵地的影响力现状堪忧。专家指出，入选中宣部 2018 年主题出版重点出版物选题的产品中，音像电子出版物类选题只有 12 种，占总数的 14.8%。总体而言，少量融媒体主题出版物的探索无法掩饰同类优质产品总量供给不足的尴尬。主题出版数字化转型之路依然任重道远。

3. 提升主题出版传播效果的主战场是移动互联网

根据中国互联网络信息中心 2019 年 8 月发布的第 44 次《中国互联网络发展状况统计报告》的数据，截至 2019 年 6 月，我国互联网普及率达 61.2%，网民规模达 8.54 亿，其中手机网民占 99.1%，用户月均使用移动流量达 7.2GB，为全球平均水平的 1.2 倍；手机网民经常使用的各种互联网应用，时长最长的为手机即时通信类，且人均单日使用移动互联网的时长超过 5 小时。2019 年还是我国的 5G 元年。"高速率、大容量、低时延"的 5G 技术全面推进了信息传播移动化的发展水平。到 2025 年，全球移动互联网用户总数将达到 50 亿（超过全球人口的 60%），届时 5G 连接数预计将占中国和欧洲等市场连接数的约 30%。可见移动互联是未来全球的发展趋势，数字时代，人们的阅听行为将会日趋移动化。当人们的阅读行为发生变化，出版业务也要随之改变。移动互联网数字内容的编辑、制作与传播将是未来出版业的核心业务，提升主题出版传播效果的主战场是移动互联网。在 PC 互联网和移动互联网迅速发展的时期，主题出版由于专注于传统图书出版，没有赶上数字出版的快车，已然落后一步。当前主题出版有望借助 5G 带来的历史机遇，充分运用前沿传播科技换道赛车，抢占移动互联网文化传播的主流地位和思想高地，扭转传播效果欠佳的局面。否则，在自媒体、粉丝经济、社群传播的挤压下，主题出版将难逃日趋边缘化的窘境。

（二）提升中国主题出版传播效果的数字化创新策略

在传播技术创新应用异彩纷呈的当代，数字化对信息传播效果的促进作用可以概括为效率倍增。要提升主题出版的传播效果，建设移动互联网的主流文化，需要构筑有中国特色的主题出版数字化传播新模式。我国有研究者指出，增强主题出版活力与创造力的方法包括方向策略、专业策略、业务策略、保障策略四个方面。受其启发，本节将从宏观的保障策略、中观的业务策略、微观的传播策略三个方面分析提升主题出版传播效果的数字化创新策略。

1. 宏观的保障策略：优化治理方案与评价指标

主题出版在发展过程中，首先需要优化顶层治理方案，整合政府主导力、市场配置力、企业主体力，设计"三力合一"的协同监管机制。同时，管理部门需要遵循移动互联网的发展逻辑，建立科学的传播效果评价体系。传播效果分为认知、态度、行为三个层面，结合主题出版传播效果分析的要素"传者（作者／出版机构）、传播内容（主题出版物）、渠道（营销推广）、受众（读者／用户）"，不同于传统出版物在行政力量主导下的系统发行量以及评奖等考评指标，移动互联网数字内容传播效果评价体系需要切实考虑受众（读者／用户）的接受度，其两项一级指标、七项二级指标及可操作性三级指标如表5-1所示。

表5-1　移动互联网数字内容传播效果评价指标

一级指标	二级指标	三级指标
传播效果	认知	关注量、订阅量、引用量、点赞量
	态度	信任评价、价值评价
	行为	购买量、播放量、收视率、搜索量、评论量、转载量
影响因素	传者（作者／出版机构）	出版机构的公信力、作者的知名度与权威性
	传播内容（主题出版物）	思想性、知识性、趣味性、重大性
	渠道（营销推广）	及时性、到达率、易得性
	受众（读者／用户）	群体特征、阅读偏好、媒介环境

该评价体系凸显的原则是，检验文化传播成功与否最重要的标准之一是目标市场的接受程度。国家之需、民族之需和时代之需是最大、最持久的市场。受众（读者／用户）对主题出版内容的知晓、喜爱与记忆才是真正的传播效果。李子柒之所以引起全民热议，就是因为她刷新了国内外网民对中国传统文化内容的关注量与播放量的纪录。在YouTube上，截至2020年1月，她一共发布了103个视频，每个视频的播放量都在500万以上。同时期，CNN共发布视频近14万个，但平均每个视频的播放量只有10万次。

2．中观的出版业务策略：数字化创新应用

5G 时代已经到来，数字化创新应用的场景构建将获得流畅的技术支持与广阔的想象空间。出版业未来的业务体系将以内容、用户和数据为基础，以建设融媒体产品产业链为主要业务，整个出版生态系统是线上线下一体化。在这一发展进程中，主题出版的传者（作者／出版机构）、传播内容（主题出版物）、渠道（营销推广）三要素的业务重心在于遵循互联网发展规律，突出主题出版的特色，形成自身的核心竞争力，打造行业壁垒与专业品牌。

（1）做策划：传者（作者／出版机构）＋大数据

选题策划是主题出版活动的第一环节。早期的主题出版是就重大事件、重大活动、重大会议、重大节庆等主题进行的选题策划。针对国家步入新时代的发展特色，专家指出主题出版的文化内容应该涵盖中华优秀传统文化、革命文化和社会主义先进文化这三种不同的优秀文化，这一理论阐释更新了"主题"的范围与含义，矫正了业界当前对主题出版的狭隘认知与刻板理解。之前主题出版的选题策划集中于政策宣传，主题出版物因为以理论性、学术性作品为主，很多作品曲高和寡，读者面也很窄。出版专家聂震宁强调，"主题出版要祛除那种认为主题出版只是政治宣传任务的错误观点，要站在时代的高度、国家的高度、文化的高度，按照出版规律的要求，做出精品，做出两个效益来"。在主题出版的选题得以拓展的基础上，运用大数据技术可以做好选题策划。基于大数据应用的图书数据抓取分析、智能化选题生成分析、图书出版趋势分析、竞争对手分析、组稿作者智能选取等，目前已经在出版界得到重视。对主题出版策划工作而言，要特别重视运用大数据技术进行作者资源挖掘与培育，突破目前行业内作者选取环节因强调政治性与权威性而具有较大局限的局面。

（2）做产品：传播内容（主题出版物）+ 融媒体

我国现有的大部分纸质主题出版物总体上存在"选题陈旧、同质重复、求全求大、内容空洞、依赖政策、脱离市场"等问题。学者崔波在梳理中国主题出版活动的历史发展脉络与时代特色的基础上，指出"不仅传达主流价值观，而且获得了主流市场的主题出版活动叫作新主题出版"。在移动互联时代，新主题出版的主要任务是面向市场、推出产品，重点是打造融媒体主题出版物。融媒体主题出版物的创作，可以激发传统出版机构的专业优势，对已经积累的优质内容进行深耕细作。深耕细作的关键在于差异化。在美食视频同质化严重、"吃播"成为一种职业的短视频领域，与"古风"结合的，李子柒是第一人，这种差异化路线是她走红的重要原因，也值得借鉴。在数字时代获得成功的融媒体主题出版物是往往是优质主题内容、前沿传播科技的有机结合。对于已有内容的存量，可以运用前沿科技，如 AR、VR、AI 等，对纸质内容进行二次开发，扩展产品形态，如互动书、语音书、微视频、游戏、动漫等；对于创意内容的增量，要重视在资讯、文学、影视、音乐、漫画、电竞、直播等内容产业的全产业链布局。做融媒体主题出版产品，就是通过对前沿科技的创新应用，从纸质图书单一形态向融合出版物产品集群延伸，从线下传播向线上传播延伸，从内容出版向知识服务延伸，从内容资源的一次性利用向集约化利用延伸。

（3）做营销：渠道（运营推广）+ 精准传播

目前主题出版的发行模式是以系统发行为主，以纸质图书为主力，主要在新华书店、民营书店、党政系统、图书馆、农家书屋进行配发的征订方式。这种模式会对真正有策划含量的高水平主题出版物产生"挤出效应"。与此同时，在数字内容领域，基于大数据算法推荐的个性化内容、定制化内容的产销日益规模化、工业化。通过大数据分析完成市场定位和用户画像，基于受众（读者／用户）需求提供精准的内容分发，促使整个数字内容产业地域化、专门化、精细化的趋势愈加明显。为此，出版机构需要由之前行政干预模式下的完成国家指令性任务、以系统发行为主的出版发行方式，转变为面向市场、线上线下结合、以出版畅销及常销出版物的精准营销模式。目前，主题出版的读者群体共有三类：公务员、学生和党员干部。依据这三类群体的阅听偏好、兴趣、品味以及人口统计学特征（如教育程度、年龄、职业等）数据提供更符合市场需求的主题出版产品，将有效提升主题出版的传播效果。同时，主题出版的精准化营销体现在促进主题出版内容产品的多元化创作上，根据移动端不同平台的调性与特征，分发与之匹配的融媒体产品，由此最大限度地保障曝光率与覆盖面。这是主题出版物抢占移动互联网文化传播阵地的重要战术。李子柒的短视频在不同平台上就有不同的呈现方式：在微博上是短文配短视频；在视频网站上是视频配上标题后以系列栏目形式出现；在微信上则是长文加短视频。针对不同分发平台的特征，在传播方法上实现细致化，才能够获得最大化的传播效果。

（4）做服务：受众（读者／用户）＋信息共享

出版业应该致力于打造精良产品，向知识服务商转型已然获得共识。产品与服务是一般企业的立足之木。但出版业的产业定位不是低端的产品加工制造业，而是文化服务业。立足于服务的出版机构，追求的是为目标用户创造更丰厚的价值——不仅提供用户想要的，还能提供用户需要的，这与主题出版集思想宣传、教育引导、知识服务为一体的文化传播功能相契合，同时也与强调"用户思维"的互联网发展逻辑相吻合。在移动互联环境中，越来越多的人选择数字阅读、碎片化阅读、交互式阅读，并日益参与到信息传播活动中，受众（读者／用户）传播的主体性愈发彰显。各种移动应用使传播活动成为全民参与、反馈便捷、互动充分的信息共享活动。重视受众（读者／用户）的阅读体验与价值评价，成为主题出版走入人心的关键。所以针对目标受众（读者／用户），做好数字内容领域的知识服务，是提升主题出版传播效果的重要发展模式。例如，人民出版社近年来确立了"内容出版＋知识服务"的发展理念，旗下的数据库能够提供高效、精准的马列主义经典著作、中共党史专业知识检索服务；专家智库可以提供务实、系统的党务咨询服务；党员小书包 App 能够提供优质、定制的智慧党建服务和双向、互动的专家讲党课服务。

3. 微观的传播策略：深化参与式传播

移动互联网是一种迥异于传统媒介自上而下单向传播的全民参与式信息共享活动，这种传播模式中，传者（作者／出版机构）与受众（读者／用户）处于系统性的互动关系网络中。交互、参与、分享、获赞最便捷流畅的当属社交媒体平台。2017 年 7 月《人民日报》推出的《快看呐！这是我的军装照》在微信朋友圈迅速刷屏，冲破 10 亿浏览次数，独立访客达 1.55 亿；2017 年 10 月 13 日新华社创作的《点赞十九大·中国强起来》正式上线首日即吸引 1700 余万网友点赞，10 天之后收获 1.2 亿多点赞量，2 亿人次扫码，网友参与人次超 5 亿；同期，新华网利用全息技术创作的《身临其境看报告》H5 产品采用虚拟全息技术呈现两会会场，营造的虚拟空间让用户有身临其境之感，当日点击量达 1.1 亿次。从数据来看，融媒体主题出版物的传播力往往是传统出版物的上百倍，这些成功案例令人欢欣鼓舞。

数字时代，要提升主题出版物在移动互联网上的传播效果，首先需要传者（作者 / 出版机构）在建设信息服务平台的过程中保障并完善受众（读者 / 用户）的参与式传播。所谓参与式传播，意味着在较高层面上对传播系统的公众介入，包括公众在制作过程中以及传播系统的管理和计划中的介入。

为此，第一，要提升传播力，通过强化易得性、友好性，扩大传播的广度，保障主题出版物的到达率。在这一过程中，要特别注重转变叙事方式，官方话语痕迹浓厚的传播内容在新时代不受欢迎。有分析李子柒走红现象的评论文章指出，主题先行、单方灌输的文化输出往往收效甚微，以个人视角放软身段的视频博主等的社交媒体方式有着天然的优势。例如，商务印书馆 2012 年出版的《微观西藏》就采用了微博体，做到了表现形式的创新。

第二，要加强影响力，重视浏览量、引用率、转载量，促进传播的深度，保障主题出版物的渗透率。在这一过程中，要践行跨界整合的互联网思维。所谓跨界，是指打破行业界限，与通信、新闻、广电、影视、广告、互联网等行业联合，融合各种媒介资源，形成围绕出版主题的传播事件，将主题出版的发散效应最大化。所谓整合，是指集合出版行业内的优质资源，发挥不同出版机构的业务优势，多家出版单位共同做大做强做优主题出版项目。如 25 卷的《中国抗日战争全景录》，就是由全国 25 家人民出版社共同出版的，这种合作联动机制扩大了主题出版的集成和规模效应。

第三，要保持互动度，聚焦受众（读者／用户）的搜索、评论、点赞等深度介入行为，并进行充分沟通与反馈，由此反作用于传播力与影响力，完成有效信息传播的良性循环。研究发现，李子柒从入驻微博开始就一直在进行转发抽奖，并且转发量呈现缓慢增长的趋势，这与其粉丝的增长速度呈正相关关系。这种转发抽奖的传播策略看似老套，但在社交媒体平台却能有效实现粉丝带动效能，并由此保持粉丝黏性。目前，在出版物策划、设计、营销的流程中，互动策略是将受众（读者／用户）的创意、诉求、偏好等融入出版物的制作中去，即让受众（读者／用户）参与到选题策划、内容生产、封面设计等环节中。这是大数据信息挖掘的过程，也是不断推进信息传播智能化与精准化的过程，更是践行以用户为中心的信息服务过程。

（三）结语

提升我国主题出版在移动互联网上的传播效果，对传者（作者／出版机构）而言，应秉持内容为王的黄金定律，坚守出版的初心，以社会效益为首，保证内容的真善美。对传播内容（主题出版物）的编创而言，需要针对受众（读者／用户）数字内容消费的分众化、垂直化、快捷化需求，在宣传与教育的基础上，强化主题出版的知识服务功能。核心业务应围绕受众（读者／用户）体验进行融媒体主题出版物的编创，增强内容的趣味性、生动性，让主题出版物不仅"有意义"，而且还非常"有意思"。对于渠道（营销推广）一环，则需要在5G时代来临之时抢占先机，抓住数字内容视频化的发展机遇，探索跨媒体平台、多渠道变现的商业模式，在市场化之路上勇于探索。在新时代，移动互联网成为主题出版的主战场，运用数字化手段全面提升主题出版的传播效果，需要对前沿科技进行创新应用，在构筑做策划、做产品、做营销、做服务的数字内容传播模式过程中，通过优化顶层治理方案与评价指标、强化融合出版业务、深化参与式传播等策略，全面推进中国主题出版的传播效果。

二、从"相加"到"相融"：主题出版融媒体传播模式与路径创新

引语

　　推动媒体融合发展成为当前中国出版界面临的一项紧迫课题。我们要以主题出版融媒体传播的实践为突破口，重点研究 5G 时代我国主题出版借力融媒体传播提质增效的内涵和动因，发现并提炼我国主题出版融媒体传播的模式，进一步构建并优化我国主题出版融媒体传播的实现路径。

　　推动媒体融合发展成为当前中国出版界面临的一项紧迫课题，也是主题出版提质增效的重要方面。自 2003 年原新闻出版总署正式提出实施"主题出版"工程以来，经过十余年的发展，主题出版成为中国特色社会主义文化的重要组成部分，传播力和影响力不断彰显。随着公众信息素养的大幅提高，听书、读图、阅屏成为读者求知的重要方式和路径。在主流文化传播方面，主题出版凭借文化认同和体制优势，取得了一定的成绩，但部分主题出版物在内容形式上居高临下，传播效果不容乐观，甚至出现线上线下传播的割裂，

在媒体融合方面与人民群众的期待尚有差距。主题出版与融媒体的深度融合能够满足重度用户需求，促进主题出版的大众化、市场化和读者年轻化。在融媒体时代，贯彻落实好习近平总书记提出的"讲好中国故事，传播好中国声音"，主题出版应坚持守正创新，持续转型升级。在 5G 时代，探索我国主题出版融媒体传播的动因、逻辑进路、模式、路径，对主题出版壮大思想文化阵地和履行文化职责具有重要意义，亦是保障主题出版提质增效和健康可持续发展的迫切需要。

（一）主题出版融媒体传播的定义和动因

"融媒体"这一概念，最早来源于美国学者尼古拉斯·尼葛洛庞帝和普尔提出的"媒介融合"的概念。我国对融媒体的研究虽然起步较晚，但学界对融媒体的研究热度表明了对其发展前景的重视。

1. 我国主题出版融媒体传播的研究现状和内涵

2018 年以来，出版界开始较多地探讨主题出版的融媒体发展问题，研究者结合书业实务，总结各自在融媒体平台搭建、融媒体项目运行、融媒体产品打造等方面的经验。韩建民以 H5 技术的运用为例，提出了打造"小、快、灵"的主题出版物融媒体产品和路径。马杰介绍了人民出版社利用媒体融合方式增强主题出版的效度、开展数字出版的经验。曾辉指出，新时代对主题出版提出了新要求，主题出版的战略重点也发生了变化，因此在操作层面需要创新运作模式，包括出版社要根据本社的资源优势和积累制定系统、长期的规划，学术品位和大众口味相统一，创新主题出版的传播手段和传播方式。吴雪梅分析了上海交通大学出版社的数字化主题出版物产品开发模式。黄书元认为"学习强国"学习平台的风靡恰好反映出主题出版是大有可为的，指出单体出版社虽然无法复制"学习强国"大而全的内容模式，但却能在某一领域做得更深更专。曾玉寒从选题策划、内容撰写、形式新颖、营销多元化等方面，探讨了"互联网＋"时代时政通俗理论读物的创新发展路径。鲍洪俊从主题出版读者线上线下割裂的传播现状出发，探讨了主题出版的数字化发展模式和对策。孙利军和周珣探讨了我国主题出版数字化现状，指出融媒体时代主题出版存在观念亟须变革、缺乏用户导向思维、运作机制欠完善、商业模式不明晰等问题，提出转变观念、重塑出版与读者关系等策略。

在现有中外学者探索的基础上，我们认为"主题出版融媒体传播"是一个复合概念，特指传统主题出版系统内一种新型的媒介运作理念。从主题出版和融媒体的"相加"走向"相融"是"融化"式的嵌入过程，是打通技术、内容、终端各个环节，再造生产、消费、营销、服务流程的创新。

2．我国主题出版融媒体传播的动因识别

结合我国主题出版的发展特征和优势，以及与融媒体潜在机会的有机匹配，下面从外部驱动（国家政策引导等宏观环境因素）、内生动力（出版企业发展需求）、基本前提（新生代读者市场需求驱动）、重要保障（技术赋能和工具创新）等层面识别我国主题出版融媒体传播的多层次动因。

国家政策引导、出版企业转型需求等环境因素是重要驱动力。我

255

国主题出版融媒体传播的宏观环境因素主要涉及国家政策、国家制定的战略需求以及规制机制等方面。我国已经为出版融媒体的发展制定了相应的引导方案和战略需求，并适当调整了对市场的干预。这就为我国主题出版的融媒体传播释放了更多的发展空间，进而为其发展提供了一定的外部驱动力。我国主题出版融媒体传播的内生动力主要来自融媒体时代我国出版产业发展和传播力提升的需求。融媒体时代为出版产业的转型升级带来了机遇，亦提出了外在和内在的双重要求。资源的全新整合、内容服务的转变和渠道融合、商业模式探索，以及出版组织内部的组织结构、生产流程、生产工具等方面的各种实践，共同形塑了出版产业的融媒基因。未来，在媒体融合发展的大潮中，传统出版企业充分利用自身资源优势，产品将更加丰富，服务将更加人性化，改革之路也将走得更远更稳。

新生代读者市场需求驱动是基本前提和主要动因。中国互联网络信息中心（CNNIC）第 45 次《中国互联网络发展状况统计报告》显示，截至 2020 年 3 月，我国网民规模达 9.04 亿，其中手机网民规模达 8.97 亿，手机上网比例达 99.3%。被称为 Z 世代的互联网"原住民"人数占比近四成，成为传播内容的"目的地"、传播效果的"反馈源"、传播渠道的"觅信者"和传播动力的"新引擎"。他们是图书市场上举足轻重的消费主体。在融媒体时代，主题出版要最大限度地满足网络受众的阅读需求，尤其是结合 Z 世代青少年读者的兴趣特点以及中国传统文化、革命文化、社会主义先进文化，构建形塑青少年社会主义核心价值观的主题出版，生产一批主题鲜明、文质兼美、润物无声、深受青少年喜爱的图书和融媒体产品业已成为时代迫切之需。

融媒体时代技术的发展和进步是重要保障。技术是主题出版融媒体传播进程的初始动力，通过技术的赋能，突破已有的业务边界，推进自身融媒体产品多进程、高效率地运行。在 5G 技术落地的大背景下，出版企业不再局限于文字内容产品的生产传播，而是将文字、音频、视频、AR、VR 等各种内容产品形态统一布局，加大了融媒体产品、平台、接收终端的开发创建力度。技术的创新不仅仅是 VR、AR 等外在的酷炫体验、闪亮包装和营销噱头，而是以工具化的形态，嫁接到内容生产、编辑、分发平台上，为内容的生产者提供更多的便利和服务，为内容的消费者提供更完美的体验和感受，贯穿内容流程的始终，释放技术本身的价值和势能，增强竞争力，为主题出版和融媒体从相加到相融带来新的契机。

（二）主题出版融媒体传播模式探析

我国的融媒体实践一方面得益于中央关于媒介融合的顶层设计和政策推动，另一方面根源于传媒产业中各类机构的积极实践与探索。如主流新闻媒体《人民日报》、新华社、《光明日报》的"中央厨房"模式及澎湃新闻、封面新闻、无界新闻、界面新闻等，在内容融合、渠道融合、融合化的社群运营、商业模式等方面都取得了宝贵的经验，为我国出版行业融媒体传播的发展带来启发。笔者将新技术的运营和探索、现有生产流程的升级和重塑、多元内容及融媒体产品的开发、读者用户体验完善和运营作为模式构成要素，总结和展望我国主题出版融媒体传播的几种模式。在我国主题出版融媒体传播转型实践过程中，未来还将有许多待开垦的模式。

1. "平台经济"驱动下的矩阵式主题出版融媒体平台模式

不同于传统主题出版物的系统发行、一次售卖销售模式,伴随着融媒体上下游产业链的完善,以及由各类服务角色所构建的整体生态的提升,"平台经济"驱动下的矩阵式主题出版融媒体平台模式悄然成型。主题出版融媒体平台与内容提供商(主要为出版企业)、用户(包括个人用户、单位用户、行业用户)、服务提供商、第三方合作者(技术、发行方),以及其他相关环节(如电商销售、社群运营等)形成链接。这种模式对出版企业要求较高,一般为出版"国家队",如人民出版社、党建读物出版社、学习出版社等,凭借资源整合和内容开发能力,搭建以数据为核心的智能化融媒体基座,通过平台化、工具化的应用,覆盖数据查询、知识服务、内容数据资产化、线上线下互动等多种功能,探索平台经济框架下的融合变现,实现运营效率的全面提升,不断提升产业边界的拓展能力。如人民出版社分别于 2010 年和 2016 年上线的"中国共产党思想理论资源数据库"和党员小书包 App,推动传统出版向基于大数据的知识服务提供商转变;学习出版社打造了"习近平新时代中国特色社会主义思想本体库";党建读物出版社构建"党建书苑"体系和平台,探索"党建书苑 + 电子商务 + 脱贫攻坚 + 乡村振兴"运行模式;中国人民大学出版社系列数据库,是大学社融媒体出版平台践行资源汇聚、知识服务、学术交流、文化传播功能的标杆;四川人民出版社矩阵式融合出版品牌"盐道街 3 号书院"和"金牌解说"平台是有声出版、融媒体出版的有益尝试。除了有声产品,还有电子书、知识付费课程等数字化内容,形成商业闭环。

2."小、快、灵"的主题出版融媒体产品模式

对一些"地方队"出版社来说，独立做融媒体平台相对难度较大，过长的产业链和融媒体产品链投资也高。"小、快、灵"的主题出版融媒产品模式投入较低，灵活多样且较容易实现。这类模式的特点是突破文字的传播介质，深耕主题出版融媒体产品，进行全媒体内容打造。以电子书、融媒书、音视频、动画影视、H5、VR、AR 等全品种全渠道触达读者，形成动态叙事、互动叙事、多终端联合叙事等传播样态。

人民融媒传播有限责任公司首次推出了在图书上运用三维码技术制作而成的 VR 融媒图书，不用佩戴 VR 眼镜即可实现三维视觉效果。为读者用户带来更具智能化、场景化的体验。人民文学出版社的《朗读者》AR 读本、大连出版社的"中国海洋梦"系列故事绘本、吉林科学技术出版社的《嗨！我是地球》环保漫画和环保动画、广东科技出版社的《解码深圳·华强北》纪录短片、四川人民出版社的《红军长征过雪山行军路线详考》纪录电影等，都是主题出版利用融媒体打造优质内容、引流积累用户的积极实践。

3."主题出版 +"内容场景化模式

"场景"这个概念并不新鲜，甚至是国内传媒产业的热词之一。但是以"场景"运营内容，对出版机构来说还是较为新鲜的尝试。"主题出版 +"内容场景化模式的核心在于"场景"的打造和"空间"的营造。"主题出版 + 新媒体 + 服务"模式、"主题出版 + 跨界合作"模式、"主题出版 + 多媒体 + 展览 + 文创"模式等都是这种模式的体现、延伸、

演绎和应用。这类模式的特点是内容价值的多元化挖掘和应用场景的跨界扩张，以"场景"运营主题出版内容，搭建面向大众的常态化新型主题传播平台，形塑主题文化生活形态。

上海世纪出版集团的"学习读书会""思南读书会"以及"思南书局快闪店"，近年来成为城市公共文化空间的新亮点和全民阅读活动中的响亮品牌，并助力主题出版举办了多场推广活动。逛书集、听主题讲座、看主题展览，融入年轻读者喜爱的文创元素和多媒体体验的场景，形成了主题出版和文化体验的融合。此外，上海人民出版社、人民网、上海广播电视台和阿基米德 App 合力打造的"'给年轻人讲共和国的故事'全媒体实景党课"系列则走出了一条"主题出版 + 多媒体 + 服务"的创新之路。

20 世纪 60 年代出版的《红岩》影响了一代又一代的读者，是最为深入人心的主题出版物之一。主题出版物《忠诚与背叛——告诉你一个真实的红岩》以报告文学的形式展现了那段相较小说而言更为悲壮的历史，赢得了新时代读者的好评。融媒体时代进一步赋予了红岩精神多种传播形式，以读者时间、空间、情绪等型构的场景成为传播的重要考量，红岩联线"数字博物馆" + 川剧《江姐》+ 话剧《红岩魂》的"组合拳"传播系列，通过曲面投影、全息投影以及 VR、AR 的沉浸式体验和互动叙事，打破了图书媒介传播渠道的单一效应，更便于读者理解和接受，形成更高效的"文化盈余"效应，收获了上佳的传播效果。

4．主题出版借力数字阅读平台模式

掌阅科技、咪咕阅读、龙源数媒、中文在线、亿部文化打造的党

政书城等数字阅读平台，方正阿帕比、青苹果数据中心、百分点科技等数字内容集成商和专业技术服务商，结合自身优势，以内容整合和渠道整合，拓宽了主题出版的深度和广度，成为我国主题出版融媒体传播的新生力量。

龙源数媒推广党建融媒体阅读服务的基层党建学习屏、党建学习电子宣传栏、数字党支部产品体系"三终端四平台党建工作数字化升级解决方案"等，真正实现了"融为一体，合而为一"的媒体服务方式。这些新兴主题出版产品和平台通过移动互联、人工智能等技术将海量读者聚拢，潜移默化传播主流思想和价值观念，达到了一般纸质主题出版物无法媲美的效果。

（三）主题出版融媒体传播的路径优化

推进我国主题出版与融媒体深度融合，要理顺逻辑进路，包括拓展传播主体、深耕传播内容、重视传播受众、创新传播方法、提升传播效果；要开掘在技术应用驱动下从"跨媒体 1.0"到"融媒体 2.0"的全链路创新路径，从而实现有效传播，并被受众认知和认同。在这个过程中，从相"加"到相"融"的关键在于打通技术、内容、终端各个环节，再造生产、消费、营销、服务流程的创新。

1. 传播主体突破原有出版商身份，向渠道运营商、文化知识服务商、数据提供商转型

传统主题出版的商业模式主要表现为对内容的"一次售卖"，单一的传播方式不能充分发掘主题出版的海量内容资源，亦是一种资源的浪费。出版机构海量留存内容要从"沉没资源"变为内容资产，要求

我国主题出版融媒体传播主体从服务观念、运营机制、技术创新等层面形成融媒体思维，向渠道运营、知识服务、数据提供主体转变。在这个过程中，特别要注意避免主题出版物数字化的"后置延伸"，或者说是要避免陷入"脱钩的数字化延伸"的误区，主要针对有些出版社把过去出版的纸质书整理加工成数字资源再去售卖的行为，这种延伸并不是真正的融合出版。主题出版应该从上游介入数字化，用融合思路策划主题出版，进行整体的多阶段长线收益评估，唯有如此，中国主题出版融媒体传播才能呈现深化之势。

2."传统主流精品内容 + 社会化开放式内容"两条主线并行

内容是媒体的核心业务，也是媒体赖以生存的根本。一直以来，对任何媒体而言，对传统精品内容的占有都是建立内容资产、形成竞争壁垒的重要砝码。主题出版作为讲好中国故事、传播主流文化价值的主阵地和排头兵，要夯实主流精品内容。近年来，越来越多的出版主体开始重视主题出版物精品内容的挖掘、培育和长远经营。上海人民出版社的"中国三部曲"，是一部以中国话语解读世界语境中的今日中国的力作，力透纸背，可读性强。上海交通大学中共党史和军事史专家刘统创作的《战上海》，以写故事的笔法写历史，多向度、多角度，充满了人性的真实感，轻松简洁的语言风格让历史变得不再枯燥乏味。浙江科学技术出版社 2019 年出版的《他日归来——钱学森的求知岁月》讲述了 1911—1955 年间，科学家钱学森幼年成长、青年留学和涉险归国的全过程，甫一出版即受到青年读者的喜爱。

内容的生产技术、话语及呈现是主题出版物讲好中国故事、提升传播效果的关键一环。主题出版物不仅要在内容上适应时代，成为主流精品内容的主阵地；还要在表现形式上与时代同步，打破主题出版物不接地气的刻板印象，创新"读者（用户）、产品、服务"理念，从供给侧的主题阅读升级到需求侧的主题"悦读"，通过贴近式的传播体验设计与传播策略选择，深化受众对主题内容的接受程度与认同感。创新主体间性传播模式，从产品融媒体改编到立体化开发，构建了多种媒介形式组成的出版类型的矩阵，积极应对个性化、年轻化的阅读趋势。

尤其是作为数字原住民的 Z 世代读者，移动性和交互性是其媒介生活的底色，互动叙事文本的传播策略将有效增强他们对主题出版物的理解。加大社会化内容的生产和投入，实现内容体系在用户工作和生活中被随时调用、检索、呈现、生产、分享，形成全网营销体系的整体统筹。这是主题出版打造开放的内容创作生态，拓展长尾、多样化需求的重要一步。

3．出版渠道应由行政干预模式下系统发行为主转向分发传播

过去主题出版过于依赖系统发行，面向市场的营销没有形成突出优势，一些有市场前景但没有系统发行资源的优质选题可能会被出版社"忍痛"舍弃，导致主题出版的选题策划脱离市场。在互联网平台全面走向融合开放之前，对实体渠道的占有是出版机构、发行商不容忽视的一大优势。渠道作为基础设施，让主题出版物在有限、可控的环境下到达读者手中，是具有极大价值的稀缺资源。网络融合化的进程加剧，让传统发行渠道的独占性优势逐步消解。基于平台融合，一"云"多端的全新"裂变"式分发传播链条得以形成。在主题出版物融媒体矩阵以及"流量平台"的助力下，平台内的"主

题出版内容制造商"，可实现向链条前端面向广域受众的"主题出版内容服务商"的转变，从而使内容到达用户的路径实现多元化、复合化、生态化。

主题出版物可通过微博、微信等即时通信类、新闻聚合类应用以及抖音、今日头条等网络视频类新媒体和电商平台助力推广营销。目前出版机构短视频的发展方兴未艾，短视频传播质量与传播效果有待提高。未来，出版机构在借鉴新媒体创新传播策略的基础上，应明确短视频战略目标，确立差异化风格定位，打造专业制作团队。通过跨平台联动形成内容生态循环，促使内容更具系统性和发展性，同时也使内容分发机制更加智能精准。

（四）结语

我国主题出版和融媒体深度融合的模式优化和双效提升，是一个系统工程。这个工程离不开政府保障制度和推进机制的保驾护航，当前亟待构建以创新我国主题出版效益评价体系为主体，以出版产业政策引导、资金扶持为两翼的"目标导向 + 动力激发"制度保障机制。出版单位需制定长远战略，真正将主题出版纳入出版社核心周期战略，融入各层次绩效考核；基于技术创新、内容生态、融媒体产品的开发、渠道分发、读者用户运营等维度，测算主题出版融媒体的传播能力；基于读者认知、读者态度和读者行为，测算主题出版融媒体的传播效力；以建档立卡为基础，结合典型案例分析，建立主题出版高质量精品内容资源库，为主题出版融媒体建设提供有理论依托和数据支撑的科学管理机制。

三、移动互联时代主题出版舆论引导功能分析

引语

　　主题出版作为中国出版业的重要组成部分，一直具有社会舆论引导功能。目前，移动互联网逐渐成为舆论传播的主战场，数字阅读成为主流阅读方式。主题出版数字化转型升级与提质增效成为亟待深入探讨的热点问题。

　　我国主题出版工程始于 2003 年，2010 年主题出版被纳入出版界的重点工作，因此，2010 年也被称为"主题出版元年"，主题出版成为我国出版业的核心内涵和重要使命。党的十八大以来，主题出版迎来了黄金发展期。在建设中国特色社会主义的过程中，主题出版物成为彰显国家意志、宣传政治主张、传播中华文化的标杆，在价值观引导、舆论导向引领方面，主题出版被寄予厚望。当前，时代发展的鲜明特色之一是整个社会深度浸润于移动互联的信息传播环境中，导致舆论传播的格局与理念发生改变，数字阅读成为当下国民的主流阅读方式。主题出版在移动互联网上继续发挥"引领先进文化、宣传主流舆论"的功能，对增强文化自信、传播思想文化具有重大意义。

（一）舆论引导是我国主题出版的时代使命

　　在当代中国的发展过程中，出版活动始终围绕时代主题、响应国家需求、宣传主流舆论，在助力社会主义文化建设的同时，获得发展的活力、动力与影响力。

1. 立足国家大局进行主题宣传是我国主题出版的重大使命

2003 年，主题出版正式成为国家的顶层设计时，时任中宣部出版局副局长的周慧琳指出：主题出版是"以特定主题为出版对象、出版内容和出版重点的出版宣传活动"。所谓特定，是强调主题的政治导向性。我国的主题出版，其本质属性是政治性。在中国改革开放的历史进程中，面对复杂的意识形态环境以及各种错误社会思潮带来的挑战，主题出版必须肩负起主流思想引领的重大使命。多年来，以主题出版工程为依托的出版物，在彰显国家意志、弘扬社会主义核心价值观方面成绩卓越。党的十八大以来，政治导向鲜明的优质主题出版物，在宣传党的主张、解读党的政策方面发挥了唱响主旋律、激浊扬清、凝聚人心的重大作用。如 2017 年新世界出版社推出的"中国共产党为什么能"书系，采用说故事、摆事实、讲道理的方式，回应了国内外关于党的热点话题。又如，2018 年人民日报出版社出版的《使命——新时代中国共产党的历史使命》，对中国共产党实现最高使命的历史传统、发展战略、工作策略等进行了科学总结。再如，2019 年东方出版社出版的《新中国：砥砺奋进的七十年》，围绕"中国共产党对中国特色社会主义道路的实践探索"这个鲜明主题，以图文并茂的形式让历史故事与科学道理交相辉映，长时间占据当当网、京东商城和新华书店的畅销榜。这些精品主题出版物通过正面解答社会主义意识形态领域的关键问题，对普通民众的疑虑与困惑进行了理论解渴，满足了读者提升政治认知水平的需求，在增强社会主义意识形态认同感、肃清社会思潮、抵制错误言论方面，发挥了重要的旗帜作用。

2. 传播中国声音、弘扬中国文化是我国主题出版的重要功能

中国特色社会主义进入新时代以来，作为世界第二大经济体的中国，经济建设取得举世瞩目的成绩，与此同时，树立国际形象、提升文化软实力成为重大发展战略。2006 年，出版"走出去"写入《新闻出版业"十一五"发展规划》，此后出版"走出去"在树立中国形象、讲好中国故事方面不断探索进取，彰显了中国特色社会主义先进文化。主题出版是国家财政支持的出版业重点规划项目，多年来在"走出去"方面不仅是行业的引领者，还是阵地的开辟者。2013 年，习近平总书记提出"一带一路"倡议，抓住这巨大的历史机遇，主题出版"走出去"开展了一系列具有中国风范与中国气派的出版工程项目，如丝路书香工程、"外国人写作中国计划"，对面向"一带一路"沿线国家的出版事业起到了稳固的支撑与示范作用，也产生了显著的文化传播效果。自 2014 年 1 月至 2018 年 3 月，出版界推出"一带一路"主题出版物 2814 种，内容涉及经济、历史地理、政治法律、文学艺术等 20 个大类，这些品类成为我国版权贸易的核心品类。同时，在国家管理部门的务实推动与出版单位的积极执行下，主题出版"走出去"在加强出版物内容针对性开发、培养高素质小语种翻译人才、建立海外分支机构、拓展在地化平台和渠道等方面不断创新，推动整个出版业国际化发展迈出更大步伐。如 2010 年《漫画中国》出版、2013 年尼山书屋开始布局、2016 年中南出版传媒集团南苏丹教育技术合作项目实施、2019 年举办"上海早晨"国际出版主题日活动以及英义版丛书"如何看中国"出版等，都在中国主题出版"走出去"的战略与策略方面取得突破性成果，为提升国家形象、传

267

播中国文化带来了巨大利好效应。

（二）移动互联时代主题出版舆论引导的新形势

21 世纪是全球信息化飞速发展的时代，移动互联的传播环境中，舆论格局发生变化，国民阅读习惯也在改变，数字阅读成为主流阅读方式。面对唱响时代主旋律、引导社会舆论的新形势，在学界与业界的共同关注下，针对主题出版数字化转型升级与提质增效的探讨愈发热烈。

1．5G 时代，舆论传播的主战场聚集于移动终端

截至 2019 年 12 月，我国建成 5G 基站 13 万个，5G 商业化应用进入实践阶段。5G 技术的普及将进一步提高移动终端在人们日常生活中的使用率。目前我国已经正式步入 5G 时代，聚集在移动互联网上的网民规模与上网时长都会持续增加。学者匡文波在实证调查的基础上得出结论：传统的主流媒体形态已经式微，手机媒体已经成为主流媒体，5G 时代只会强化以智能手机为终端的手机媒体的主导地位。2020 年 4 月，中国互联网络信息中心（CNNIC）发布的第 45 次《中国互联网络发展状况统计报告》显示，截至 2020 年 3 月，我国网民规模为 9.04 亿，互联网普及率达 64.5%，其中使用手机上网的网民比例达 99.3%，且每天平均上网时长超过 4 小时。这说明人们在以手机为代表的移动终端上进行信息传播已经成为常态，舆论传播影响力竞争的主战场将会日益聚集于移动互联网。

阵地是意识形态工作的基本依托，人在哪里，阵地就应该在哪里。开辟移动互联网舆论传播新阵地是目前主题出版需要完成的重大任务。2019 年 1 月，中宣部采用大数据技术，以智能推送为基础，对

用户进行精准传播的中国特色社会主义思想学习平台"学习强国"正式上线。作为融媒体主题出版物的典型代表，该 App 集新闻聚合、即时通信和社交网络等功能于一体，一经上线就成为使用量最大的客户终端，在 iOS 与安卓手机应用商店，成为下载量最大的应用程序。这说明聚集在移动互联网上的民众，对主流思想文化传播平台有需求也有兴趣。主题出版要继续发挥好舆论引导功能，抢占移动互联网文化传播的主流地位和思想高地，就需要打造更多能够满足民众需求的应用平台。

2. 国民阅读习惯改变，数字阅读成为主流阅读方式

随着移动互联网在人们日常生活中的不断浸入，阅读内容与阅读方式的数字化即数字阅读被越来越多的人接受，有调查数据显示，2019 年我国数字阅读用户规模达到 7.4 亿人。2020 年 4 月 20 日，中国新闻出版研究院在线发布了执行样本，覆盖我国 29 个省、自治区、直辖市，调查结论可推及我国 12.84 亿人口的"第十七次全国国民阅读调查结果"，其数据显示，国民数字化阅读方式的接触率为 79.3%，图书阅读率为 59.3%；超过半数成年国民倾向于数字化阅读方式，倾向于纸质阅读的读者比例下降，而倾向于手机阅读的读者比例上升明显。这种阅读趋势与移动互联网的发展趋势同向同行，阅读方式正在从读书转变成"读屏"。2020 年 1 月 7 日，中国新闻出版研究院院长魏玉山在第十三届新闻出版业互联网发展大会上发布《2019 年全国新闻出版业互联网发展报告》时指出：国民阅读习惯的改变，推动了整个图书市场向网络化、数字化、智能化转变，数字阅读已成为主流阅读方式。

主题出版多年来以传统纸质图书出版发行为主。入选中宣部主题出版重点出版物选题的数据显示，音像电子出版物类的选题，2018

年有 12 种，占当年总数的 14.8% ; 2019 年有 13 种，占当年总数的 14.4%。可见主题出版数字内容的开发与推广亟待加强。2019 年融媒书《新中国发展面对面》由人民出版社和学习出版社共同制作，图书内嵌 12 集动漫微视频，通过游戏、动画等丰富多样的形式展现了新中国 70 年各方面的变迁。人民网对此发表了以《化"艰难说服"为"理论解渴"》为题的评论文章。在数字阅读领域服务民众，提供理论解渴之佳品，主题出版任重而道远。

3. 主题出版转型升级、提质增效的研究动态

面对移动互联时代舆论传播格局与国民阅读方式的新变化，在政府管理部门、学界、业界的共同关注下，主题出版继续传播正能量、唱响主旋律的方式、方法、理念等相关研究日益成为热点。2018 年，主题出版在业界迎来爆发式增长，这一年中国知网期刊论文数据库中研究主题出版的文献达到 86 篇，与以往相比数量大增，每年增长 45 篇。2019 年文献总数达到 114 篇，这是国内研究主题出版的期刊论文首次突破 100 篇。国家社科基金第一个针对主题出版的研究项目"数字时代中国主题出版的传播效果及提升路径研究"也在 2019 年获得立项。结合移动互联的时代发展特色，围绕数字化转型升级、出版物提质增效的战略与策略，主题出版文化传播的导向性、舆论治理的应用对策、主流思想的宣传方法等研究问题不断深入与扩展。截至 2020 年 5 月 31 日，中国知网期刊论文数据库中当年研究主题出版的文献总数已超过 80 篇，可以预见，主题出版研究热度将在 2020 年持续增加。

信息化社会迈入 5G 时代，是当前客观的时代发展背景；数字阅读成为主流阅读方式，是目前社会不可逆转的发展潮流；移动互联时

代主题出版的传播效果研究，是出版行业健康发展所需，也是主题出版完成传播先进文化、引导主流舆论这一重大使命的保障。当前，在移动互联网上净化网络空间、传播先进文化，是推进我国社会进步的重要条件。主题出版作为先进文化传播的生力军，必须要适应新形势，探索新模式，开辟新路径。

（三）移动互联时代主题出版引导主流舆论的新态势

2014年8月，中央审议通过《关于推动传统媒体和新兴媒体融合发展的指导意见》后，媒体融合成为传统出版单位进行数字化转型的工作重点，同时也成为主题出版创新发展的新方向。2018年，中国首个融媒体与主题出版研究院落户杭州电子科技大学。同年，人民出版社成立了融媒分社暨人民融媒传播有限责任公司，专门对主题出版重点出版物的高水平数字化进行攻关。主题出版通过打造优秀融媒体出版产品及服务平台，继往开来、推陈出新，引领整个出版业直面时代发展新形势，开创了舆论引导的新态势。

1. 选题范围扩大，增强舆论引导功能

很长一段时间内，主题出版被视为"就一些重大活动、重大事件、重大会议、重大节庆日等主题而进行的选题策划和出版活动"。目前，主题出版已不再单一凸显选题的政治性，而是重视中华优秀传统文化、革命文化和社会主义先进文化这三种文化融合创新的新型复合型选题，选题范围由党史、国史、军史拓展到文化、科技、经济、社会等领域。选题范围的扩大，促使主题出版具有更广阔的创作视野、更丰富的创意素材，从而大大释放了主题出版数字阅读产品编创与制

作的活力，激发各出版机构将选题策划重点由宏大深刻的"老三史"转变为接地气、有趣味、小切口的多元主题。如人民出版社在 2019 年 6 月推出的全球首套三维码融媒书《中华诗词歌汇·学龄前儿童诗词歌汇》，就是取材于国家课程标准的部编本语文教材收录的 200 余首古诗词。除了经典诗词画作以及精准的拼音、名师的注释、专家的译评外，图书还借助智能图像识别技术，不再通过二维码，而是通过让读者扫描图片或文字，激活内嵌的历史名曲及朗诵吟唱的音视频。这种设计既是向中华优秀传统文化致敬，也是为小读者提供贴心服务，寓教于乐，同时还是对前沿科技创新应用的积极探索。可以说，选题范围的扩展，推动了主题出版的大众化发展。

2."大出版"格局逐渐形成，提升知识传播能力

伴随着选题范围的拓展，主题出版正以少部分出版社为主的"小出版"走向全国大部分出版社广泛参与的"大出版"。近些年，在全国有超过一半的出版单位参与了主题出版，有一批非党政社科类出版社异军突起，尤其是传统高端学术出版社和理工类大学出版社。专业出版社的主题出版，往往结合自身专业优势，通过传播科学文化知识唱响主旋律。例如，中国人民大学出版社依托自身的学术资源优势，自 2012 年起打造了系列化知识服务平台：中国问题研究文献出版目录及服务平台、中国审判案例数据库、中国思想与文化名家研究资料库。其中，2019 年，中国审判案例数据库、中国思想与文化名家研究资料库在数博会上荣获"数字出版创新成果奖"；2019 年 5 月，中国问题研究文献出版目录及服务平台在中国数字出版创新论坛上被评为"融合发展创新应用推优案例"。中国人民大学出版社通过"深耕主

业、多元开拓、融合发展"的经营战略,在提升知识服务水平的过程中提高了自身影响力。由此可见,以知识传播引导社会舆论,有利于强化主题出版舆论引导的权威性与公信力。

3."新主题出版"逐渐成长,议程设置能力得到提升

传统主题出版对政治思想的导向性具有较高要求,因此主题出版物多内容严肃、叙事宏大、理论性强、说教味重,这导致主流市场上读者常常对其敬而远之,很多优质主题出版物被束之高阁。近些年,越来越多的出版社开始结合自身优势,针对政府下达的指令性主题出版任务进行面向市场的前期选题策划,打造主题出版畅销书,在保证主题出版社会效益的同时,扩大经济效益。这种不仅传达了主流价值观,而且赢得主流市场的主题出版活动叫作"新主题出版"。当前,"新主题出版"在数字化推广与营销方面进行了积极探索。一方面,"新主题出版"重视融媒体主题出版产品的开发,着力促进主题出版的市场化。如《新中国发展面对面》融媒书的12集动漫微视频在新华网、人民网、中国文明网和学习强国、抖音、快手等网站平台热播,点击量近亿次。另一方面,"新主题出版"借助互联网平台对纸质图书进行商业运营,提高主题出版物在数字阅读市场的占有率。2019年7月,11家出版单位出版的30种学习习近平新时代中国特色社会主义思想的重点图书,在学习强国、新华书店网上商城、易阅通、咪咕、掌阅等14家网络传播平台上线。以融媒体出版物为代表的"新主题出版",自带市场营销属性,直接反映传播效果的下载量、粉丝数、播放量、转载量、评论量等指标。由此,主题出版的议程设置效应得以测量与评估,这为把握社会思想动态、引领时代风尚提供了参考依据

273

与发展方向，进而促进了议程设置能力的提升。

4. 以科技创新应用打造技术与艺术融合的精品，提升主题出版的影响力

2019 年 10 月，全球规模最大的国际出版行业展会—— 法兰克福书展在德国法兰克福会展中心举行。中国出版集团与中国大百科全书出版社主办的《穿越时空的中国》数字影像展，在展会的主展厅用长 25 米、高 3 米的高清巨幕展示。影像展通过 3D 技术和流媒体技术，让 2700 千米长的中国大运河、1700 余个人物、200 余艘船只"活"了起来，蔚为壮观，吸引了不少人在屏幕前合影留念并在看完影像展后翻阅同名图书。该影像展被法兰克福书展副主席傅蓝赞为此届书展的巨大亮点——"这是一个艺术与技术完美融合的优秀案例"。5G 的普及会促使更多前沿科技的应用场景落地，数字内容产品的科技含量将越来越高。主题出版有望借助 AI、VR、AR、H5 等前沿科技的创新应用，打造技术与艺术融合的融媒体主题出版精品力作，从而彰显主题出版的影响力。

（四）结语

主题出版作为中国出版业的时代尖兵，在移动互联环境中践行舆论引导新理念，不仅是积极发挥职能、参与社会治理的应有之义，还对整个出版行业具有不可替代的引领示范作用。在移动互联时代，主题出版要继续发挥好引领先进文化、宣传主流舆论的功能，需要不断推出符合移动互联传播规律、满足民众需求的高品质数字阅读内容产品与服务，以精品力作增强文化自信，由此实现出版强国之梦。

第六章

主题出版的动力机制与评价机制研究

一、主题出版高质量发展动力机制的优化研究

> **引语**
>
> 主题出版的动力机制是整个主题出版高质量运转的枢纽。探寻和优化我国主题出版动力机制是推动主题出版高质量发展的当务之急和关键所在。本节分析梳理现阶段我国主题出版发展的三大动力源及动力机制，进一步提出现阶段我国主题出版动力机制存在着出版主体内生动力不足、市场化和数字化拉动力不足以及评价体系单一等问题；并从完善评价体系、加快学术共同体融合和三力聚能这三个方向探讨我国主题出版动力机制的优化升级。

主题出版直接服务党和国家的中心工作，是出版工作的"重中之重"。近年来，主题出版快速发展、热点突出、精品迭出，与此同时，在长期发展过程中，部分主题出版物呈现"出版热、市场温"、主题出版运行机制不合理、长远发展动力不足、评价体系不科学不完善等问题。现阶段主题出版的战略重要性和整体发展存在一定的差距，其中动力机制关乎主题出版高质量发展全局，是主题出版发展的内因，亦是整个主题出版高质量运转的枢纽，更是现阶段有些主题出版存在问题的症结所在。探寻和优化我国主题出版高质量发展的动力机制是推动主题出版高质量发展的当务之急和关键所在。

（一）使命与需求：现阶段主题出版工作的动力源与动力机制

动力机制是驱动主题出版活动高质量发展的力量结构体系及其运

行规则。运行顺畅高效的动力机制可以将主题出版运行的动力源尽快转化为竞争优势，并可能带来持续的品牌优势和市场优势。那么，驱动我国主题出版发展的动力源是什么？这些动力源如何相互作用形成运转有力的动力机制？

1. 当前驱动主题出版发展的动力源

（1）党和国家政策的推动力

主题出版作为自上而下的制度设计，与党和国家在各个时代发展的脉搏同频共振，在发展过程中，政策导向和国家项目帮扶起到了关键作用，成为助推主题出版发展的主要动力，具体表现在以下两个方面。第一，党和政府管理部门主导主题出版选题，自 2003 年起，中宣部、原新闻出版总署每年都会发出关于主题出版的工作部署、内容范围和工作要求的重要通知，向全国各地区、各部门的各出版单位征集中宣部主题出版重点出版物选题，这些选题规划引导了主题出版的具体角度和范围，并进行了更为细致的二级界定，如建党百年、乡村振兴、脱贫攻坚等，引导方向更加精准。这成为业界出版工作非常重要的一个抓手，也是各出版社竞逐的重要项目。第二，政府主导评奖，近年来"五个一工程"奖、中国出版政府奖、"中国好书"奖等重大评奖活动，都把主题出版作为重要出版物门类来考量。入选的项目在出版资助、评奖推优、业绩考核等方面均可获得大力支持。总之，党和政府在主题出版发展过程中起到了主导作用，亦是目前主题出版动力机制中的第一主角。这也是我国主题出版发展最大的特点。

（2）国内外市场需求的拉动力

国内市场拉动力方面。我国现阶段拥有超 14 亿人口，占有全球最大规模的读者群体，广大读者对优质出版物需求日益高涨。2022年4月23日发布的《第十九次全国国民阅读调查报告》显示，2021年以来，我国成年国民各媒介综合阅读率持续稳定增长，图书阅读率和数字化阅读方式接触率增幅一致。一本好的主题出版物可以是一部优秀的学术著作，也可以是一部脍炙人口的文学作品。实践证明，优秀的主题出版物市场反馈非常好。开卷监测数据显示，2021年度销量在百万册以上的28种图书中，主题出版物占17种。"双效"俱佳的主题出版物有《中国制度面对面——理论热点面对面·2020》，印数近220万，《红岩》《红星照耀中国（青少版）》印数均超100万，《火种：寻找中国复兴之路》印数达20万，《漫画百年党史·开天辟地》中文版印数达25万等。我国国民庞大的阅读需求和良好的市场反馈拉动、激励着主题出版的高质量发展，为各出版主体布局主题出版提供了深层次动力。主题出版物正是靠强大市场占有率担当起举旗帜、聚民心、育新人、兴文化、展形象的使命与责任的。

国外市场拉动力方面。随着我国国际影响力的与日俱增，外国读者渴望更深层次地了解中国，"中国主题"的读物越来越受到外国读者的青睐。如外文出版社出版的《习近平谈治国理政》、中国人民大学出版社出版的《大国的责任》等治国理政学术类读物，从学理和事实等多个维度转译中国共产党和中国的执政思想和理论；一大批有思想、有温度，代表中国智慧的主题出版物为海外读者展现一个真实、立体、全面的新中国。主题出版物在海外肩负着以情感人、以正视听、构建话语权和舆论引导权的重大责任，具有"走出去"的先天优势。近年来，随着文化"走出去"战略的实施，主题出版国际市场的拉动力会愈加明显。这给主题出版讲好中国故事、传播好中国声音提供了世界市场,是主题出版健康发展的又一动力因素,同时也对我国主题出版国际传播力提出了更高的要求,带来了更多的挑战。

（3）出版主体自主创新发展的内生动力

主题出版的实践主体多年来都是以国有出版主体为主,如人民社、党史社、军队社。各级人民出版社是主题出版实践的主力军,经验丰富、实力强劲,用精品图书和出版品牌支撑起主题出版"国家队"的地位。以上海人民出版社为例,其出版的《火种:寻找中国复兴之路》获得第五届中国出版政府奖图书奖、2020 年度"中国好书"两项颇具分量的大奖,截至 2021 年年底,更是取得销量 20 万册的好成绩。近几年,随着主题出版学术性的彰显,科技类和学术类主题出版物异军突起,大学出版社和科技出版社成为主题出版的新生力量,成绩斐然。社会效益和经济效益正向反馈激励着主题出版主体有动力持续投入。目前,不少出版机构配备主题出版策划团队、投入专项资金和设立主题出版专职部门,以激发内驱力,长效系统地开展了主题出版工作。

主题出版主体的内生动力是一种自发的推动主题出版各类主体行动的内在力量,是行为机制的原动力。这主要体现在我国主题出版高质量发展和传播力提升的需求上。新时代为主题出版的转型升级带来了机遇,亦提出了高质量发展要求。从主题出版规划布局、选题策划、作者培育、编辑投入、深度加工到宣传营销等出版流程的不断丰富、提高和完善、精进,内生动力激励和驱策着主题出版主体充分利用自身资源优势,充分发挥主观能动性,提升主题出版能力和主题出版物传播效力。出版主体的内生动力越强,越有利于主题出版长远健康发展:一方面可以实现主题出版的社会效益,另一方面体现为在市场竞争中本能地追求良好的市场反馈和利润等经济效益，最终实现主题出版双效统一的发展目标。

2. 主题出版"自上而下"与"自下而上"互动结合的动力机制

总的来说，我国主题出版动力机制发挥作用的过程，就是政府推动力、市场拉动力及出版主体自身发展动力这三种力量共同作用的过程。

现阶段，我国主题出版主要由政府及主管部门主导、出版社按节点和要求跟进的动力机制，正在逐渐过渡到政府行业部门指导支持、出版主体主导运作的运行机制。新时代的主题出版已由党政类出版社的政治任务转变为各出版企业的自觉意识，主题出版的特征也发展为政治高度、学术规范、市场运行三位一体的基本要素群。近年来，越来越多出版企业积极参与主题出版工作，主题出版的主体在不断扩大，大大拓宽了主题出版的选题范围和策划深度。这种动力机制的运行注重主题出版的社会效益，对出版企业来说是做"加法"，出版企业主体对接国家重大战略，充分发挥主题出版具有高关注度、高融合度的优势。对更为微观层面的主体（如编辑）来说，由于没有太多的经济效益考核指标和盈亏压力，更是可以毫无后顾之忧地投入其中。有些专业出版社通过做主题出版，大大提升了知名度和品牌影响。如浙江科学技术出版社作为一家地方科技社，以出版高水准科学专著、应用技术读物和大众读物见长。2019 年，该社主动策划的主题出版物《他日归来——钱学森的求知岁月》具有较大的人生观导向价值和史料价值，该书勾勒了钱学森 1911 年出生至 1955 年归国的早年求知岁月，及其树立远赴海外求学只为"他日归来"科学报国的人生信仰。该书入选 2019 年度"优秀青少年读物出版工程",增加了地方专业出版社的透光度。这样的荣誉成为一些中小出版社和编辑从事主题出版工作的直接动力。

在主题出版"自上而下"的动力机制之外,更多的大众类主题出版物在"自下而上"诞生。这种动力机制主要由编辑和作者积极主动策划推进,出版企业主体运作,政府指导支持。这种运行机制下诞生的主题出版物多面向普通大众,覆盖面更广,市场化程度也更高,在营销方面较少依赖系统发行,主要通过各种灵活的营销手段进行市场运行。北京世纪文景文化传播有限公司带着"为大众阅读构建理解中国当代发展的新常识"这一强烈的问题意识,开辟出一条名为"中国之治"的产品线,将大众读者作为主要受众。浙江人民出版社出版的《漫画百年党史·开天辟地》,以漫画特有的亲近性和亲和力,为大众科普党史。这类大众主题出版物没有晦涩的学术用语和复杂的学术表达,文字简洁有趣,案例生动活泼,给出版社甚至民营出版主体布局主题出版带来动力和空间。这是主题出版长远发展需要依靠和加强的深层次动力,也是我们鼓励和提倡的动力机制之一。

虽然一些出版企业通过"自下而上"的方式,积极主动开展主题出版工作,但主题出版发展的整体现状还是以"自上而下"的传统动力机制占主导。主题出版是党和政府的推动力与出版企业的内生动力之间的有机结合,"自上而下"与"自下而上"两种动力机制的对接和张力在主题出版高质量发展的今天愈加明显,没有"自上而下",就没有主题出版的指挥棒效应和宏观层面的引领动力;没有"自下而上",就没有主题出版微观层面的主体个性和生动活力。

（二）问题与偏差：自我驱动与系统分配的失衡，主题出版动力偏离现象分析

现阶段我国政府主导的主题出版动力机制有力地推动了主题出版实践的发展，然而，随着主题出版高质量发展的推进，现有动力机制仍存在一些问题，尤其体现在主题出版主体内生动力不足，市场化、数字化拉动力不足以及评价体系单一三个方面。

1. 主题出版主体内生动力不足

主题出版主体可以细化为组织层面的出版机构主体和人力层面的编辑作者主体。

在组织层面，不同类型的出版机构内生动力差异较大。结合历年国家各大主题出版项目评奖和中宣部主题出版物重点选题来看，传统党政类、综合类大型主题出版主体集中度较高，较好的社会效益和经济效益反馈，如项目和评奖的支持，使得这些"头部"主题出版主体有动力持续投入。如前所述，人民出版社、上海人民出版社、广东人民出版社、中国人民大学出版社等均设立主题出版专职部门，系统开展主题出版工作。而相比之下，大多数出版主体竞争不够充分，申报项目和评奖空间也十分有限，一定程度上造成项目申报靠"碰运气"的认识误区，也降低了许多规模不大的出版主体投入主题出版的积极性。其他出版企业如专业出版机构，特别是民营出版机构，长期游离在主题出版活动之外，对主题出版的认知也存在一定的偏差，仅将主题出版作为一项政治任务和短期行为，没有将它纳入其长远规划布局和系统的战略规划，既没有具体的考核指标，也不太关注市场经济

效益。在出版流程前期没有精研选题策划，编写时期没有深耕内容设计、维护和培育优秀作者，成书之后也没有研究市场和营销推广，在这样的运行机制下，主题出版被孤立于其他出版板块，只是一味地做简单加法，每年应景地做几本。即便拥有相对不错的选题，有的选题甚至还得到国家项目和评奖的支持，但最后真正实现双效益的主题出版物并不太多。一方面，主题出版评价体系里，经济效益权重的不足使得获得国家支持的主题出版项目不注重经济效益和读者反馈，造成许多主题出版物雷声大、雨点小，市场影响力有限，实际传播效果不容乐观；另一方面，主题出版机构主体发展的不均衡使得许多"头部"之外的出版机构主体投入主题出版动力不足。

在人力层面，主题出版物的创作者主要是编辑和作者，集政治性、学术性和市场性于一体的主题出版物对创作者要求相当高。要实现主题出版高质量发展，创作者群体要有创作激情和动力，也要具备创作精品主题出版物的能力。在具体实践中，由于在出版机构的制度设计、激励机制、评价考核等方面，主题出版占比尚不足，相当一部分创作者的付出不能获得相应的回报。另外，学术共同体和高校科研机构等对主题出版物存在误解，有所疏离，致使主题出版的学术评价动力不足，创作者处于被动和应付状态，缺乏"做好书""出精品"的动力和激情。

2. 市场化和数字化拉动力不足

国内市场方面，主题出版物的特殊属性造成了部分依靠中央到地方各级政府的系统购买形式，这种营销方式能较好地缓解出版主体的经济压力，但也让出版主体的市场意识愈加淡漠，不关注一线读者的反馈，一定程度上影响了主题出版的市场竞争力和影响力。再精美的图书，如果被束之高阁或者仅仅被赠送给读者，那它的传播力和影响力也会大打折扣。出版业考核机制一直以来都将社会效益放在首位，但从社会意义机制上来说，应以传播作为考量作品质量的重要指标，在完整的主题出版传播链条中，出版主体创作完成远非作品的终止。有些主题出版物（包括获得奖项和资助的主题出版重点出版物）并不成功，这些读物的声量仅存在于评奖、项目和同行圈层，没有真正投身市场，接受市场的洗礼和读者的评价，市场拉力的缺位使得出版主体在创作活动中忽视作品的传播和社会读者的期待，这是主题出版市场中较为普遍存在的问题。

在融媒体时代，主题出版市场拉动力不足的问题尤为突出，主要体现在青年读者数字阅读市场的需求没有得到很好的满足。2022年4月23日，为第27个"世界读书日"，当日，由中国新闻出版研究院发布的《第十九次全国国民阅读调查报告》显示，成年国民数字化阅读倾向明显，中青年人成为数字化阅读的主体，同日发布的《2021年度中国数字阅读报告》亦显示，2021年中国数字阅读产业增长率达18.23%，数字阅读用户规模达5.06亿，人均电子阅读量为11.58本，Z世代成为数字阅读的主力军。庞大的青年读者群体是数字阅读市场上举足轻重的消费主体。近年来，我国的主题出版在融媒体传播转型实践的过程中，探索了诸如融媒体平台、融媒体产品、"主题出版+"内容场景等模式，取得了一定的成绩和经济效益，但现有融媒体主题出版产品多依靠出版机构背后的行政力量，加上融媒体时代复合型编辑的短缺，传统编辑原有的知识储备和技能难以应付新形势下的挑战，取得较大影响和实际效果的融媒体主题出版平台和产品还很少，特别是市场化的融媒体产品开发不足，多是停留在行政力量下进行技术上的数字化，没有真正让读者提起兴趣，自发阅读传播。与庞大的市场需求相比，目前丰富的融媒体主题出版产品还是没有明显突破，受欢迎的、接地气的、受众面广的融媒体主题出版物严重不足。这一强大市场动力在我国主题出版运作中还没有被赋能。

国外市场方面，有些主题出版"走出去"行为仅仅是获得项目和资助红利的物理性"走出去"，存在动力偏差。出版社针对不同输出地域的差异化需求未进行深入了解与剖析，对国外读者阅读需求、兴趣、偏好等方面的调查不足，主题出版物在选题策划、内容创作、表现形式上未能达到国外读者的阅读期望值，则无法真正创作出走进国外读者内心的、影响深远的主题出版物，这直接导致主题出版国际市场销量不甚理想和影响力不足。亟须优化完善主题出版"走出去"的动力机制。没有优秀的面向海外市场的主题出版物，就无法完成"深入交流、加深理解、相互支持"的时代使命，也就无法满足海外受众和读者对中国道路、中国故事日益增长的好奇与期待。提升我国主题出版物国际传播力和影响力依然任重道远，国际市场的拉动力亟须得到彰显。

3．主题出版评价体系单一

现阶段，我国主题出版的评价机制是政府指导主题出版活动的指挥棒，主要体现在党和政府主导评奖及考核两方面。如中宣部主题出版重点出版物选题是唯一面向全国所有出版企业的主题出版项目评选，是业界公认品质最高的国家级主题出版工程，已经成为评价主题出版项目的重要指标。以 2021 年 8 月公布的选题为例，各单位上报主题出版选题 2232 种，最终入选 170 种，入选比例不足 8%，入选难度较大且集中度高，包括各级人民出版社在内的"头部"出版机构在评选中处于明显领先地位，除此之外，马太效应明显。中宣部主导的国家出版基金项目对入选的主题出版重点出版物选题会给予专项支持，这些出版物也会得到其他重要奖项和资助的青睐，如人民邮电出版社 2019 年的重点选题"科技改变中国"丛书不仅被评为中国出版协会 2019 年度好书，更是入选 2021 年中国出版政府奖图书奖提名奖；2021 年的重点选题《科学与忠诚：钱学森的人生答卷》，入围 2021 年度"中国好书"奖。上海人民出版 2020 年的重点选题《火种：寻找中国复兴之路》获第五届中国出版政府奖图书奖、2021 年度"中国好书"、第十六届文津图书奖等重要奖项。这些入选的重点出版物在业内起到引领示范作用，对出版机构考核维度的评价也有直接的正面影响。相比之下，数量有限的评奖项目与数量庞大的参评项目降低了许多规模不大的出版单位投入主题出版的积极性。截至目前，有将近三分之二的出版单位从未获得这一奖项。

除了评奖项目设置较为单一之外，评价考核的层次也比较单一，主题出版是政治性、学术性和市场性的统一，这是主题出版高质量发展的根本和保证。中宣部于 2018 年印发的《图书出版单位社会效益评价考核试行办法》（本章简称《办法》）是重要的主题出版评价考核工具，《办法》中量化评价指标"文化和社会影响"一级指标共 23 分，其中"社会评价"占 4 分，具体考核出版物的"受众反映好、社会影响大"情况，而真正涉及市场发行情况和社会评价的标准仅占 1 分。评价机制没有很好地凸显市场和读者的重要贡献，动力机制里市场和读者的拉动力也显得不足。除此之外，现有的评价考核体系中学术维度、技术创新维度评价的缺位也不利于主题出版与学术共同体的融合和融媒体主题出版产品的创新。

（三）创新与融合：新时代主题出版动力机制的优化方向

主题出版的高质量发展，是驱动知识、技术、制度、文化、人才等因素共同协作的过程，是规模扩大、实力增强的过程，也是转型升级、提质增效的过程。随着主题出版发展阶段和发展水平的不断变化，随着动力源的相互作用，在不同地域、不同主体，其动力结构也在发生不断变化，存在进一步提升和优化的空间。目前，我国主题出版高质量发展的动力系统还需整合评价机制推动力、技术驱动力、市场拉动力和人才支撑力等。为保障主题出版动力机制的系统高效，避免主题出版各动力因素的乏力与失灵，可构建基于主题出版评价体系的以政策引导、市场运行为两翼的"主体内生动力激发"制度保障机制。

1. 完善评价体系，形成动力机制升级的保障

为了激发主题出版多元主体内生动力协同发展，可以相应调整评奖机制。一方面，扩大评奖入口和范围，争取更多出版主体积极参与并投入主题出版精品工程；或增设特色奖项，特别针对结合本地域／本领域／本出版机构的现有基础和禀赋，突出专业和特色，构建政府引导、企业参与的特色主题出版引导机制，评奖和资助多向"小而美"的特色主题出版项目倾斜，如特别激励国有出版企业出版融媒体主题产品的努力，同时鼓励有能力、有创意、有市场和读者基础的民营出版企业积极投身主题出版。另一方面，也要进一步规

范评奖和资助的"出口"，增加结项审核，形成"立项准入＋结项审核"两级评价机制。有一些出版企业参评的动力仅仅是获得立项的荣誉和加分，其入选的主题出版物虽然获得支持和资助，但后续的阅读推广和市场拓展没有能力或者没有动力跟上，无论是社会效益和经济效益都乏善可陈，浪费了国家的资源投入，也挤压了其他主体的竞争空间。职是之故，应以合理和可操作性强的基于"双效合一"评价审核体系来规范评奖和资助的"出口"，建立"能上亦能下"的灵活机制。

在考核方面，出版行业历来都是从社会效益和经济效益两个方面对出版机构或出版物进行评价考核的。2015 年 9 月，中共中央办公厅、国务院办公厅印发《关于推动国有文化企业把社会效益放在首位、实现社会效益和经济效益相统一的指导意见》后，各级出版主体都在认真思考和贯彻落实。主题出版作为凝聚共识、资政育人的重要抓手，更应将社会效益放在第一位，这是出版主体从事主题出版活动不变的坚守和初心。然而，市场才是检验主题出版物是否双效合一的舞台，读者才是评价主题出版物传播效果的标尺。我国主题出版高质量发展亟须构建以市场实效价值和读者满意为导向的绩效评价机制，加入一定权重和分量的市场维度和读者维度指标，基于内容创新、技术创新、人才创新、机制创新等维度评价市场化能力；基于受众认知、受众态度和受众行为等维度评价主题出版物传播效力。在评价考核的指挥效应下，出版各级主体才更有动力精研市场和读者，良好的经济效益回报让转企改制的出版主体更有动力加大投入。事实上，良好的读者反馈，包括读者满意度的提升、阅读量的增加、经济效益提升，也是世界观、价值观、历史观的培育，某种程度上就是主题出版物呈现和收获的最大的社会效益，也是最核心的出版价值所在。

2. 加快学术共同体融合，激发学术力量的参与

新时代主题出版是政治性、学术性和市场性的统一，其中学术性是主题出版的基础。而具有高度政治站位、专业学术水平和时代书写能力的作者是精品主题出版物的关键。主题出版的学术性既要体现高水平的"大家"手笔，如上海交通大学军史专家刘统书写军史热血故事的《战上海》，充满人性的真实感，写故事的笔法和简单的语言让军史不再枯燥乏味；也应在"小书"上得到彰显，如"大家写小书·马恩经典著作新读"丛书，以过硬的学术水平和深入浅出的解读阐释，以及编排上的"小书"呈现，给读者带来极佳的阅读体验。但不可否认，也有为数不少的主题出版物存在选题策划低水平重复、学术含量低、内容敷衍拼凑等问题。主题出版学术评价的迟滞和欠缺，不仅会加深业界和学界对主题出版仅作为"政治献礼"的刻板印象，影响出版主体包括出版社和编辑的学术影响力，更是直接影响作者的创作激情和动力。由是观之，主题出版的学术性要求设置政府评价和市场评价两方面的评价和激励机制。一方面，主题出版考核评价体系应明确学术评价指标，激发出版主体下大力气提升主题出版物学术含金量，多出精品；另一方面，也要适当增加重要主题出版专项奖项设置，丰富评奖层次，奖励和资助高水平作者，提升主题出版作者的荣誉感和特殊地位。

289

可以从主题出版评价机制的学术评价维度破局，从而建立学界和业界合作的长效机制。高校和研究机构学者是最基础、最原始的学术力量，也是主题出版强大的文化动力，很多主题出版的作者本身就是高校学者，如《火种：寻找中国复兴之路》的作者为上海交通大学人文学院历史系教授刘统，《迈向高质量发展之路》的作者团队为华侨大学、中国社会科学院经济政策研究中心郭克莎教授团队，等等。在主题出版领域，学界与业界的破界与融合是必然，学界与业界本就是服务国家战略的一体两面，二者应提升共同体意识，合作生产专业知识。从评价机制入手，打通业界和学界的评价考核壁垒，在成果认定、职称评定等方面打造主题出版创作者的激励机制，为主题出版动力机制注入"源头活水"。

3．三力聚能，实现主题出版的动力加速

我国主题出版动力加速的核心是技术驱动力、市场拉动力和人才支撑力"三力合一"的提升。

国家新闻出版署自 2021 年起正式启动出版融合发展工程，2022年 4 月 24 日，中宣部印发《关于推动出版深度融合发展的实施意见》，与正在实施的出版融合发展工程相互支撑，构成推动出版融合发展的政策体系，形成推动出版融合向纵深发展的合力，这也成为主题出版动力机制优化的"新引擎"。主题出版应顺势而为，与出版融合发展的大势同向同行，主动对接融合发展工程建设，充分发挥主流文化的辐射和引领作用。从关注到投入，从投入到深耕，从深耕到引领，最大限度地满足新媒体受众和青年读者的阅读需求，尤其是结合 Z 世代

青少年读者的兴趣特点，生产一批主题鲜明、文质兼美、润物无声、深受青少年喜爱的图书和融媒体产品。近年来，《红星照耀中国》《山海情》《觉醒年代》《长津湖》等作品的爆火，拓宽了党政类读物在青年群体中的热度，融媒体产品进一步突破已有的业务边界。如《给90后讲讲马克思》音频+党课，形成了线上线下的联动，总收听量超2.7亿；以《兵临城下》为代表的红色沉浸式剧本杀以极大的创作空间和多元的产品形态，结合市场特性与党建需求，让历史从"高高在上的讲授者"变成"实时场景中的引导者"，更带领青年一代深度体验浓浓爱国情与时代同理心；"that's books"平台是五洲传播出版社瞄准阿拉伯世界和拉美地区的读者市场需求，将中国内容镶嵌在当地内容中自建的多文版数字阅读平台，2020年在阿拉伯本地数字阅读平台的排行榜上位居第二，截至2021年10月，下载量超过640万，被阿拉伯主流媒体评价为"送给阿拉伯读者的中国礼物"。技术的驱动和创新不仅是VR、AR等外在的酷炫体验、闪亮包装和营销噱头，而是从主题出版资源的全新整合、内容服务的转变和渠道融合、商业模式探索，到出版企业内部的组织结构、生产流程等方面的各种实践，这些因素共同形塑主题出版的融媒基因，为内容的生产者提供更多的动力和服务，为内容的消费者提供更加多样化的传播样式、更完美的体验和感受。真正实现技术驱动下的市场拉动力的作用，撬动庞大的海内外数字阅读市场，实现主题出版市场"弯道超车"。

　　主题出版动力加速的关键因素是人才。做好主题出版需要人才，做优融媒体主题出版更需要"专才"，面对新的媒介环境和海内外两个市场的读者，有的编辑一方面思想观念转变不够及时，投身融媒体产品和"走出去"读物的研发意愿不高；另一方面，自身的知识和能力结构尚不能满足复合型出版和外向型出版的岗位需求，疲于应付，效果不佳。主题出版动力机制的人才支撑力要聚焦人才内生动力的培养、积蓄、持续、激发，特别是主题出版专门人才集聚内生动力的社会氛围和制度环境的营造，帮助人才调动内生动力，不断提升职业水平。应完善主题出版专门人才培育机制、荣誉激励机制、利润奖励机制、职称和职位晋升机制等，引导和推动编辑成长、转型。要打造一批思想政治素质过硬、创新创造能力突出、引领发展表现出色的主题出版高层次复合型人才。

（四）结语

我国主题出版高质量发展动力机制的优化和提升，是一个系统工程，在这个过程中，离不开政府保障制度的推动力。在人民群众精神文化需求日益增长的当下，制度建设要发挥好市场在资源配置中的巨大拉力，扶持有实力的各类出版主体做大做强，鼓励技术驱动融媒体主题出版产品的生产和分发，并充分体现优质内容资源的市场价值，培育和激励更多人才，以支撑主题出版动力机制的长效运转。应进一步规范和优化主题出版评价机制，释放动力机制各要素的活力，保障动力机制的高效和运转有力，进而构建良性的主题出版高质量发展新格局新生态，为出版业高质量发展提供新引擎，为加快出版强国建设提供新动能。

二、主题出版评价机制优化研究

引语

主题出版评价机制是党和国家贯彻落实主题出版服务国家战略的指挥棒。我国目前的主题出版评价机制形成了社会效益主导模式，贯穿于各类项目申报、奖励荣誉和出版单位的绩效考核体系之中。但同时，主题出版评价机制也存在评价体系不够全面、评选数量比例失调、市场评价偏弱、学术评价不到位、没有跟上融媒体发展等问题。要在坚持将社会效益放在首位的基础上进行优化，在扩充评价指标、科学合理引导、完善党政产学一体评价体系，尤其在建设国内国际两个市场评价体系、增设融媒体产品评价等方面，尚需创新除弊。

293

主题出版已经成为我国十分重要而特殊的一项出版活动，在文化强国建设、国际传播能力建设、出版业优化升级等方面具有重要战略意义。推动主题出版发展的因素众多，比如观念认知、创新意识、市场竞争、内容优化、评价机制等，其中评价机制对主题出版的发展具有导向作用，是党和国家贯彻落实主题出版服务国家战略的指挥棒。评价机制不到位，出版社做主题出版的动力机制就会受影响。因此，要真正让主题出版发展健康发展，就必须抓住考核评价这一标尺，引领、激发出版主体的积极性和创造性，实现主题出版从高速增长向高质量发展的转变。在此，有必要对我国当前的主题出版评价机制进行全局审视，探索评价体系建设的优化方向，更好地服务主题出版事业的发展。

（一）现实图景：主题出版评价的三重路径与量化指标分析

主题出版是党和政府自上而下的制度设计。2018年，原国家新闻出版广电总局的新闻出版、电影管理职责划入中宣部，下设国家新闻出版署（国家版权局）和国家电影局，充分体现了党和国家对出版工作的重视程度，强化了出版在文化强国建设中的主体地位。在这样的背景下，主题出版作为新时代党和国家出版工作的重中之重，其发展达到前所未有的高度。当前主题出版的评价体系形成了以中宣部牵头、社会效益优先、多层次的奖励评价机制。

1. 主题出版评价的三重路径

（1）国家级主题出版项目评选机制

出版行业主题出版板块级别最高、分量最重的三大评选项目分别是中宣部年度主题出版重点出版物选题评选、国家出版基金项目评选和国家重点出版规划项目评选，三者分别由中宣部新闻出版局、国家出版基金办公室、国家新闻出版署下发文件，是以项目推精品，促进出版强国建设和文化强国建设的重要把手。

中宣部主题出版重点出版物选题规划主要是指主题出版领域的专门评选项目，实行一年一次评选。自2015年起，中宣部每年都会公布主题出版物的重点选题方向，在各级地方宣传部和出版单位主管部门的推动下，各大出版社高度重视，竞争也异常激烈。从图6-1中可以看出，主题出版选题上报数量从2015年的1401种增加到2021年的2232种，这显示出各大出版社对该项目的重视程度和参与热情，但与此同时，年度平均立项率只有5%~9%。

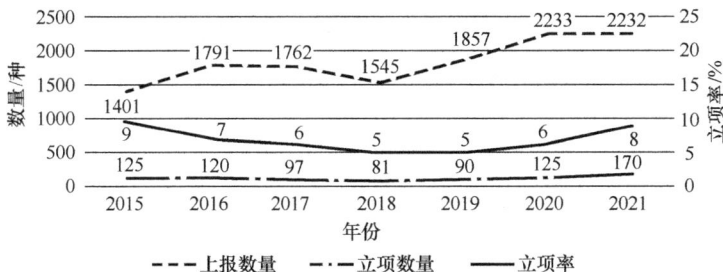

来源：作者根据媒体信息整理。

图6-1　中宣部主题出版重点出版物选题立项数量变化

　　国家出版基金与国家重点出版规划、中宣部年度主题出版重点出
版物选题的评选衔接十分紧密，尤其是后者。国家出版基金于2007
年设立，与国家自然科学基金、国家社会科学基金并列，是出版行业
规模最大、影响力最大的政府基金。入选中宣部年度主题出版重点出
版物选题和列入国家重点出版规划的项目会获得优先、重点资助。自
2012年起，国家出版基金为主题出版提供特别通道，单列主题项目申
报，与年度项目分开，突出了主题出版的重要地位。2015年，主题出
版项目评选进行了改革，从"先资助、后出版"的模式改为"先出版、
后资助"的模式，解决了之前模式可能存在的主题出版物时效性不强
和宣传效果滞后的问题。主题出版专项项目与中宣部年度主题出版重
点出版物选题密切联系，历届主题出版项目评审工作基本围绕中宣部
发布的主题出版选题重点展开，与特定时期内国家的战略政策保持一
致。2012年以来，国家出版基金陆续资助了1000多个主题出版项目，
项目入选率高达80%，远高于出版基金年度项目的入选率（平均为
38%）。2016年，主题出版专项资金达到4000万~5000万元。2016—2020

年间，主题出版共计资助 550 个项目，资助金额达 1.85 亿元。同样，2020 年度，共有 386 项国家重点出版物出版规划项目申报国家出版基金，最终有 226 个获得资助，申报成功率达 59%，这里面同样有不少是主题出版作品。

国家重点出版规划项目是出版业五年发展规划的实现方式之一，每五年评选一次，中间补增一次。"十二五"规划包括图书和音像电子出版物两大类，其中图书部分由社会科学与人文科学、自然科学与工程技术以及子规划三大部分组成，子规划包括马克思主义理论与研究出版规划、重大出版工程规划、少数民族出版规划、未成年人出版物出版规划、古籍整理出版规划和中国出版"走出去"出版规划。"十三五"（2016—2020）规划调整了子规划项目，首次专设"主题出版规划"，并置于各子规划之首，突出了主题出版在出版规划中的引领地位。"十三五"规划首次遴选项目共计 2171 项，主题出版规划占 100 项，"十四五"（2021—2025）规划首次遴选项目 1929 项，其中主题出版规划占 90 项。

这些国家项目评选与出版社的出版资助、评奖推优、业绩考核紧密衔接，尤其是能够获得包括国家出版基金在内的多项财政资助，地方也会结合实际情况指定配套扶持资助措施。同时，这些项目的"透光率"和"穿透力"也较强，对立项的主题出版物，党和国家有关部门、各地主管部门、出版发行单位会采取多渠道对项目成果进行展销和推广，比如在封面标注获批项目字样，组织新闻媒体集中报道，开展主题阅读活动，各地书店或电商平台设立专门区域集中展示，举办读者购书会，在重要时间节点延长相关书店的营业时间等，有助于充分发挥主题出版物的引领示范作用。正因如此，三大项目评选已经成为出版社最看重、最关注的评选，出版机构以入选这些项目为荣，认为这代表了对出版社的出版实力和品牌的认可。主题出版的评价机制也正是通过这三大项目的评选逐渐推进和完善的。

（2）全国性、综合性主题出版作品评奖机制

国家级图书评奖机制同样是推动主题出版发展的重要举措，在这些评奖类型中（如表6-1所示），"五个一工程"、中国出版政府奖、中华优秀出版物奖是综合类评奖活动，并称出版界三大奖项，行业、官方认可度最高，其中主题出版物占获奖图书总数量的比例各不相同。"五个一工程"与主题出版关系紧密，主旋律、重大题材的主题出版物获奖比例最低是76%，最高是92%，平均达84%。"五个一工程"奖是党领导文学艺术创作、凝聚民心、促进文化繁荣的保障，起导向作用，因此，作为党和国家风向标的主题出版所占的比重也最高。中国出版政府奖更注重学术原创，没有设主题出版类型奖项，但基本包含一部分主题出版物，其占比应该在20%左右。中华优秀出版物奖是由中国出版协会主办，共包括"图书奖""音像、电子和游戏出版物奖""优秀出版科研论文奖"，其中，图书奖中主题出版物占比为20%左右，这一比例也凸显出主题出版在这一综合类奖项中的地位。

表6-1　全国范围影响面较大、级别较高的主题类评奖情况

奖项名称	创办时间	创办组织	评选周期	主题出版物占比（以截至2022年5月的最近一届评选为参照）
"五个一工程"奖	1992年	中宣部办公厅	平均2年1次	图书特别奖5种+图书优秀作品奖10种，主题出版物约占84%，综合类（2019年）

奖项名称	创办时间	创办组织	评选周期	主题出版物占比（以截至2022年5月的最近一届评选为参照）
中国出版政府奖图书奖（前身：中国国家图书奖）	2007年（1992年）	新闻出版总署	3年1次	共计60种，主题出版物约占20%，综合类（2021年）
中华优秀出版物奖（前身：中国图书奖）	2006年（1987年）	中国出版协会（中国图书评论学会）	2年1次	共计100种，主题出版物约占20%，综合类（2019年）
"中国好书"奖	2014年	中国图书评论学会、央视科教频道	年度榜单、月度榜单	共计42种，单列主题出版物专项，9项，约占21%（2021年）
文津图书奖	2004年	国家图书馆	1年1次	共计19种，主题出版物约占20%，综合类（2022年）
向全国青少年推荐百种优秀出版物	2004年	中宣部出版局、全国少工委办公室	1年1次	共计100种，单列主题出版物专项，约占47%，综合类（2022年）
向全国老年人推荐优秀出版物活动	2014年	全国老龄工作委员会办公室、中国老龄协会、中国出版协会	1年1次	共计100种，主题出版物约占25%，综合类（2022年）

来源：作者根据媒体信息整理。

　　与上述三大奖项略有不同的是"中国好书"奖和文津图书奖。这两类图书评奖的主办者分别是中国图书评论学会和国家图书馆等公益性社会团体，主要目的是在中宣部的指导下推动全民阅读，丰富民众生活，在民间的知名度、受欢迎度较高。入选榜单的图书更受读者青睐，为出版社带来了市场美誉度和销量，各大出版集团和出版社也把这类评奖当作国家级奖项给予奖励，因此这些奖项对出版社和编辑有着强大吸引力。"中国好书"有年度榜单和月度榜单，包括年度荣誉图书、主题出版类图书、人文社科类图书、文学艺术类图书、少儿类图书、科普生活类图书。2021 年度"中国好书"评选新增网络文学板块，涵盖面广，覆盖人群广泛，主题出版类图书获奖的数量非常少，常年保持在个位数。文津图书奖参评图书分为社科类、科普类、少儿类，这三类都有一些主题出版精品，比如 2021 年第 16 届文津图书奖获奖作品《火种：寻找中国复兴之路》（刘统著），2022 年第 17 届文津图书奖获奖作品《红船启航》（丁晓平著），社会效益和经济效益俱佳。

在全民阅读的推进过程中出现了受众的细分化，以"向全国青少年推荐百种优秀出版物"和"向全国老年人推荐优秀出版物活动"为代表，这两种评选活动更贴近青少年和老年人的阅读特点与需求。"向全国青少年推荐百种优秀出版物"评选自 2004 年开始，每年评选 100 种图书，2022 年度专门设置了主题出版类别，共计 17 种，突出了主题出版在全民阅读的引领作用。"向全国老年人推荐优秀出版物活动"自 2014 年起每年评选一次，每次评选数量为 50~100 种，属于综合类评选，包括人文历史类图书、文学艺术类图书、养生保健类图书、生活休闲及其他类图书，2021 评选出 100 种，相较于往年，在申报数量和出版社数量上达到最高，主题出版物占比约 20%，其中有《中共党史十二讲》《人格的力量：中国共产党老一代革命家人格风范》等。

（3）专业性、地方性主题出版的项目申报和评奖机制

与前面所述的全国性、综合类图书评奖相比，官方组织和民间组织主办的专业性、地方性主题出版项目奖项，数量众多、形式丰富、奖励多元，激发了专业出版社、地方出版社做主题出版的热情，共同推动了主题出版整体的繁荣发展。专业出版领域的主题出版评奖项目如表 6-2 所示。其中，学术出版领域的主题出版奖项，主要有教育部

主办的全国高校出版社主题出版选题评审，2021年共有63家出版社申报选题488种，63种选题最终入选，入选率为13%。科技出版领域的主题出版奖项，主要有中华优秀科普图书榜，由中国科协、中国出版协会等主办，该奖项服务全民阅读，主要是引导民众尤其是青少年提升科学素质，属于综合类评奖，上榜图书中主题出版作品占比约10%，如2019年度获奖图书"科技改变中国"丛书（同时入选2019年中宣部主题出版重点出版物选题）位列其中。

表6-2 专业出版类、地方性主题出版评奖情况

奖项名称	创办时间	创办组织	评选周期	主题出版物占比（以截至2022年5月的最近一届评选为参照）
专业出版领域的主题出版奖项（仅列举部分）				
全国高校出版社主题出版选题	2014年	教育部	1年1次	共计63种，100%（2021年）
中华优秀科普图书榜	2018年	中国科协、中国出版协会等联合主办	1年1次	共计40种，主题出版物约占10%（2021年）
优秀现实题材和历史题材网络文学出版工程	2020年	中宣部、国家新闻出版署	1年1次	共计9种，100%（2021年）
地方性主题出版项目、奖项（仅列举部分）				
省"五个一工程"（以浙江为例）	1992年	浙江省宣传部	平均2年1次	图书奖共计12种，100%，综合类（2019年）
地方图书奖（以上海图书奖为例）	1992年	上海市出版协会	平均2年1次	共计104种，主题出版物约占15%（2021年）
中版好书榜（现为"中国出版集团好书"）	2013年	中国出版集团	2个月1次	共计23种，单列主题出版物类，3种，约占11%（2021年）

来源：作者根据媒体信息整理。

近年来，在文学网站和国家相关部门的倡导下，网络文学现实主

义转向明显，出现了一批书写时代精神、传递正能量的精品读物，实现了与主题出版的相互转化，比如书写乡村支教青年的《大山里的青春》、探索中国新兴社区管理模式的《白纸阳光》等。网络文学具有深厚的读者基础和内容优势，一些精品作品出圈后，形成了影视剧、图书、动漫、游戏等多维改编的集群式互动。2020 年开始，国家新闻出版署创办了"优秀现实题材和历史题材网络文学出版工程"，每年推出不超过 10 部作品，将网络主题小说纳入主题出版评选，极大鼓舞了网络文学的市场创作，这是国家对新兴主题出版形式变化的及时回应和引导，也有助于拓宽出版社做主题出版的思路。

与全国性、综合类主题出版奖项相对应的，各地方（包括官方和民间）也积极设置主题出版类项目和奖项，鼓励地方出版社参与主题出版活动。浙江省宣传部创办的省级"五个一工程"奖中，入选作品 70 部，其中图书 15 部，均可纳入主题出版范畴。除此之外，与主题出版相关的奖项还有浙江省最高级别的政府出版奖——浙江树人出版奖，浙江省出版协会主办的省优秀出版物编辑奖，浙江省新华书店推出的"浙版好书"单设的优秀主题出版物奖，这些都获得省内出版界的广泛认可。上海图书奖由上海市出版协会主办，属于综合类评奖，获奖作品中主题出版物比例约占 15%。中国出版集团 2013 年推出中版好书榜，主要面向的是集团所属十几家出版机构的最新图书，共有主题出版、人文社科、文学艺术、教育、网络出版物、音像电子等六大类，其中主题出版类别位列首位，入选的图书奖通过新闻发布会、媒体宣传、书评、宣传片等在线上线下推广，集团同时会对重点营销活动给予资金支持，对年度获奖图书予以特别奖励，这一榜单在读者市场也具有一定的认可度。

以上只是列举个别地方的出版项目和奖项。总之，可以看到，主题出版的评价机制主要是形成了国家级、地方级和学术出版领域的项目申报、推优评选等多元评价体系。

2. 主题出版的量化指标体系建设

除了项目申报、奖项评选，对图书出版单位的社会效益评价和年度绩效考核也是评价机制的典型体现，社会效益和绩效考核形成了一套完整的量化体系，概括起来是将社会效益放在首位、实现社会效益和经济效益相统一的具体体现，反映在 2015 年中共中央办公厅、国务院办公厅印发的《关于推动国有文化企业把社会效益放在首位、实现社会效益和经济效益统一的指导意见》、前文提到的 2018 年中宣部印发的《办法》这两份文件的相关规定上。

2015 年的这一文件是从整体上对图书出版单位的价值导向给予规定，但是概念抽象，较难进行可操作性验证，尽管地方进行了初步的指标探索，但未在全国形成统一的评价体系。在 2018 年中宣部印发的《办法》中，社会效益方面的评价考核占比权重在 50% 以上，图书出版单位负责人薪酬与包括社会效益在内的综合绩效考核结果挂钩，同时对社会效益考核等级为优秀的图书出版单位给予表彰，并在评奖推优、出版资源配置、政策资金扶持等方面给予倾斜，从中能看出来现有评价体系中社会效益主导的评价模式。

《办法》中设置了 4 类一级指标、9 个二级指标和 35 个方面的量化标准，满分为 100 分，其中一级指标包括出版质量（50 分）、文化和社会影响（23 分）、产品结构和专业特色（15 分）、内部制度和队伍建设（12 分）。出版质量指标权重最大，这里着重考核出版社或图书的导向和质量问题。其次是文化和社会影响指标，这个指标主要是指社会效益，同时也是各大出版社拉开差距的关键。入选各类国家级出版规划、重点工程、国家资助项目并实现出版的重点项目赋值 10 分，获得出版界三大奖和国家级行业性奖项、全国性优秀出版物推荐的奖项荣誉赋值 6 分，受众反映好、社会影响大的出版物的社会评价部分赋值 4 分，国际影响赋值 3 分（包括出版物版权输出、实物输出情况）。产业结构和专业特色指标有助于帮助出版单位形成特色，只有做好自我定位与体现专业特色才有可能在这块取得较高的评分，这也是出版社的核心竞争力要素。内部制度和队伍建设要求企业执行内部社会效益考评机制，遵循出版管理制度和党风廉政建设的相关要求。

从《办法》的量化体系可以看出，社会效益贯穿全出版过程，图书导向和内容质量是重中之重，再次说明了内容是包括主题出版在内的出版工作的生命线。围绕质量考核，各出版社进一步规范出版流程，实行严格的审稿校对机制，以保障出版质量。与此同时，文化和社会影响指标的存在将重新调整出版社内资源的重新分配，由于主题出版在各类项目申请、评奖方面占有重要地位，该指标将驱动出版机构投入精力认真做好主题出版。

尽管《办法》是对出版单位的年度综合考核，但是在主题出版物的项目申报和奖项评选中，仍然具有重要的参考价值，从各类项目申报、评奖通知文件（如 2022 年度主题出版重点出版物的相关通知）中，我们可以看出评选作品的三个侧重点：第一，强调作品的导向把关；第二，强调内容质量；第三，原创能力和创新能力，要求出版物在内容品质、选题角度方面既有特色，又有新颖的表达形式，吸引读者。因此，《办法》的量化体系指标主次清晰，能够强化图书出版单位的政治导向和质量把关，更好地服务党和人民的文化事业，整体来说引导着主题出版的高质量发展。

（二）机制反思：主题出版评价模式的不足

社会效益主导的评价模式充分贯穿在主题出版项目申报、评奖推优和出版绩效考核中，为出版社的发展和主题出版工作指出了方向，主管部门和出版单位在实践中都积累了丰富的实践经验。然而，反思该评价模式，仍然能发现一些问题和不足，以"试行"的方式推行，说明还有调整与优化的空间。

1．主题出版的项目评奖数量相对较少

严格把关、严控数量是把控质量、实现精品出版的关键，不过在立项、获奖数量的分布上，难免会出现比例失调、覆盖面不全的问题。通过分析比较各类项目、评奖数量，可以发现，相对来说，对于国家重点出版物出版规划和国家出版基金，出版机构覆盖面较全、比例较为合理，其他类别的评选在比例和覆盖面上则无法兼顾中小型出版社。

以"十三五"国家重点出版物出版规划项目为例，自2016年首次发布，经过4次增补和调整，共列入项目2959个（图书项目2632个，音像、电子出版物327个），由全国573家出版单位承担。在首批遴选的2171种出版项目中，两个大的门类——社会科学和人文科学类，共计783项，占比约36%，自然科学与工程技术类共计548项，占比约25%，其他七个子规划占比基本在1%～7%，其中主题出版占

比约 5%。考虑到学术出版与主题出版相互转换的关系，在两个大门类中的一些学术图书也可视为主题出版物，如首都经济贸易大学出版社的《把成功作为信仰——航天工程质量管理》，主题出版的占比可能更大。在出版社的入选数量排名上，位居前 5（含并列）的分别是人民出版社、科学出版社、上海科学技术出版社、北京大学出版社、化学工业出版社、中国人民大学出版社，其入选项目数量基本在 18 项以上。"十三五"国家重点出版物出版规划项目中，既有实力雄厚的大社形成领先优势，也照顾到了一些中小型出版社。

同样，"十三五"期间获国家出版基金资助的年度项目单位共有 581 家，资助金额在 50 万元以下的项目 1705 个，承担出版单位 510 家；资助金额在 50 万~100 万元（不含）的项目 2258 个，承担出版单位 539 家；资助金额在 100 万~500 万元（不含）的项目 741 个，承担出版单位 314 家；资助金额在 500 万~1000 万元（不含）的项目 58 个，承担出版单位 43 家；资助金额在 1000 万元及以上的项目数量 22 个，承担出版单位 15 家。在年度项目中，政治、经济、社会、党史、国史等方面具有主题性质的选题比例高达 43.9%。在主题出版专项项目中，入选率高达 80%，每年平均有 100 多家出版社入选，位居前五名的分别是人民出版社、中国人民大学出版社、学习出版社、党建读物出版社、北京大学出版社。可见，国家出版基金既体现了对重点项目和优势出版社的支持力度，也体现了对中小型原创项目和出版社的扶持引导，能够鼓励它们积极创造。

相比之下，其他项目的评奖机制更为严苛，覆盖面相对不全。以中宣部主题出版重点出版物选题评选来看，2021 年以前出版物的入选数量总体在 80~125 种浮动，2021 年有了大幅增长，从 2020 年的

125 种增加到 170 种，但是相比 500 多家出版单位每年近 2000 多种申报数量的增长态势，入选概率仍然很低。在入选项目中，又出现了出版单位比例失调的现象。2015 年至 2021 年的 6 年时间里，重点出版物共计 638 种，其中图书选题 529 种，音像和电子出版物 109 种，638 个出版物一共仅涉及约 200 个出版单位。不考虑重复申报的情况，第一梯队是入选数量位居前三的人民出版社、学习出版社、中国人民大学出版社，分别入选了 28 个、18 个、14 个项目，这三个出版单位的入选总数占全部入选项目的 9.4%。第二梯队是位列第四和第五名的党建读物出版社和中共党史出版社，分别入选了 11 个和 9 个项目。这种现象虽然与主题出版过去主要由人民社、党史社承担有关，但仍需要更新理念，鼓励更多出版社参与其中。

与中宣部主题出版重点出版物选题评选数量类似，"五个一工程"、中国出版政府奖图书奖、中华优秀出版物奖、"中国好书"、地方性的评奖所设等数量就更少了。"五个一工程"大概两年评选一次，从第十四届（2014—2017）开始，"五个一工程·一本好书"的数量总体减少，只有 10 种，第十五届（2019—2021）只有 15 种。中国出版政府奖图书奖大概 3 年评选 1 次，每次评选正奖 60 种图书，提名奖 70 余种，更多是原创，主题出版物仅 10 余种。中华优秀出版物奖属于综合类评奖，大概 2 年评选 1 次，每次评选 100 种，主题出版物只有近 20 种。"中国好书"奖虽然有月度榜单、年度榜单，但是数量极少，年度共计评选 40 余种，主题出版专项只有不到 10 种。2021 年全国高校出版社主题出版选题评选中，共有 63 家出版社申报 488 种选题，最后有 43 家出版社的 63 种选题入选，占比约为 13%。浙江省"五个一工程"两年评选 1 次，每年入选的主题出版物只有 12 种。

综上，目前主题出版评选中存在如下问题。第一，比例失调。我国每年近 500 多家出版社在做主题出版，各类项目评奖的数量较少，且重量级项目有的是 2 年评选 1 次，但是申报数量却在不断增长，立项中奖如千军万马过独木桥，对出版社来说是可遇不可求。第二，马太效应突出。在各类评选中，一些头部出版单位可能同时摘得各领域内的项目立项和评奖推优，可谓是"集万千荣誉于一身"。尽管这些头部出版单位整体的资源投入、创意水平和持续创新能力值得肯定，但是却挤压了大多数出版社申报各类奖项的空间，对鼓励它们从事主题出版创作、参与主题出版发展是不利的。一些出版社可能会失去信心，自动放弃申报，今天仍有很多出版社的图书一次都未曾入选过中宣部主题出版重点出版物选题或其他主题出版奖项，长此以往，这些出版社就没有了申报的欲望，失去了做主题出版的兴趣。说到底，是目前的评奖机制过于尖端、数量过于稀少。今后，评价机制调整政策要照顾到大多数出版社，要普及至少 40% 的出版主体，因此，应该保持合理的竞争机制，让出版社看到主题出版的先进力量，同时也能发现自己的创新方向和优势。

2．量化指标体系相对单一，不够丰富

从社会效益评价指标体系来看，主题出版形成了自上而下的实践模式，尽管双效统一出现在政策规定文件中，但是具体的量化体系却基本只是社会效益的评价，忽略了对经济效益的评价和考核。实际上，没有经济效益的社会效益是不存在的。社会效益是无形的，反映在公众评价和社会评价体系上；经济效益则是有形的，反映在销量统计和经济指标上。出版物的文化商品性质决定了其具有社会效益

与经济效益的双重属性，社会效益放在首位，能够在社会形成良好的文化氛围和思想滋养，同时也可以解决出版单位在实际操作中出现的单纯追求经济效益、放松出版质量要求，盲目追求热点、忽略自身优势，只追求获奖而忽视出版物的媒体宣传，只重视国内、忽略海外等问题。另外，出版业的转企改制已经完成，经济利润是企业生存的根本，只有资金充足，出版社才能将更多的资源和精力投入主题出版中，才能有创新的空间和可能性，因此经济效益的存在也是必然的。两个效益并不矛盾，精品内容做好了会有很高的社会评价，销量自然也不会差，如希望出版社入选"五个一工程·一本好书"的作品《流动的花朵》《乍放的玫瑰》《少年的荣耀》平均销量20万册，入选中宣部主题出版重点出版物选题的"中国风·儿童文学名著绘本书系·节日绘本"销量10万余册，《中国精神·我们的故事》销量5万余册等。

两个效益相统一的实现场景是在市场上，在读者认可和接受的过程中。主题出版说到底是要给普通读者看的，而不是束之高阁的。国外的文化商品，比如好莱坞电影、相关图书等都十分重视市场的发行，遵循文化市场的运作规律，也正因为这样，这些作品中的意识形态和价值自觉通过市场增强了穿透力，真正发挥了舆论宣传的效用。因此，我们的出版社做主题出版，不仅需要在内容上把控质量，具备创新能力，同时还要具有敏锐的市场能力，研究读者群体的阅读偏好、消费习惯和心理，并将技术创新贯穿于内容的生产、推广、反馈、盈利等全过程，才能打开主题出版物的销路，实现图书价值的最大化。

在《办法》对图书出版单位的绩效考核指标中，出版质量、文化和社会影响、产品结构和专业特色、内部制度和队伍建设这四大指标均体现的是社会效益，体现经济效益的细分指标是较少的。文化和社会影响（23分）下有四个二级指标，分别为入选重点项目（10分）、奖项荣誉（6分）、社会评价（4分）、国际影响（3分）。在社会评价这一二级指标中，有一条细则提到，服务党和国家工作大局，服务地方经济社会发展和文化建设，推动科技进步、行业发展，产生广泛影响的，每种图书加1分，需要提供图书的发行情况、行业和社会评价等具体材料，这可以说是经济效益和社会效益的统一，但是所占分值太小，且没有明确界定发行量多少才算是产生广泛影响的，对出版社总体的绩效考评影响不大。

《办法》显然强调的一是出版社要多出好书，在导向和质量上精益求精，二是出版各类奖项，这些都是社会效益导向的。尽管经济效益部分反映在文化和社会影响这一指标上，但是并没有将反映这一指标的重印、再版、发行量、读者阅读量、码洋等具体细则纳入其中，这一现象导致出版社在做主题出版时，往往习惯于从政治上思考问题，更多关注主题出版物的宣传、教育功能，忽略了文化产品的投资与回报，造成的后果是一些出版社动力不足，为了做主题出版而做主题出版，与读者距离较远，形成了主题出版就等于政治读物的刻板印象。事实上，忽略经济效益就无法发挥主题出版物的真正作用，弱化了主题出版在举旗帜、聚民心方面真正的影响力。

3．主题出版学术化、国际化评价相对薄弱

无论是主题出版的各类项目奖项评选，还是既有的量化指标体系，都较少对主题出版物的学术化、国际化进行评价。主题出版集政

治高度、学术规范、市场运行三位于一体，政治高度和市场运行比较好理解，经济效益评价在前文中已经提到，而学术规范既关乎出版物的内容质量，又关乎经济效益能否较好地实现。学术性有两个维度：第一，出版物在形式上要符合学术规范，在语言表达、引文注释、逻辑论证等方面遵循严谨性；第二，出版物在思想上要深刻，内容要原创扎实，有学术创新。

主题出版物可以分为两类，一类是学术理论著作，另一类是通俗读物，二者面向的群体不同。主题类学术理论著作面向受过高等教育的知识型群体，主题类通俗读物则面向普通大众，覆盖面更广。对学术理论著作来说，面向知识型读者，主题出版的学术性体现为语言严谨，资料翔实，论证逻辑性强，有理论高度，对特定领域见解深刻，求实创新。对普及读物来说，面向一般大众，主题出版的学术性体现为语言的生动活泼，深入浅出，可以将宏大叙事、抽象概念具体、清晰地表达出来，将思想性、艺术性融入趣味性中，表达贴近年轻群体的话语习惯，善于在小而精、微而美上下功夫。无论是哪一种出版物，学术性的两个维度都贯穿其中，通俗读物对主题出版作者提出了更高的要求，体现了叙事创新、逻辑论证、资料翔实的综合统一。主题出版的学术性与政治性达到有机的结合，就必须要有学术性的评价。学术性不是指为了表达主题去堆砌故事，而是要在主题叙事中建立一套学术规范，提升出版物的思想高度和观点可信度。

目前来看，主题出版的项目评奖更多依靠政治意义和市场影响力的判断，缺乏系统的学术评价支撑，社会效益量化指标体系建设中同样也较少涉及学术类著作、学术评价相关的考核。学术共同体目前对主题出版物还有一些排斥，对主题出版存在一定的误解和刻板印象，部分原因是主题学术类著作偏少，对主题出版系统性和全面性缺乏了解，且在已经出版的理论著作类或通俗读物中，有相当一部分作品的学术性不够，在内容创新、语言表达、思想高度、逻辑论证等方面缺乏吸引力和说服力，因此需要强化主题出版的学术评价，学术评价才能真正让主题出版的精品有基础、有依据，厚积薄发，从而实现双效合一。

面对出版市场新的变化，对主题出版国际化的评价也没有跟上。主题出版"走出去"是在国家战略的推力和国际市场需求的拉力下发展起来的。2002 年，我国提出文化"走出去"战略，出版业作为文化"走出去"战略的一部分，2016 年开始发力，尤其是在"一带一路"倡议提出之后，图书"走出去"数量增多，形成出版"走出去"的高潮。党的十九大报告提出"推进国际传播能力建设，讲好中国故事，展现真实、立体、全面的中国"，作为阐释理念、展示国家形象、消除国际隔阂、促进国际友情的主题出版，在这波高潮中表现突出。另外，党的十九大以来，我国国内外局势发生深刻复杂的变化，我们正处于百年未有之大变局之中，我国的脱贫攻坚、应对新冠肺炎疫情的举措更是显示出社会主义制度的优越性，我国国际地位提升，影响力明显增强，世界的眼光聚焦到中国，国际受众希望从中国的出版物中看到中国治理模式和执政理念，他们对中国、对中国共产党的兴趣日渐增加。2018 年以来，主题出版物的出口数量和版权输出数量创新高，由此可见一斑。

在既有的主题出版项目申报和评价奖项设置中，很少看到针对国际化成绩突出的企业或出版物的奖励，奖项设置基本都是面向国内市场，而"走出去"的项目申报虽然很多，但并没有突出主题出版特色，基本上都是前期支持，后期奖励尚未设置。国家重点出版规划项目获得立项的图书依然是用中文创作的，无法覆盖到国外的读者群体，也不能反映出版物 / 出版社的国际化水平。同样，《办法》更多针对的也是国内出版企业绩效评价，总分 100 分里，国际影响指标只占 3 分，主要是指出版物版权输出、实物输出情况，其中输出 3 种以上得 1 分，5 种以上得 2 分，8 种以上得 3 分，入选"国家文化出口重点企业"得 2 分。由此可见，主题出版的国家化评价是薄弱的，已有的国际化指标分值较低，且多局限于出版物的版权输出。随着主题出版"走出去"的出版单位越来越多，且"走出去"的形式越来越多元，原有的评价指标显然没有跟上变化，没有前瞻性，也无法具有指导性作用。

4．现有评价体系与主题出版的融合发展存在一定距离

主题出版的融合立体发展主要是出版物的融媒体发展和出版主体的多元化。在融媒体发展方面，2014 年中国媒体融合发展元年之后，主题出版的数字化发展迅速，2020 年新冠肺炎疫情对线下图书零售市场造成冲击，却加速了主题出版的线上发展，产品形态、营销方式都有了创新。例如，2021 年江苏凤凰少儿出版社推出了"童心向党·百年辉煌"书系，在开发纸质图书的同时，依托网络技术，对 16 个故事进行了视听转换，开发了广播剧，在自有知识服务平台小凤凰 FM 进行传播，同时还依托 5G 新技术开发 VR 产品，小读者可以利用 VR 体验设备进行沉浸式阅读，这一案例体现了"一次生产，多次开发"的融媒体机制。又如，2022 年，重庆日报报业集团、今日重庆传媒集团、《红岩春秋》杂志、《今日重庆》杂志共同合作推出的红色主题融

媒体读物《口述·南方局岁月》发行，读者可以购买纸质版阅读，也可以关注微信号阅读，还可以扫描文章中的二维码进入喜马拉雅平台收听，形成了立体化传播模式。当然，产品形态和营销方式还在不断拓宽，出版的固有边界和思维方式都在逐步打破，也让主题出版作品更加贴近读者、更能影响读者。

除了传统出版机构应对融媒体发展所做出的融媒体探索之外，不难发现，目前市场上的民营主体介入主题出版领域的也越来越多。主旋律影视剧如《大江大河》《长津湖》《山海情》《人世间》等的爆火带动了相关图书的销量提升，这些影视剧多改编自文学小说或网络小说，近两年现实主义文学和网文出现了越来越多具有时代精神、展现宏大主题的精品力作。以历史谍战为主题的红色剧本杀受到年轻人热捧，该类型剧本杀一般以真实历史改编，地域性特征明显，通过玩家参与互动，实现对历史人物感知与现实的情感共鸣，比如《惊蕾》讲述的是 1924 年四川革命期刊《蓓蕾》创立的故事。为了更好地传播红色文化，已经有政府机构、文化旅游景点与剧本杀工作室开始合作开发剧本杀作品，剧本游戏开发公司剧元科技与新华社联合出品的以新华社的创办为历史背景的剧本杀作品《一部半电台》就是代表之一。这些民营主体起初并没有做主题出版的理论指导，但是却以更加贴近现实、贴近读者的故事表达赢得了读者市场，在传播主流文化价值观方面效果更加突出。

主题出版的市场如此丰富、多元，但是对这些融媒体产品、新的主体如何进行引导、评价并没有引起关注。现有的评价体系基本将融媒体产品拒之门外，没有跟上数字化发展的节奏，评价机制显得有些滞后。对于出版社建的数字化平台也好，融媒体产品也好，都没有完全将其纳入评价体系。现在有些项目评奖评选有音像出版物和电子出版物子类别，但是申报主体必须是音像出版社（比如浙江电子音像出版社的《红色家书》，载体形式为DVD），在申报主体上有所限制，同时形式上也没有跟上新型的融媒体产品形态。《办法》产品结构和专业特色（15分）的考核评价中，积极推动传统出版向数字出版转化，并取得一定成果的加1分。对于满分100分的绩效考评来说，融媒体发展的考核对出版社来说无足轻重，并不能帮助出版社拉开差距，可以看出出版社数字化转型的动力不足与此有着重要关系，出版社做融媒体转型完全靠各社的主观意愿和经济实力。出版社融媒体跟不上，就会与国内外受众比例最高的年轻群体脱节，无法占领网络舆论阵地的制高点。同时，缺乏对新兴民营主体的评价，就可能对业内质量不齐、缺乏规范等乱象缺乏引导，也不能激励民营主体的积极性，更无法与传统主题出版形成同频共振。评价机制是主题出版工作的指挥棒，应该及时将评价体系补充进新兴的主题出版领域和主体中来。

（三）创新变革：主题出版评价机制的优化方向

评价机制的优化是为了让主题出版工作能够顺应时代变化，从而更好地发展。主题出版的评价机制应该始终坚持将社会效益放在首位，实现两个效益相统一的原则，在此思路下，通过评价机制的完善破解当前主题出版领域出现的部分动力不足的难题。

1. 在原有的评价体系中扩充主题出版，扩大覆盖面

项目评奖与出版企业的绩效考核、福利薪酬、职称评选等是紧密联系的。在《办法》中，出版质量（50分）、内部制度和队伍建设（12

分）这两个一级指标中，出版质量（50分）是在基准分基础上实行扣分制，出版社分差不大，除非有特殊编校质量问题。文化和社会影响（23分）、产品结构和专业特色（15分）成为出版企业绩效考核的核心竞争点。文化和社会影响（23分）设置的二级指标中，对各大出版项目、评奖荣誉的赋分比值大，而立项获奖的作品通常成为媒体的关注对象，相应地，社会评价得分也不会低，如此形成良性循环，因此，各大出版社都在加大重点项目和获奖出版物的策划出版力度。产品结构和专业特色（15分）要求符合出版社定位的图书占比在70%以上，非合作出版图书、非引进版图书占比都要达到70%以上，各大出版社在此引导下，在积极尝试做特色出版、原创出版和品牌出版。

主题出版对上述两个指标评价有着十分重要的意义。首先，国家级、省级的重大出版项目设立的目的本来就是引导出版业发挥舆论引导和社会责任作用，那么承载党和国家意志的主题出版板块必是重中之重。如此，国家重点出版规划项目单设主题出版。中宣部主题出版重点出版物选题是专门针对主题出版板块的。国家出版基金自2012年以来连续单设主题出版专项资助，入选"五个一工程"的图书基本属于主题出版，"中国好书"榜单设主题出版，教育部创办全国高校主题出版项目等，主题出版板块也就成为各大出版社激烈竞争的核心点。其次，近年来，由于主题出版本身的动态性、开放性、复杂性特点，出版领域出现了复合型选题，实现了与科技、文学、学术、教育等不同专业领域的嫁接与转化，正因为如此，这一实践形式成为越来越多的专业出版社、地方出版社的重点发展战略，因为主题出版内涵的丰富性不仅能够引导出版单位形成特色，增加该指标得分〔产品结构和专业特色（15分）〕，同时在重大项目和评奖中也能与中央级出版社错位竞争，形成优势，提高入选概率。

既然主题出版在出版单位具有如此重要的作用，又能吸引众多出版社加入主题出版大军，评价机制的设定就应该鼓励，而不能以过高、过尖端的考核评价削弱出版社投入主题出版的热情。以少儿社为例，多数少儿社获得国家级的资助难度很大，出版教材虽然也能得分，但这不属于少儿社的业务，虽有全国"优秀儿童文学出版工程"得分项、中宣部优秀青少年读物出版工程，但是每年分别只有约10种图书和30种选题入选。地方类专业出版社也是如此。"五个一工程"奖中以文艺作品居多，国家级三大奖的评选2～3年举办1次，且数量有限，马太效应突出，要求出版社每年都能拿到这些奖项也不现实。这些都影响了出版单位的绩效考核，也给编辑职称晋升带来了困难。

当前，虽然各类项目评奖中已经单设主题出版专项，但入选率过低，比如中宣部主题出版重点出版物选题、"中国好书"奖等，有些评选年限间隔时间过长，比如国家重点出版规划项目。是否可以适当扩充奖项数量，适当对多年未获奖的大型出版社、中小型出版社给予倾斜，增加覆盖面？这样一来，可以让获奖数量较多的实力型出版社成为榜样，同时也能够激发其他出版社做主题出版的积极性。

对一些综合类项目和评奖，比如中国出版政府奖、中华优秀出版物奖、文津图书奖、中华优秀科普图书奖以及各地方的图书奖，是否可以单设主题出版类专项，增加主题出版物的知名度和品牌价值？

在《办法》考核中，在文化和社会影响指标里面，可以适当增加主题出版物的数量这一维度，这样也能缓解出版社国家级项目评选的困难，让中小型出版社开始动起来，助推社会效益的实现。综上三种维度的改进，可以加大主题出版获奖的影响面，使主题出版深入整个出版界的毛细血管里，为党和国家做出更大的贡献。

2．增加学术性评价，形成党政产学一体的评价体系

增加学术性评价是从两方面来说的。第一，要在相关的项目、评奖、考核体系中纳入对参选作品的学术性评价。第二，主题出版著作可以与高校的学术评价挂钩，增进主题出版的学术宣传。如此，学者无论是作为主题出版相关项目奖项的评审还是作为主题著作的作者，都能受到学界的认可，由此可消除部分学界人士对主题出版的误解和刻板印象，打破主题出版领域和学术领域的隔阂，真正形成党、政、学、产一致的评价体系。

首先，学术性评价应该贯穿于整个主题出版相关的评价体系。《办法》中的一级指标——出版质量（50分）对应的二级指标是内容质量（42分）和编校印装质量（8分），实行基准分基础上的倒扣分。这一指标其实可以进一步调整细化。比如在内容质量上，无论是学术类主题出版物还是通俗类主题出版物，都应该加大对出版物的独创性、思想深刻性、叙事语言、文化贡献等方面的考察。出版物的选题、内容应与同类型或同领域的选题形成创新点，比如角度新颖、一手资料或理论独创等，总之，不是重复生产、机械生产，真正对主题出版领域有所贡献。要评出那些真正有思想、有水平、有温度的力作，好的学术主题著作既能给人理论启发，也能关切现实重大议题，真正"顶天立地"，好的通俗类主题出版物立意高远，但表达亲切，娓娓道来，让人读完回味无穷。

在编校质量上，除了看出版物是否符合行业规范、三审三校是否

真正落实到位外，还应重视图书在索引出处、参考书目、注释体例、观点引证、数据真实、方法规范、学术道德等方面的学术规范性。这就需要编辑在编校过程中不仅在形式上进行文本规范，同时还应该警惕及防止文中出现抄袭、伪注、篡改数据的问题。

对项目评奖类的主题出版，应该更多地吸纳学界、业界人士，与有关部门一起制定出完善的评价体系。当然，前文所讲的《办法》增加的学术性评价同样可以作为制定量化指标的参考。指标具体化了，出版社做主题出版才知道该往什么方向努力、该在哪些地方下功夫，党和国家才能引导出版社做好主题出版精品的方向。

其次，主题出版要融入高校学术评价，实现与学术共同体的对接。内容是主题出版的根本，作者则是内容创作的灵魂。主题出版对作者的要求非常高，要求作者既要对有国家的大政方针的洞悉和解读，又要长期在某一领域深耕积累，只有那些集某一领域之大成者才能写作最权威的读物。同时，还要求作者能够驾驭语言，通俗易懂又引人入胜。优秀创作者的一大来源就是高校学者，但不是所有学者都适合进行主题出版物的创作，正是因为这样优秀的创作者不足，一些主题出版物不受市场欢迎。近年来，已经陆续有一批学者进入主题出版领域的写作，创作出社会和经济效益俱佳的作品，比如上海交通大学刘统教授所著的《火种：寻找中国的复兴之路》，中共广东省委党校许德友教授的《账本里的中国》，北京大学教授顾春芳根据樊锦诗口述撰写的《我心归处是敦煌》，中国美术学院张敏杰教授的《百年伟业——中国共产党建党革命史诗连环画》等。这些学者创作的主题出版著作在出版领域获得的奖项基本都是最高级别，在出版行业和读者中都产生了重要的影响，但是这些著作、学者还很难被传统学术圈所接受，有相当一批学者对主题出版仍存在误解。

在高校的职称评价体系中，国家社科基金、国家艺术基金、国家科技进步奖都占有重要分量，但是入选中宣部主题出版重点出版物选题反而在高校悄无声息，甚至有时被视为异类。这就需要国家和地方相关部门调整优化学校评价的奖项，将主题出版纳入进来，然后通过学术共同体贯彻到高校主体工作中。国家社科基金 10 年前在高校也不受重视，教育部门将其纳入职称晋升等学校主要评价体系中后地位才日益凸显。将主题出版贯穿到学术共同体中，有助于真正让主题出版对学术出版形成引导作用，渗透进普通学者关心的领域，形成主题出版与高校工作的良性互动。

3．动态完善指标，积极推进面向两个市场的评价机制

在两个大局背景下，主题出版在国际市场的作用和地位都将发生变化，因此要尽快建立面向国内国际两个市场的评价机制，尤其是对于外文版的主题出版物，要及早设置评价标准。

在主题出版的国内市场评价体系中，一直强调的是主题出版的两个效益统一，市场也出现了一些代表性作品，比如中国少年儿童出版社出版的《伟人也要有人懂：一起来读毛泽东》，该书获得"五个一工程"奖、中国出版政府奖等荣誉，入选中华优秀出版物、2016 年度"中国好书"等，自 2016 年 1 月出版以来，至 2017 年 9 月，精装版印刷了 5 次，平装版印刷了 8 次，印行 20 余万册，向美国、荷兰、尼泊尔等国输出了 37 个语种的版权。我们的主题出版市场需要更多这样的好书。但是整体上看，社会效益和经济效益并没有产生明显的互促效果，有些主题出版物的内容空洞、质量不高，有些主题出版物虽然销

量高，但是被束之高阁，这里面有系统发行也有市场宣传不到位等诸多因素，社会效益的提升并没有推动经济效益的增加。

因此，在国内指标评价中，应该动态调整并及时补充一些关键性指标，推进双效的结合。比如在文化和社会影响指标下，既有的指标侧重的是对项目、获奖等的考核，可以考虑在社会评价子指标下增加市场和读者方面的评价，并适当调整各子指标的分值比重。市场评价包括发行量、再版次数、阅读量等流通指标，发行量包括系统发行、线下线上书店销量、图书馆的采购数量等。当然发行量应以各出版单位整体的出版情况设定参照标准。同时，可以在社会效益指标考核体系之外，补充读者市场的评价，读者评价可以参照既有的畅销书排行榜、阅读榜、图书评分榜，也可以进行全民阅读调查，选出读者真正喜爱的主题出版物，还可以建立读者喜爱的主题出版物排行榜。这样在项目评奖的评选过程中，既有专业评价，又能参考读者评价，让主题出版引领全民阅读，服务党和人民文化事业。

在主题出版的国际市场评价体系中，应该看到国际市场与国内市场的区别和侧重点。主题出版在国内和国外的功能是不一样的。在国内主要是弘扬主旋律，传播主流价值观，发挥思想引领和文化支撑的作用。但是到了国外，就需要阐释理念，比如中国模式、执政理念、外交理念、全球治理理念等，需要展示可信、可爱、立体、全面的中国形象，消除国际隔阂，并增进友情。从这一角度来说，面向国际市场的主题出版物学术含量要求更高，意识形态性更加隐秘，同时要兼顾输出数量和发行数量，让"走出去"和"走进去"互相融合。当前既有的考核体系仅仅依据出版单位每年的版权输出数量，单有这项是不够的，出版社在这样的指标下，可能就只会停留在形式上的"走出去"，通常只是以版权合作的方式选择本社在国内畅销的图书卖给国际出版商，但是一本在国内受读者欢迎的书并不一定适合国外读者的口味。

主题出版的国际化应该从一开始就面向国际受众（某一国家或区域）进行针对性的选题策划，回应国际社会对中国热点问题的关切。上海新闻出版发展有限公司的"文化中国"项目，到2021年9月已经出版了400多本，该系列书一开始就面向国外受众进行英文策划和创作，并通过法国营销巨头拉加代尔集团全球发行，平均每本发行量为2万册，这在国际市场上是很不容易做到的。主题出版的国际化评价体系建设刻不容缓，需要为越来越多出版社的"走出去"提供参照。

在内容质量方面，除了继续参照国内在政治导向和编校质量等方面的规定加大比重分值外，更需要从学术性着手，评价主题出版物中的外文叙事是否贴近海外读者市场的表达习惯、文化心理、论证严密性、资料翔实性、语言风格等，当然，这一模块需要政府相关部门和学者共同努力，制定出一套标准。

在文化和社会影响方面，可以从下面四方面进行考虑。第一，继续保留重点项目、奖项荣誉的加分项，继续保持党和国家对主题出版"走出去"的引领作用和推动作用。这就需要国家级项目和一些奖项中增设面向海外市场的外文类主题出版物，或者设立新的国际传播能力奖项等。第二，继续保留媒体评价，考核主题出版物是否被国外媒体转引、转载、报道、发表书评，当然也包括新华社、China Daily 和CGTN 这样的国际化媒体等。第三，将前述所讲到的发行量、国际传播渠道建设、版权输出数量、再版次数、海外图书馆馆藏量等市场指标纳入进来。第四，增加读者评价，可以委托第三方做读者市场的主题阅读调研，也可以参照国外线下线上平台的畅销书榜单，或者还可以在国外建立一套"阅读中国"的榜单。

4. 建立融媒体产品评价体系，强化对主题出版的政策牵引

《出版业"十四五"时期发展规划》提出要大力培育数字出版新形态，推动数字技术赋能出版全产业链条，补足补强出版业数字化薄弱环节，实现 2035 年建成出版强国的目标。5G、大数据、人工智能、区块链等新技术将持续推进主题出版的业务形态。面向国家融合出版战略和行业层出不穷的新兴产品，应该尽早建立融媒体产品评价体系，回应现实变化，强化对主题出版的政策牵引。

首先，在国家级、地方性的项目、奖项评选中，可以将原来的电子音像出版物的概念扩大化，设置融媒体产品，同时打破原来只有音像出版社申报的惯例，广泛吸纳各级、各类融媒体出版机构。当然，这背后涉及更深层次的融媒体产品发展与传播力评价体系建设，既要关注主题出版的融媒体投入，又要关注融媒体作品的传播效果。比如在投入上，是否需要将融媒体产品数量、财政投入、渠道建设、人才配置、管理体系改革等纳入评估体系；在传播效果方面，是否需要将主题出版物的社会互动频次、观看次数、互动次数、品牌知名度、创收能力等纳入评估体系。主题出版的融媒体产品评价是一个复杂的过程，目前学界对此关注还比较少，有少数学者对媒体融合评价指标建设进行了探索，提出以大数据分析技术为基础的生产侧和效果评价指标体系，这值得参考和进一步思考。

其次，原有的出版企业绩效考核体系中，产品结构和专业特色（15分）指标规定，积极推动传统出版向数字出版转化，并取得一定成果，加 1 分。这里的问题一是分值太低，对出版社做数字化转型没有驱动力，二是"取得一定成果"太模糊，不够具体，没有标准化的尺度，只能依据各出版社和主管部门的判断。未来，包含主题出版在内的数字化建设是在该指标体系加大分值，还是要重新建立一套独立的融媒体产品评价体系，需要多方协商出解决方案，从而为项目、奖项评选和企业业绩考核做参考。

最后，越来越多的民营公司参与主题出版实践，应该创建公平的竞争环境，让民营企业也有资格参与评价评奖，激发市场活力。可以增设主题出版的数字精品专项评选项目或奖项，让传统出版社与民营企业互相竞争。这样，传统出版社可以看到民营主体做主题出版的先进市场力量，民营主体也能看到传统出版社的内容优势，二者互相学习，促进主题出版的发展。国家新闻出版署 2019 年、2020 年已经两次组织全国数字出版精品遴选推荐工作，共计 151 个精品项目，这里面有不少是具有主题出版性质的作品，比如人民音乐出版社的"方舱之声——抗'疫'立体数字出版平台"，陕西师范大学出版社的"丝绸之路历史地理信息开放平台"。如果能够把媒体组织、民营技术公司、内容创作公司吸纳进来，将能极大地丰富主题出版的融媒体发展，推动主题出版数字创新繁荣发展。

（四）结语

主题出版要实现高质量发展，就必须激发出版社和作者的创作热情，激活市场和多元主体的活力，以评价机制为杠杆可以推动主题出版向更加健康和繁荣的方向发展。既有的评价机制形成了以社会效益为主导的模式，评价机制中的核心指标驱动着出版单位在主题出版领域积极谋划，大力发展，同时也关联着企业对员工的绩效考核、职称晋升、薪酬福利等。由此，主题出版正在重塑着中国传统出版格局。在坚持将社会效益放在首位的至高原则下，对当前的一些评价机制进行反思与优化，可为今后的主题出版评价改革提供参照，从而进一步推进中国主题出版的高质量发展。

第七章
主题出版其他方面研究

一、主题出版作者资源的开发与维护

在主题出版发展的过程中，党和政府、出版主体、编辑、作者、读者共同构成主题出版的推动力量和核心要素，其中具有高度政治站位、专业基础和时代书写能力的作者是主题出版成功的关键。主题出版作者在写作时须能够把握综合性和全面性、时代性和鲜活性、节点性和时效性、数字化和国际化的更高水平应用等。要发展好主题出版，就要做好主题出版作者资源的管理与维护工作，通过完善对作者的奖励和评价机制激发他们创作的激情和动力。

主题出版作为出版业高质量发展的风向标，直接服务于党和国家的中心工作，承载传播社会主义核心价值观和繁荣文化发展的重要使命，是出版工作的重中之重。近年来，在中宣部的指导下，主题出版快速发展，热点突出、精品迭出，传播力和影响力持续提升，成为"举旗帜、聚民心、育新人、兴文化、展形象"的重要抓手。与此同时，在实际发展过程中，有的主题出版物存在选题滞后、原创性不足，"大而不强、多而不精""出版热、市场温"等问题，而这些问题出现的根本原因之一，是作者的理念滞后、方法欠妥、水平不高、积累和投入不足。因此，深入研究主题出版作者的问题很有必要。

（一）主题出版作者的特点

目前，优秀的主题出版作者非常少，而优秀作者的不足正是有些主题出版物不受读者欢迎的主要原因之一。好的选题易得，而优秀的作者相对难找，要实现主题出版的真正繁荣，需要挖掘一大批优秀作者。作者在目前的主题出版动力机制中发挥着重要作用，但真实的情况是相当一部分作者处于被动和应付状态，作者的深层动力没有被充分激发出来。要实现主题出版高质量发展，作者要发挥较大的主导作用，作者群体要相对丰富而有创作激情和动力。

主题出版物对作者的要求相当高，并不是所有作者都适合写作主题出版物。为主题出版找到好的作者难度非常大。只有那些深入研究主题出版内容，熟悉主题出版要求，既有专业知识又有文字驾驭能力，既懂政策又懂读者的优秀作者，才能写出一流的主题出版作品。学术底蕴、写作能力和政治站位，共同决定了作者对主题出版作品的驾驭能力。

主题出版物大致可分为政治类、学术类和大众类。政治类主题出版物与党和国家的体制机制、核心政策联系更为直接，具有权威性、政策性、导向性的特点。政治类主题出版物往往是高屋建瓴的大局之作。学术类主题出版物的内容质量主要体现在选题的创新与立意上，体现高度与深度，作品内容既资料翔实，又逻辑清晰严密，观点鲜明准确，重在理论阐释和学术论证，既体现党和国家意志，又有较多的理论拓展与学术创新，当然文字表达和出版规范也应该是一流的。学术类主题出版物既是填补空白的原创工作，也应该是传播主流价值观念的经典之作。大众类主题出版物则重在感染读者，内容文质兼美、情节生动感人、细节把握到位、主题鲜明强烈，既要成为广大读者爱不释手的精彩之作，也要成为有益人生、润化心灵的向上之作，更应成为流传广泛、家喻户晓的畅销之作。主题出版作者对国家大政方针政策的洞悉和解读，以及对历史事件的研究和探索，需要经年累月的积累。主题出版丰富的题材决定了不能随意选取主题出版作者，出版社要长期经营自己的作者群和专家网，便于在需要时有效组织和调用。

目前，主题出版物实际的传播效果在有些方面不容乐观。有些主题出版物给读者的印象是严肃的、说教式的，可读性不强。如何让主题出版物"飞入寻常百姓家"、入脑入心，如何在政治站位和时代书写的基础上做出更接地气、更有创新价值的主题出版物？主题出版作者要探究出版主体"想讲"与读者"想听"、传播方式与接受方式、出版活动与出版效果之间的适配与落差等问题。社会效益与经济效益、学术性与通俗性、精品出版与大众接受、国内市场与国外市场，都是主题出版作者需要了解和把握的。

主题出版作者相对于其他图书的作者而言，在创作过程中应能把握以下几个方面。

一是综合性和全面性。主题出版作者既是专家，又是嗅觉灵敏的政治达人；既能进行理论创新，又能深入浅出地讲出来、传下去；既能讲大道理，也能润物无声、平易近人；创作的内容既"有意义"，更"有意思"。这些都对主题出版作者提出了更高的要求。

二是时代性和鲜活性。主题出版物强调与时俱进，主题出版作者创作的内容必须是及时反映党和国家政策意志的，其内容一定是鲜活的、生动的、充满激情和创造力的，而不能是过时的、僵化的、呆板的。无论是哪一类主题出版物，都应遵循这个特点。创作的生命是创新和激情，创作的目的是让人接受和感动。

三是节点性和时效性。与其他出版物相比，主题出版物更讲究出版时间节点，即要在重大时间节点前后推出，这样其出版才更有价值和意义。当然也有相当一部分主题出版物不受时间节点限制，创作更多常销书也是目前主题出版界追求的目标。主题出版作者既要深入创作，更要加快创作，既要快，也要新，更要稳。出版社也经常用"更快、更高、更强"来要求主题出版作者，尽管这三者有时是矛盾的。

四是数字化和国际化的更高水平应用。主题出版同样重视新型业态的变化，重视年轻读者的阅读兴趣，重视读者群的更替，重视对国外读者的吸引。对此，主题出版作者要准确而艺术地进行开发与表达。面对国内年轻读者的数字化阅读兴趣，主题出版作者要与出版社一起研究和开发能够真正引起他们阅读兴趣的作品，不是长篇大论而是短小精悍，不是居高临下而是设身处地，把党和国家意志、主流价值观润物无声地体现出来。主题出版作者要研究数字化主题出版产品的小型化、艺术性表达，如《快看呐！这是我的军装照》《2021，送你一张船票》等融媒体产品就非常受欢迎。国际化创作也是如此，要研究国外读者的兴趣，创作贴近他们的产品，从他们的角度出发，入情入理分析。主题出版面对国内和国外两个市场，但从某种意义上来说，这两个市场其实是统一的，二者共同对主题出版的发展形成拉动力。国内读者的拉动力毋庸赘言。随着国际文化竞争加速中国出版"走出去"战略的实施，国外市场的拉动力也逐渐显现。

（二）主题出版作者资源的管理与维护

主题出版物高质量发展是一个复杂的过程，但是创作始终是传播过程的起点，经过作者艰苦构思并运用技巧与方法创作而成的作品是出版活动的根基。这就要求作品视角独特，作者在相关领域有一定权威，内容必须足够专业，这样才可能有更强的说服力、竞争力和生命力。越来越多的出版社开始从源头抓主题出版，重视对主题出版作者的挖掘与培养，主题出版作者群正在兴起。

做主题出版难，难就难在寻找优秀的主题出版作者。可以说作者的优秀程度直接影响到主题出版能否成功。好的主题出版策划相对容易，各个出版社都有自己相对不错的选题，但最后能成功的主题出版物并不太多。问题的关键在于作者。有的作者公务缠身，无暇顾及写作，找两三个学生写写了事；有的作者投机取巧，抄抄编编，致使作品质量低下；有的作者观念落后，写的文章枯涩难读；有的作者通篇大论，作品空泛无力。好的主题出版作者相对于学术板块和大众板块的作者而言，往往更关注出版平台和宣传策略，对出版时间节点感受更强烈，对内容处理更为谨慎，对封面和书名要求更高。出版主体要具体做好如下几点，才能积累和巩固优秀的主题出版作者资源。

一是要搭建好的平台，让作者感觉在这个平台能施展、有成就。如作为地方出版社的浙江科学技术出版社并不是主题出版的传统阵地，但近些年连续推出《他日归来——钱学森的求知岁月》《为了万家灯火：中国共产党百年抗灾史》等具有科技特色的优秀作品，获得多种奖项，逐渐打造出具有较大影响力的主题出版平台，其经验对中小型出版社而言具有很大的参考价值。

二是出版社领导和作者要深入交流，精诚合作，成为知己。通过工作细节打动作者，是许多优秀出版社负责人的共同品质。社长和优秀作者成为好朋友的案例并不少见，如上海人民出版社社长王为松和中国现代史、军事史专家刘统，复旦大学出版社原社长贺圣遂和文化学者易中天等。本书作者韩建民曾任上海交通大学出版社社长，和叶永烈先生的交往经历也足以说明这一点。

三是要辅以灵活的机制和政策。要想吸引优秀的作者，必须要有一套灵活的机制，能够在诸如费用、出版进度、用纸、装帧等方面提供特殊政策，"一事一议"最好。这样作者有主人翁意识，图书在很大程度上是其劳动的结晶，作者会更为主动地为提升图书质量贡献力量。

四是要有优秀的装帧和编校。一个出版社的封面能反映该社的风貌，以及该社的理念和编辑思想，因此拥有几个一流的装帧设计师也是吸引作者的关键，当然，在社外有稳定合作的设计师也可以起到相同作用。对封面和装帧而言，社领导和责任编辑的判断非常重要。另外，作者很看重编校质量，有些大社、名社有一整套质量把控体系，能够弥补作者的疏漏。

331

（三）主题出版作者的奖励和评价

主题出版是体现党和国家意志的创作与出版活动，是传播主流价值的重要渠道和主要阵地，是国家意识形态工作的重点之一。近年来，党和国家越来越重视主题出版工作，先后多次发文支持主题出版工作，各出版单位也逐渐把主题出版列为首要任务，主题出版工作呈现出前所未有的新局面。图书对读者的影响是深刻的，是从里到外影响人的，对广大读者树立正确的价值观、人生观、国家观有非常重要的作用。随着时代的发展，对主题出版作者的要求也在不断提高。然而，目前对主题出版作者的奖励和评价机制还比较薄弱，可以考虑通过以下方式做出改进。

一是适当增加重要奖项设置。理想的状态是设置政府评价和市场评价两方面的评价和激励机制。要研究提高优秀主题出版作者相关待遇机制，使一大批优秀人才能够潜心于主题出版创作，因此主题出版作者的稿费标准要高于一般作者。在贡献原创和鼓励原创的前提下，形成主题出版作者的成名机制，如对获得中宣部精神文明建设"五个一工程"奖等奖项的作者，给予更高水平的宣传；可以考虑新设国家优秀主题出版物奖，并作为国家大奖，有效提升主题出版作者的荣誉感。对于成功"走出去"并得到国际认可的作品，设置国家级"走出去"奖项，像《平易近人——习近平的语言力量》是主题出版"走出去"的重要案例，而作者却远没有获得和作品一样的荣誉。语言的力度往往是思想与实践力度的反映，只有扎实地调研与创作才能产生优秀的作品。这个过程是非常艰难的，这样的作者也是值得党和国家有关部门肯定和表彰的。目前，除了"五个一工程"奖，还没有专门的主题出版物奖项。目前仅有各地的年度优秀主题出版物选题奖，而没有专门设置国家或中央部委主题出版图书奖。有些国家级奖项中，主题出版物奖项和其他类出版物奖项混在一起，没有突出主题出版的特殊地位。

二是加大物质奖励力度。当然，奖励优秀主题出版作者不仅仅是奖励文学类主题出版物的作者，主题出版物可分为政治类、学术类和文学类，可以分别对其作者设置奖项。对政治类和学术类优秀主题出版物而言，要选取有重大创新价值，对国家理论建设、思想凝聚发挥重大作用的作品予以奖励。奖励既包括精神奖励，也包括可观的物质奖励，因为这类图书不像文学类主题出版物那样发行量大、市场回报好，重奖有助于调动编创人员的积极性和创造力。从历史上看，《共产党宣言》《论持久战》《习近平谈治国理政》《平易近人——习近平的语言力量》《文献中的百年党史》等都是非常经典、优秀的政治类、学术类主题出版物，这些优秀政治类、学术类主题出版物本身就是重要的思想理论武器，所发挥的作用是巨大的。国家和出版社每年都应该拿出一部分资金，重点支持优秀主题出版物、奖励优秀作者。

三是提高主题出版物的学术认可度。主题出版物虽然影响较大，对巩固党和国家主流价值观起到了重要作用，但目前国内学界对主题出版物的学术认可度还有待提高。有些高校未将主题出版物作为学术著作看待，许多著名的主题出版物在学界受到了不公正的待遇。如"中国三部曲"、《平易近人——习近平的语言力量》等在学术领域都没有得到相应的学术支持。国家有关部门和相关出版单位应就作品的学术内涵和学术影响举行相关的学术研讨会，以提升对主题出版物学术价值和社会影响的正确认识。国家有关部门要将优秀主题出版物列入相关学术评价中。加大主题出版物的学术认可度是主题出版作者关心的问题，也是一个值得深入研究和探讨的问题。

四是实行主题出版作者与出版人一体化奖励机制。主题出版奖励还应该包括对出版社和优秀策划人的奖励，因为一部优秀的主题出版作品既包括作者的创作劳动，也包括编辑的智慧、创意，两者缺一不可。没有编辑的精彩创意，有些作者就失去了判断和方向，因此也要为优秀出版人设置专门奖励和表彰，形成作者、出版单位、编辑三位一体的奖励机制。只有奖励到位，动力机制才能更有效地运作，才能源源不断地产生优秀作品。这个问题也是主题出版评价机制和动力机制的重要问题，有关部门应高度重视并做好政策引导。

二、主题出版物封面色彩对比研究

引语 图书封面不仅承载着传播书籍精神内涵的重要使命，也是吸引读者注意力的重要因素。主题出版物的封面设计既是一个独立的作品，也是与内容建设、政策导向、时代脉搏息息相关的标志元素。本节基于对2017—2019年被列入中宣部主题出版重点出版物选题的200多本图书（已出版）的封面进行的定量与定性分析，对结果进行可视化呈现，探索相关趋势和规律，为主题出版的装帧设计高质量发展提供有益借鉴。

（一）主题出版封面设计研究的必要性

封面设计是书籍整体设计的重要部分，是凸显其艺术创造的突出环节。20世纪以来的一百年，书籍装帧艺术发展较快，现代书籍设计已不局限于书物传达信息载体的功能和内容自身主题，而将图书视为一种造型艺术。图书不仅用于阅读，也可供品味、欣赏、收藏，同时也是具有独立艺术价值的实体存在。从销售的角度讲，不管是在实体店销售还是在线上销售，书籍封面都是茫茫"书海"中直接面对消费者的首要部分，甚至对塑封的待售图书而言，封面是在售卖过程中唯一面向读者的"门面"工程，承载着传达内容主旨的重要作用，是可感知、可欣赏的。

近些年，我国主题出版取得了较大成绩，策划出版了一大批文质兼美、复合型和可读性强的图书，但有些主题出版物给读者的印象存在定向偏差，有些读者认为其比较严肃、单调，在一定程度上影响了主题出版的高质量发展。当前主题出版正呈现专业化、数字化、国际化、大众化的发展趋势。主题出版物的封面设计应跟上内容的转变，跟上读者的审美需求，利用封面设计更好地引领读者的兴趣与关注，使读者从首先被封面吸引，再到被主题以及内容吸引，而不是看到封面就敬而远之。从这个角度讲，主题出版物的封面设计更显重要，包含着深刻的设计发展规律，总结研究这些内在规律，促进主题出版实践的发展，是非常必要而迫切的。

现有关于书籍封面设计的研究成果多为基于案例的解析，基于数据分析的定量研究与装帧信息的可视化研究相对较少，对主题出版封面设计的专门研究更少。因此，无论是在实践层面还是学理层面，将封面设计和主题出版结合研究是非常及时和必要的。

（二）主题出版封面主色调与开本现状分析

1. 主题出版封面开本设计分析

书籍的开本设计是指书籍开数幅面形态的设计，是以一张全开纸的规格为基础进行折叠开切。合适的开本设计不但可以展现书籍的实用功能，而且具有一定的艺术审美性。因此，书籍开本设计不能凭空想象，要根据书籍的内容、阅读人群等多方面进行综合考虑。从实际出发确定开本的大小，真正满足读者需求，方便其阅读，这是开本设计的基础。

如图 7-1 所示，2017—2019 年主题出版重点出版物的装帧设计中，最为普遍的是 32 开与 16 开的中型开本，除 2017 年有一本 64 开的小型开本，这三年中有 8 本大型开本（12 开与 8 开）以外，其余皆为中型开本。小型开本虽然更适合于口袋书的目标设置，但容易显得局促，主题出版物的庄重大气感易受到影响；而大型开本容易带来阅读上的不便，更适用于绘本以及书画等专业类主题出版物。总之，主题出版物的装帧设计主要以稳重大气、方便阅读为基本出发点，以中型开本为主流，大型开本和小型开本相对较少。丁以涵的研究发现，最受大学生欢迎的开本设计为 32 开与 16 开，2017—2019 年主题出版重点出版物的装帧设计恰好符合青年阅读者的喜好。主题出版物的开本变化也体现了其总体发展趋势，更多图书走市场化道路，更接地气，更追求满足新型目标读者的喜爱。

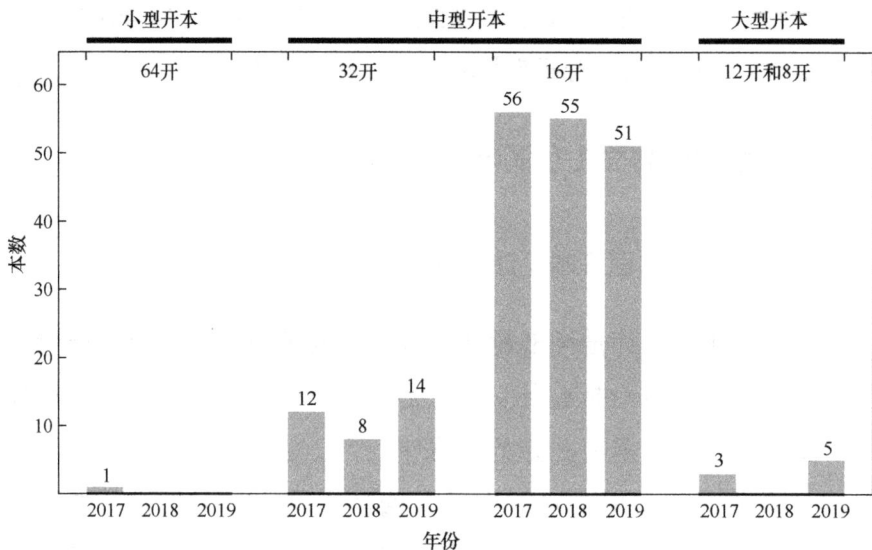

图7-1　2017—2019年主题出版重点出版物封面开本信息统计

2．主题出版物封面主色调分析

一本书的封面虽然会出现不同的颜色，但是总体上会有一定的倾向性，如是冷色调还是暖色调，这种颜色上的倾向就是一幅图像的色调。在封面设计中，色调是重要的元素，有着自己独特的基因。图书封面的色调配置取决于其主题定位和对读者人群兴趣偏好的预估，有选择、有策略地使用色彩，在不同主题的运用中恰如其分地调动读者情感，在最短的时间内更清晰准确地传达作品希望表达的信息。得体的色彩表现和艺术处理能带来夺目的视觉效果，也会产生更多的温暖和感动。

我们采集了2017—2019年主题出版重点出版物的封面主色调，做了统计（如图7-2所示），完成了这三年这些出版物封面设计的主色调基因图谱，研究其色彩呈现规律，全面展示封面的色彩设计倾向。每一种颜色在不同的语境中代表不同的寓意，以此揭示封面设计如何善用色调来表现不同主题的特点。图7-2中的百分比数值代表该色彩分类下封面数量在当年度主题出版重点出版物封面总数中的占比。值得一提的是，其中有部分主题出版物是讲话、汇编、文献类主题出版物，对封面色彩使用有严格要求，因此此部分未被纳入统计。

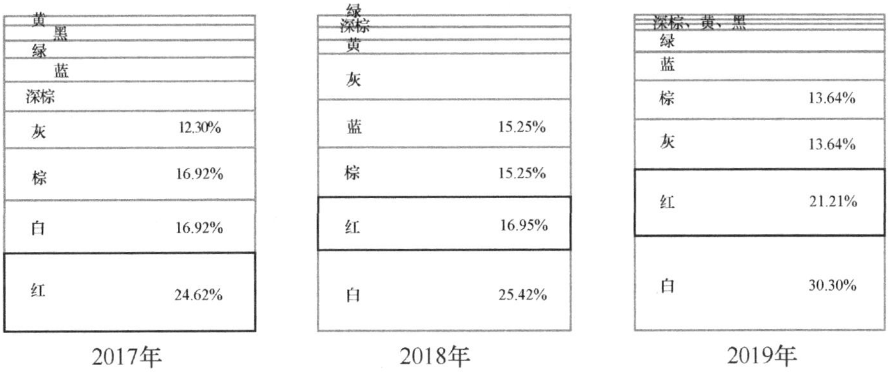

337

图7-2　2017—2019年主题出版重点出版物封面主色调情况

在对基因图谱分析后发现，这些出版物封面的主色调选择依然以红色与黄白色为主，但整体用色从厚重向轻盈转变。这与主题出版的内容转变是一致的，即主题出版的内涵从革命文化向中华优秀传统文化、革命文化、社会主义先进文化这三种文化转变，主题出版的封面设计也在潜移默化中发生了相应变化。

（三）对主题出版图书封面变化的几点判断

1."红色"运用与内容强化

红色在国人心中代表革命文化以及革命精神，是带有精神力量的颜色。在主题出版物的封面设计中，红色的应用非常普遍。对于2017—2019年主题出版重点出版物，如图7-3（a）所示，当年度使用红色元素的封面数量占比分别为58.46%（2017年）、52.54%（2018年）以及66.67%（2019年）。这三年中使用红色元素的封面设计均超过半数，红色依然是诠释主题出版内容认可度最高的颜色。但是在具体运用过程中，设计理念却随着时代在改变。虽然红色元素使用较多，但以简单的整体红色为主色调的比例却在降低，从2017年的42.11%下降到2019年的31.82%，见图7-3（b）。设计师对红色的运用不断推陈出新，以避免审美疲劳、弱化定向偏差。相较于浓墨重彩地渲染气氛，清风徐来式的潜移默化更能够打动年轻读者。因此，有更多的设计师调整配色比例，将红色更好地融入封面当中，助力出版物主题的表达。图7-3（c）统计了封面使用红色元素的比例配置，从中可看出，未选用红色作为主色调的封面设计中，占比最大的为红色比例少于10%的封面设计，且超过半数的封面运用红色配色低于30%。红色元素更多地以字体和装饰色块的形式出现，不喧宾夺主，但画龙点睛。

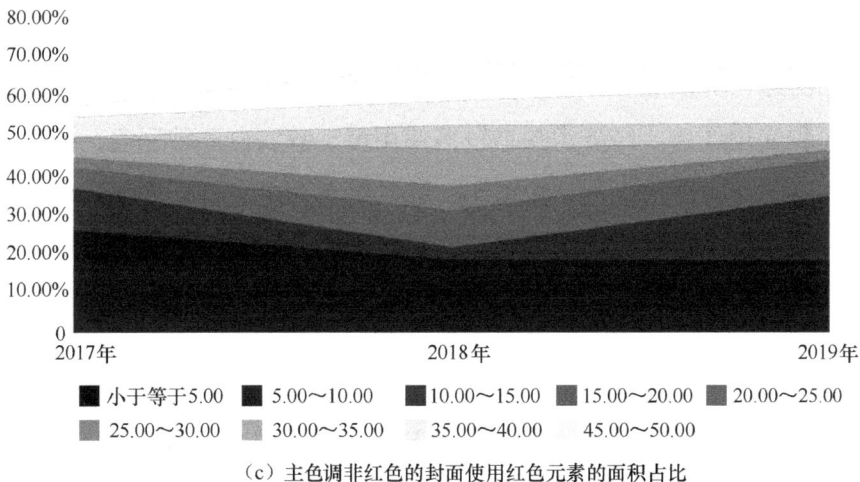

2017年 58.46%	2017年 42.11%
2018年 52.54%	2018年 32.26%
2019年 66.67%	2019年 31.82%
（a）使用红色元素的封面数量 占整年总数的比例	（b）主色调为红色的封面数量占整年 使用红色元素的封面总数的比例

（c）主色调非红色的封面使用红色元素的面积占比

说明：（a）图展示了2017—2019年每年使用红色元素的封面数量在当年度所有封面数量中所占的比例。在这部分使用红色元素的封面中，有些封面使用红色的比例大于50%，则认为该封面是以红色作为主色调。（b）图展示了所有使用红色元素的封面中以红色为主色调的封面数量比例。（c）图则展示了未将红色作为主色调的封面中红色元素使用比例的分布，数值范围含右不含左。

图7-3　2017—2019年主题出版重点出版物封面设计中的红色元素比例统计

2．封面设计配色向复合型差异化发展

不同类别出版社的封面设计存在较大差异。少儿类出版社面向群体以儿童为主，封面设计活泼多彩且多以插画装饰，其封面配色方案占比最多的为 5 种颜色的配色。党建类与军事类出版社由于其出版物选题多为相对庄重的选题，因此色块排版简约，配色方案比例最高的

339

为两种颜色的配色。

2017—2019 年主题出版重点出版物由专业出版社出版的共 50 种，有 32 种封面使用了红色，其中的 12 种仅标题和小面积装饰使用了红色，有 11 种大面积使用了红色。专业出版社的出版物封面设计中也反映了三种文化的设计关联，50 种出版物中，科技类图书封面多使用蓝白配色或者元素，党建和革命文化类图书多使用红白或红黄配色，中华优秀传统文化类图书多用浅棕黄色与白色配色。

由综合类出版社出版的图书共百余种，但也只有 13 种图书封面大面积使用红色。经济类图书较多使用黄、蓝、白三种配色；社会主义先进文化类图书多用黄白配色，或以黄色为主色调，搭配红色、黑色、金色文字；党政类图书多用红白配色；传统文化类图书多用浅棕色、红、白、黑，且一般在同一封面中除黑白外，较多为同一色系的颜色；军事类图书多用绿、黑、灰、白为主色。

3. 专业类主题出版物封面配色与文化内涵契合度越来越高

党的十九大以来，主题出版的内涵、要求也在新时代发生了深刻变化。中华优秀传统文化、革命文化、社会主义先进文化上升为时代主题，三者有机结合。在主题出版重点出版物中，很多是与三种文化相关的优秀选题。革命文化是其中最重要也是占比最大的部分，其封面设计的主色调延续红色和浅黄色的设计，也较多地使用白色等颜色作为封面的主色调。但是在浅色的底色上，依然会点缀红色的细节，如用红色书名等点题。从 2017—2019 年主题出版重点出版物的封面设计中也可以看出以上特点。

在 2017—2019 年主题出版重点出版物封面中，蓝色的比例也不小，主要出现于代表社会主义先进文化的科技强国等方向的主题出版物中，如航空工业出版社的"国之大运"丛书等。蓝色以及紫、绿等冷色调，容易使人联想到太空、冰雪、海洋、森林等物象，进而产生理智、平静等的感觉。科技强国等方向的主题出版物也经常选择蓝色系为主色调，从而凸显内容主旨。当然，也有少量此类选题出版物选择白色与红色作为主色调，如《闪耀世界的中国奇迹》的封面选择白色为底、红色为辅的色调，《筑梦九天：中国载人航天发展纪实》的封面则选择大篇幅红色作为主色调。整体而言，2017—2019 年体现中国科技发展成果的主题出版重点出版物以红色整体篇幅进行封面设计的较少，可见红色并不是科技类主题出版物封面设计用色的主流选择。

2017—2019 年主题出版重点出版物中与中华优秀传统文化相关的，基本采用黄色系，或提取传统文化特征色彩作为封面设计的主色调，如"中华民族文化大系"丛书中的《天之骄子——蒙古族（上、下）》的封面即采用浅棕黄背景加上蒙古族文化的特有图腾。黄色与红色在中国传统文化中是非常重要的色彩，因此在相关主题出版物的封面中会频繁看到这两种颜色。

4．主题出版封面配色技术更丰富更多元

封面设计中，除了主色调直接起到情绪渲染作用，色彩配置与对比关系很大程度也会影响读者的审美感知。如果封面配色设置中缺乏色相的冷暖对比以及明度变化，封面会缺乏生气、缺少层次。我们常

常通过使用色彩对比来更有效地表达或突出信息。恰当的配色方案具有补充说明和烘托氛围的作用，能够唤醒人们潜在的情绪，引起人们的共鸣。

在配色信息的提取中，由于封面图片多来源自网络，每张图片的清晰度不一，有些封面由于材质或者设计本身相近色较多，如对封面的所有颜色值进行提取，每幅封面作品的颜色集数量过大，不利于进行规律解析。因此，我们在封面色彩采集过程中过滤掉一定色容差范围内的颜色，并去除颜色占比极小的点缀色。统计时先将图片进行像素化，具体像素化程度基于图片本身处理，不限定固定数值，在固定色容差范围内取色，记录像素值。通过计算选中颜色占封面整体像素的比例，去除其中占比小于 3% 并且不影响封面整体的点缀色。为方便统计并更符合用户的色彩感知习惯，将一些非常相近的渐变色统计为一类。

颜色较多的封面在取色时，在基本的取色操作流程中还要加上主观判断。此外，颜色较多且层次丰富的封面，使用大色块分割，不细化画面中存在的颜色，而是从整体上只取大面积存在的颜色。

图 7-4 统计了 2017—2019 年主题出版重点出版物封面配色的整体情况，数据显示三年间使用两种颜色进行配置的比例逐渐减少，使用 3 种颜色以及 4 种颜色的比例整体增加。因此，封面设计应从平面向复合转变，对内容体现更全面、更具体、更有针对性，同时，设计师为了避免杂乱，布局时很少超过 6 种颜色，以避免封面杂乱无章。

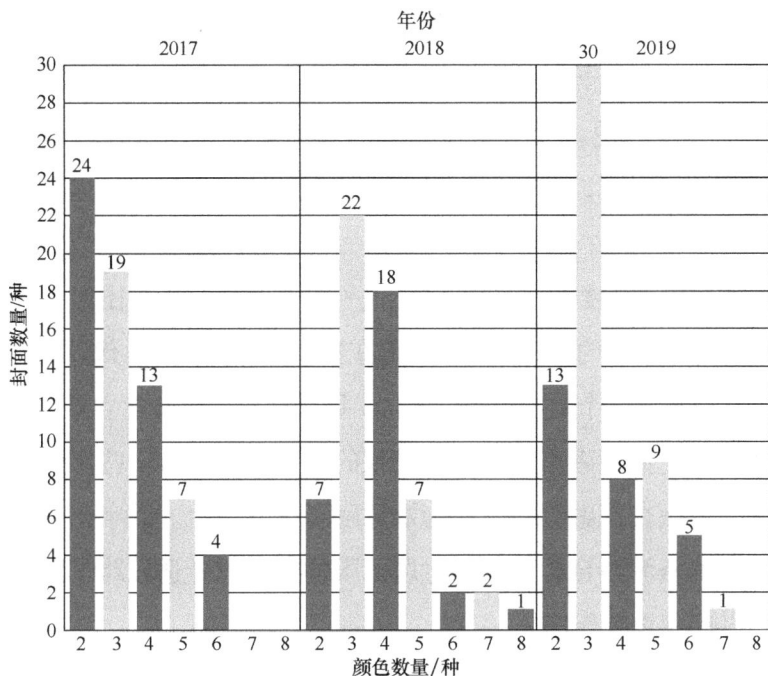

图7-4　2017—2019年主题出版重点出版物封面颜色数量

（四）主题出版物封面设计高质量发展的路径与举措

1. 构建复合型装帧工作室是高质量发展的首要选择

数字技术与网络技术的快速发展，使得这个时代快速走向"视觉化"，对受众的行为模式产生了深刻影响。快速及海量的信息获取让注意力成为一种稀缺资源，美国经济学家迈克尔·H. 戈德哈贝尔的"注意力经济"理论阐明了视觉的吸引力在相当程度上影响着传播效果。对优秀的主题出版物而言，要想在大数据时代从众多的信息获取渠道中脱颖而出，就需要在这种环境背景下快速吸引读者注意力，赢得读者青睐。主题出版最大的特点就是与时俱进和传播力强大，而这些更需要精彩的装帧设计加持。主题出版物的封面设计要保持高水准，达到色彩更丰富、更多元且更能体现作品主题以及出版社风格，避免同质化的根本目标，出版主体建立复合型装帧工作室将是重要的发展路径。

现在出版社的封面设计工作模式一般有两种，一是出版社美编设计，二是交给合作的设计师创作。但在数字化与视觉化时代，书籍装帧设计将被提高到一个更加重要的地位，因此由出版主体建立多维度的装帧工作室是把握读者审美需求主动权的重要举措。有一些出版社将美编和数字出版交叉融合，建立跨媒体融合工作平台。数字出版本身就具有一定的资源整合优势，对主题出版物封面设计适应跨平台呈现与展示可以起到重要作用。

2．主题出版各环节参与者需要更新理念、与时俱进

主题出版装帧设计的整体性审美效果要求对构成图书的元素进行完整、立体、协调的设计，是一个多层次的系统性工作。在封面装帧设计流程中，最主要的四个参与主体包括：出版社领导（决策主体）、责任编辑（实施主体）、作者（创作主体）以及设计师（设计主体）。在市场竞争中表现优秀的出版社，其四个主体都非常重视封面设计，因为其效果会直接影响到出版物的层次与定位，从而影响到出版社的经济效益与企业形象。

要促进主题出版物装帧设计的高质量发展，以上四个主体皆需更新理念，跟上新时代主题出版内涵的延展以及设计变化趋势，对各种新兴市场的认识要积极客观，从而形成合力。同时应定期参加国际

国内书展，感受大社名社和传世之作封面设计的气场和亮点，并从中了解装帧设计的发展层次与新趋势，了解不同读者群体的审美取向，让主题出版图书真正走向市场、走向读者。因此在装帧设计过程中，四个主体的深入参与将更好地提炼升华图书内容，并形成有效的视觉信息传达，设计出既契合主题又有审美水平的高质量主题出版物。

3．封面设计需形成优胜劣汰的机制保证

出版社在近几年的发展中尤其强调社会效益与经济效益并重，因此对文字编辑的考核方法较过去有了一些改变。但对美术编辑的考核依然主要是以工作量来确定任务和报酬，而以作品的设计创新性来评定其价值的考核方式采用得较少。因此，很多设计师抱着"保险为上"的思想，在基本元素完整的情况下，更倾向于设计"不容易出错"的封面，避免创新本身的不确定性所带来的如多次返工、推翻重来等隐患。如涉及主题出版，则使用惯常的固定思维模式，这种设计套路将扼杀主题出版封面设计的创新性与丰富性，不但无法让主题出版物在众多图书中脱颖而出，反而会让其落入俗套，造成审美疲劳。因此，优胜劣汰的奖惩机制对主题出版物装帧设计的发展至关重要。

此外，美术编辑作为图书视觉形象的塑造者，其重要性日益凸显，美术编辑应成为图书出版发行中的重要环节，并与项目获奖、市场竞争等效益息息相关，这样将极大地激发其创作热情，使其发挥最佳专业水平。保障机制中应承认美术编辑的重要地位并拓展其上升通道，不但让其艺术创作产生经济价值，而且更能促进美术编辑学术文化地位的提升，从而推动我国主题出版物装帧设计的高质

量发展。

（五）结语

近年来，主题出版物封面设计发生了较大改变，从平面到立体，从单一到复合，从趋同性向差异性转变，呈现了封面设计的整体发展路径。随着主题出版内涵的延展与读者群体的拓展，主题出版封面设计既是增强读者对图书内容认同感的重要渠道，也是强化图书个性化与差异化的主要媒介，其美学的重要性越来越受到重视。探讨封面设计相关变化趋势与路径有助于为业内策划与设计人员提供有益参考，以期进一步提高主题出版物的艺术审美，推动主题出版高质量发展。

三、新时代主题出版如何助力全民阅读

> 引语
>
> 主题出版是当前重要的出版领域，全民阅读也是党和政府全力推动的一大文化建设工程。两者因其内核和宗旨高度一致，相互影响和促进，共同提升了社会的文化氛围。为推动两者进一步健康发展，有必要深入研究主题出版与全民阅读的关系。主题出版能够为全民阅读提供正确的导向和丰富的载体，因此需要大力发展面向大众的主题出版，同时全民阅读应呼应国家各类主题，凝聚读者向上向善的力量，使活动的开展更加扎实有效，为早日实现中华文化的伟大复兴、建成"书香中国"的宏伟目标做出更大贡献。

自 2003 年起，原新闻出版总署开始实施主题出版重大工程，每年由中宣部和国家新闻出版行政管理部门定期发布当年度做好主题出版的指导性文件和主题出版重点出版物选题入选情况。出版界围绕主题出版，精心策划，推出了一系列有规模、有分量的主题出版物，在唱响主旋律、积聚正能量的同时，展示了时代新成就，体现了时代新风貌，弘扬了社会主义核心价值观，同时也形成了重要的文化积累。开展全民阅读活动则是中宣部、中央文明办和原新闻出版总署贯彻落实党的十六大关于建设学习型社会要求的一项重要举措。全民阅读活动自 2006 年开展以来，在全国各地蓬勃发展，活动规模不断扩大，内容不断充实，方式不断创新，影响日益扩大。两者相互配合，共同前进，为建设"书香社会""书香中国"贡献巨大。而新时代背景下，人民对美好生活的向往更加迫切，建设文化强国的任务更加艰巨，而厘清主题出版与全民阅读的关系，促进两者科学、融合发展，无疑意义重大。

（一）主题出版和全民阅读具有天然的纽带关系

通过对比主题出版和全民阅读的产生背景、具体内涵、实施措施、根本目的及深远影响，我们不难发现两者之间的关系非常紧密。这不仅体现在二者同属党和国家文化建设工作的重要抓手，更在于它们相互之间具有天然的"亲属"关系。

1. 主题出版的内涵

一般认为，主题出版是指围绕党和国家工作大局，就一些重大会议、重大活动、重大事件、重大节庆日等主题而进行的选题策划和出版活动。主题性、政治性和导向性是其最主要的特征。近二十年来，主题出版在引领时代、服务国家重大战略需求和人民期待、推动发展方面发挥了重要作用，巩固壮大了积极健康向上的主流思想舆论，为社会营造了良好的氛围；当然，也为出版事业的发展提供了良好机遇，促使其形成了新的经济增长点。

中国特色社会主义进入新时代以来，主题出版因应时代精神和出版业态的变化，自身发生了重大战略转变，包括：选题方向由党史、国史、军史及重大节庆日向国家政治、经济、科技、文化战略转变；内容创作从宏观整体向小切口新视角方向转变；内容风格由相对单调向更有策划含量、更接地气转变；消费群体由政府党政工作人员向普通大众转变；出版形态由传统出版向融媒体出版转变等。这些为主题出版介入全民阅读提供了基础，创造了条件。

2．全民阅读的内涵

全民阅读活动开展可以追溯至 2006 年 4 月中宣部、新闻出版总署等 11 个部门联合发出的《关于开展全民阅读活动的倡议书》。党的十八大以来，以习近平同志为核心的党中央高度重视全民阅读。2012年 11 月，党的十八大报告提出"开展全民阅读活动"。2014—2018 年，"倡导全民阅读"连续 5 年（编辑注：至 2022 年，为连续 9 年）写入国务院政府工作报告。"十三五"规划纲要则改"倡导"为"推动"，并将全民阅读工程列为"十三五"规则要实施的文化重大工程之一。中央电视台在每年 4 月 23 日黄金时间举办中国好书颁奖盛典，拓展了全民阅读的广度。

根据国家新闻出版广电总局 2016 年年底印发的《全民阅读

"十三五"时期发展规划》，开展全民阅读活动是我国构建公共文化服务体系的一项重要部署，对培育和践行社会主义核心价值观，提高公民思想道德素质和科学文化素质，建设社会主义文化强国，增强国家文化软实力，实现中华民族伟大复兴中国梦具有重要意义。这一目的和主题出版高度一致。

3．两者关系

出版和阅读是文化建设的"双子星"。出版为阅读服务，阅读反作用于出版。就主题出版和全民阅读而言，主题出版解决导向性问题，全民阅读则解决落地性问题，因此没有坚持正确主题导向的全民阅读容易陷入迷失，恐怕无法实现活动本身开展的根本目的；而没有和全民阅读紧密结合的主题出版又无法贴近市场、贴近群众，容易陷入教条和说教，从而难以取得最大的社会效益和经济效益，不可持续。

全民阅读实施十余年来，通过一系列政策的支持和活动的开展，阅读逐渐成为人们生活中的重要内容。从中国新闻出版研究院每年公布的全国国民阅读调查报告中可以看出，我国成年国民的综合阅读率逐年上升，其中图书阅读率在 2005 年降至 50% 以下，2007 年以后又逐年回暖，2009 年再次回升至 50% 以上，到 2017 年达到 59.1%，数字化阅读趋势增长明显。但 2017 年的人均纸质图书阅读量，相比 2013 年的 4.77 本有所下降。在成年国民上网从事的活动中，只有 21.7% 的网民将"阅读网络书籍、报刊"作为主要网上活动之一。只有 1.7% 的国民认为自己的阅读数量较多，近四成的成年国民认为自己的阅读量较少。种种不甚乐观的数据，促使我们对国民的阅读现状做必要的分析和思考，找到制约阅读普及的"病因"，方便"对症下药"。

（二）主题出版与全民阅读相互促进

从党的十八大开始，中国特色社会主义进入了新时代。人民日益增长的美好生活需要和不平衡不充分的发展之间的矛盾成为我国社会的主要矛盾。阅读和求知是人民追求美好生活的重要途径，而我们的出版业能否积极做出回应直接关系到自身下一步的持续发展。作为国家意志和时代精神的风向标，主题出版在这一过程中理应发挥先锋作用。目前全民阅读推进过程中存在的各种问题也需要依靠主题出版来解决。当然其他配套的政策措施同样重要。只有多管齐下、统筹结合，才能将全民阅读推向新的高度。

1．积极开展主题阅读活动

党的十八大以来，习近平总书记在多个场合谈及读书的重要性，并推荐书单。他自身在百忙之中仍然不忘读书，为广大人民群众树立了榜样。"读书已成了我的一种生活方式。读书可以让人保持思想活力，让人得到智慧启发，让人滋养浩然之气。""各级领导干部一定要深刻认识现代领导活动与读书学习的密切关系，深刻认识领导干部的读书学习水平在很大程度上决定着工作水平和领导水平，真正把读书学习当成一种生活态度、一种工作责任、一种精神追求，自觉养成读书学习的习惯，真正使读书学习成为工作、生活的重要组成部分，使一切有益的知识和文化入脑入心，沉淀在我们的血液里，融汇在我们的从政行为中，做到修身慎行，怀德自重，敦方正直，清廉自守，永葆共产党员的先进性。"习近平总书记对阅读的深刻理解，对广大领导干部的殷切期望，揭示了阅读尤其是领导干部这一"关键少数"人群的阅读对个人、社会、执政党和国家的重要性，也对主题出版提出了新的要求和选题思路。在习近平总书记的影响下，在党员领导干部群体内部开展主题阅读活动蔚然成风，直接带动了相关图书的销售。

2．系统研究主题出版与全民阅读的关系

出版与阅读的相互作用无须赘言，而主题出版和全民阅读之间的紧密联系也是源头上的、天然的。两者最大的结合点即是针对主题出版物的阅读活动。因此，围绕结合传承和弘扬中华优秀传统文化、加强中国特色社会主义和中国梦宣传教育、弘扬社会主义核心价值观等重大主题，广泛开展各类主题读书活动，可谓一举两得。

3．打造一批精品力作尤其是精品主题出版物，充分发挥优秀出版物的引领作用

事实已经证明我们的优秀出版物依然太少，尤其是既适合普通大众阅读又拥有丰富营养价值的主题类读物。我们需要继续发挥各类出版基金和奖项的引领作用，鼓励广大出版单位出版更多在文化传承上有新的突破、在学术水平上有新的超越的精品力作。主题出版物体现了国家意志，呼应了时代主题，可以引领读者向上向善，应该成为选题开发的重点方向。

优秀的主题出版物分很多类，其中有一类此前我们关注不多，即有关平民的传记。个体是社会的一个细胞，个人的历史也是一部社会史、国家史。讲好普通百姓的精彩故事，传递好他们的声音，让读者在阅读过程中产生强烈的共鸣，这无疑是激发阅读兴趣最好的"催化剂"。

4．全方位制定法规政策，使推动阅读成为政府的重要绩效指标

2017 年 6 月，国务院法制办办务会议审议并原则通过了《全民阅读促进条例（草案）》，于当月实施。旨在发挥公共图书馆功能、保障公民基本文化权益的《中华人民共和国公共图书馆法》也于 2018 年 1 月 1 日开始施行。这些立法上的顶层设计，外加扶持实体书店、出版单位减免税收、用好农家书屋等具体措施，可使政府在推动阅读方面的职责全方位落地。

5．提倡家长的引导作用

全民阅读尤其是青少年的阅读离不开家庭的参与。在孩子阅读习惯养成的早期，父母应该制定相应的规划，单独或轮流花费一定时间参与其中。据第十五次全国国民阅读调查报告，2017 年我国 0 ～ 8 周岁儿童家庭中，平时有陪孩子读书习惯的家庭占 71.3%，这类家庭中，家长平均每天花 23.69 分钟陪孩子读书，较 2016 年的 24.15 分钟略有减少。家长平均每年带孩子逛书店 3.07 次，与 2016 年持平。这些都反映目前国内家长陪伴孩子共同阅读仍有较大提升空间。

6．提倡阅读纸质书，更要借助各种数字终端的开发与普及

纸质书因其可触摸性、有质感、不易伤眼睛等特性，成为互联网和数字技术诞生之前延续千年的图书形式。另外，它在帮助读者集中注意力、开展深度思考、与同伴交换等方面也有突出优势，成为人们至今"手不释卷"的重要原因。这些对培养阅读习惯、营造阅读氛围同样作用明显。

但因为纸质书不便携带、占用空间大等不足，外加数字技术的成

熟，数字图书逐渐在人们的阅读生活中扮演越来越重要的角色。不少人主要的阅读行为更多地通过数字终端或媒介来实现。因此，从推广阅读的角度来看，数字技术不是"洪水猛兽"，只要不脱离阅读的本质，无论是在图书载体还是创作方式等领域，"出版 + 技术"的应用都应该受到欢迎，尤其是现在这个讲求传统出版与新兴出版融合发展的时代。

（三）结语

主题出版作为我国出版业的主力军、先锋队，既是出版企业重要的市场，也是承担社会责任、践行出版使命的重要载体。主题出版在坚持正确导向、传播主流声音、繁荣文化事业方面始终走在前列，因此在推动全民阅读的过程中，主题出版理应成为一面旗帜和主力部队。为此，需要创新主题出版的体制机制，转变观念，深入挖掘，做接地气、面向社会大众的主题出版物。只有这样，才能真正使全社会的阅读氛围不断升华，助力"书香社会"和"书香中国"的建设。这无疑为出版人提供了机会，也提出了更高的要求，值得每一个从业人员深入思考。

第八章 主题出版总体发展与趋势分析

主题出版经过近 20 年的发展，逐渐成为我国出版领域最亮丽的一道风景。一大批优秀主题出版物如雨后春笋般涌现出来，为党和国家政治、经济、文化发展提供着理论滋养和文化支持，为广大人民群众奉献着精神食粮和思想动力。作为动态开放的全新体系，与时俱进、融合发展是目前主题出版最显著的特征。从总体上对主题出版发展进行总结，并在此基础上对未来主题出版高质量发展进行展望，是重要的研究议题，对主题出版的总体发展意义重大。

一、主题出版发展回眸与成效

近年来，在中央和地方各级新闻出版主管部门的引导下，各出版单位的主题出版工作热情空前高涨，主题发展也取得了较大成效。

（一）主题出版发展正在改变中国传统出版格局

主题出版已经成为我国出版界最为重要的板块，正在改变中国传统出版格局，形成了人们对新的出版板块结构统合的认知。过去，中国的出版格局主要是由学术出版、大众出版、教育出版三大出版板块构成。现在主题出版和其他板块有分有合，相互促进交织，引领三大出版板块，同时又与三大出版板块相互融合叠加。一本好的主题出版物可以是一部优秀的学术著作，也可以是一部脍炙人口的文学作品。主题出版彰显了时代性和时效性，是政治性、学术性和市场性的统一。主题出版引导了出版格局的变革，对我国出版业影响深远。目前，相当一批出版主体都在顺应这一变化进行重新布局。

（二）多元主体投入主题出版工作，选题呈现复合化、市场化特点

以往做主题出版的，大多以人民社、党史社、军队社为主，现在越来越多的科技社、大学社、专业出版社（如音乐出版社、美术出版社、民族出版社）也参与进来。在 2020—2022 年中宣部主题出版重点出版物选题中，科技社、大学社的出版物比例逐年提高，形成了主题出版的全员参与、蓬勃发展之势。

科技类主题出版物近两年异军突起。科技是国家的命脉，是时代发展的核心课题之一，在大国竞争中愈发重要，是主题出版的题中之义、必然要求。以往的主题出版物多是党史、军史类读物，较少涉及科技领域，科技类出版社做主题出版一般不被看好，如今科技社已经成为主题出版大军中非常重要的方面军，这也是近年来主题出版的变化之一。科技类主题出版不仅弘扬科学家爱国精神，而且涵盖国家科普、学科史、大国重器等各个方面，有力完善了我国主题出版的整体布局。

除了各级各类出版社外，技术商对主题出版也表现出较高的积极性。如 2021 年江苏凤凰少年儿童出版社与中图云创智能科技（北京）公司合作制作的 VR "童心向党·百年辉煌" 全景视频，在《光明》这本书中，让儿童身临其境，与 "小萝卜头" 一起体验狱中生活，感受其坚强、勇敢、乐观的优秀品质。

还有一些出版社通过与大学、媒体、民营企业多方联动，形成了主题出版的共振效应，取得了较好的效果。

（三）主题出版物的整体策划含量在不断加大，市场回馈好

随着越来越多的出版单位加入主题出版大军，各出版机构之间的竞争激烈，要真正做好主题出版就需要创新，提升策划水平，避免选题的同质化、内容的空洞化。从近两年的主题出版市场来看，出版机构对主题出版的整体策划投入加大，深挖选题、创新角度、精耕内容，在书名、封面、目录、行文等多方面进行市场化打造，出现了一批文质兼美、接地气的好书。

开卷监测数据显示，2021 年度销量在百万册以上的 28 种图书中，主题出版物占 17 种。"双效"俱佳的主题出版物，如《中国制度面对面——理论热点面对面·2020》印数近 220 万册，《红岩》《红星照耀中国（青少版）》印数均超 100 万，少儿主题出版物《风筝是会飞的鱼》作为首部守礁军人书写中国南沙群岛的儿童小说，上市半年销量突破 5 万册。从以上数据可以看出，优秀的主题出版物市场回馈非常好，改变了过去相当一部分出版物叫好不叫座、没有真正发挥作用的尴尬境地，进一步说明优秀的主题出版物是能实现社会效益和经济效益双效统一的，主题出版物做得好更容易受到读者的欢迎。

值得注意的是有一些原来策划畅销书的机构，开始借助自己的策划能力和作者资源积累，投入主题出版策划与运作，取得了优异成绩。

（四）主题出版"走出去"开始发力，一批具有中国智慧、国际化表达的优秀主题出版物逐渐走出国门

新时代，中国需要更好地了解世界，世界也渴望了解中国。主题出版是国际社会认识中国的重要媒介，通过主题出版传播中国声音、

讲好中国故事，是新时代出版业肩负的重大使命。早在 2013 年"一带一路"倡议提出后，国内出版社就抓住这一机遇，组织出版了包括《习近平谈治国理政》在内的系列图书，这些图书在海外成为热门图书。2013 年，浙江出版联合集团和俄罗斯尚斯国际出版集团在莫斯科合开书店，通过将书店变为文化中心，激活了中国图书的热度。近年来，国内各大出版社频频发力，通过成立主题出版物海外编辑部、收购国外出版企业、版权交易、图书翻译等方式，推出了不少"走出去"的精品力作，如上海交通大学出版社出版的《平易近人——习近平的语言力量》被翻译成多种语言，在国际上销量良好；还有浙江人民出版社出版的《之江新语》、宁波出版社聚焦乡村振兴出版的《中国有个滕头村》、大连出版社出版的《梦想的力量》、武汉出版社出版的《俄罗斯的中国茶时代：1790~1919 年俄罗斯茶叶和茶叶贸易》、生活•读书•新知三联书店出版的《生死关头——中国共产党的道路抉择》等。主题出版"走出去"在正面呈现立体、真实的国家形象方面显得颇有穿透力。

（五）主题出版学术研究取得重要成就

主题出版工作是理论和实践的融合发展，通过理论研究不断反哺主题出版事业的发展。党的十九大后，学界认真学习党的十九大报告和学术理论研究，如杭州电子科技大学主题出版研究院提出将主题出版的内涵从以往局限于党和国家重大事件、重要时间节点、重要会议等方面拓展至三种文化（中华优秀传统文化、革命文化、社会主义先进文化）的结合。这一理论突破意义重大，拓展了出版社做主题出版的空间，也体现了我们党与时俱进的传统与特色。对主题出版与专业（学术）出版关系的论证解答了专业（学术）出版社对于做主题出版的困惑，可以说系列研究成果为主题出版的发展提供了强大的支持与动力。再者，主题出版要面对国内国际两个市场，这一点也是学界率先提出的，如今已成为现实需要。

▼ 二、主题出版发展弱点与差距分析

（一）对主题出版的定位、作用仍存在认知偏差

目前，一部分出版社在做主题出版时，还是仅将其作为一项政治任务，没有纳入出版社长远规划和品牌战略。没有真正地策划宣传营销，也没有投入精力深耕细作，围绕书的选题策划、作者维护、营销推广、内容设计、市场反馈等方面的意识都非常薄弱。在这样的认知偏差下，主题出版被孤立于其他出版板块，只是一味地做简单加法，每年一两本，做做样子，这种认知偏差在一些专业出版社、中小型出版社领导的思想中还是比较严重的。

也有一部分读者群体对主题出版存在误解甚至有所排斥，部分原因是有些主题出版物确实内容比较枯燥，设计刻板，空话大话连篇，内容缺乏政策解读和思想深度，语言表达缺乏吸引力和生动性，在一部分读者心目中形成了消极印象。从根本上来说，这是因为一些出版社在做主题出版时没有精品意识和服务意识，没有策划含量，这对主题出版的长远发展是不利的。

（二）主题出版的动力机制和评价机制仍待完善

主题出版从政府及主管部门主导出版社按时间节点和要求跟进的

动力机制，逐渐过渡到政府行业部门指导、出版主体运作的运行机制，这也是我国主题出版发展的政策基础和发展动力。在实际运作中，上级主管部门对主题出版的重视程度远高于各级出版单位，中央级出版社对主题出版的重视程度高于各地方出版单位。虽然也有一些出版单位通过"自下而上"的方式，积极主动开展主题出版工作，但主题出版的整体现状还是以"自上而下"的传统机制占主导。

目前来看，已开展主题出版业务的机构动力不足，具体表现如下。第一，有些出版单位做主题出版不关心下边（消费者），不关注市场，出版只"唯上"，不"唯下"，为出版而出版。出版项目有资助或评上奖就做，没有项目资助或未评上奖则不做。第二，有些出版单位在开展主题出版工作时，没有清晰的战略规范和把主题出版做成精品的理念，在选题策划上忽视本社的优势资源和特色，选题申报过程中靠碰运气，或者一味地追逐热点、跟风市场。第三，有些出版单位的编辑做主题出版的目的是完成考核任务，对应的是指标，关心的是考核分数。出版单位在开展主题出版工作时的各种心态和动机表明，当下我国出版单位在开展主题出版工作时仍存在整体动力不足、自觉性不强、积极性不高等问题，动力机制亟待优化。

主题出版自 2003 年被正式提出以来，坚持以出版导向和社会效益为先，在出版业的发展方向上发挥着引导作用。2015 年，中共中央办公厅、国务院办公厅印发《关于推动国有文化企业把社会效益放在首位、实现社会效益和经济效益相统一的指导意见》，提出明确的社会效益要求，而以此为基础，量化社会效益考核，主题出版成为重要的考核指标。国家层面也通过基金支持、重点项目扶持等方式提升主题出版的影响力和效果。近年，中宣部出台了一些文件，尝试对出版的社会效益进行量化评估。2018 年 12 月，中宣部印发《图书出版单位社会效益评价考核试行办法》（以下简称《办法》），该文件提出从出版质量、文化和社会影响、产品结构和专业特色、内部制度和队伍建设等方面对出版单位进行考核，尤其是涉及社会效益评价考核的占比权重在 50% 以上，对每年被列入中宣部主题出版重点出版物选题的图书给予分值，这些对编辑参与主题出版具有一定的激励作用，不过一些市场化指标并未被纳入其中。

国家的基金扶持、精品项目这些单一化的外部推动无法转化为出版业的内在动力。在项目申报过程中，重点项目数量有限，出版物数量众多，二者的对比在一定程度上产生了项目申报靠"碰运气"的认识误区，也降低了出版单位投入主题出版的积极性，部分申报成功的项目整体完成质量不高，经济效益并不好。主题出版要形成精品，就一定要形成科学的"双效"评价机制，既要重视社会效益，又要重视经济效益，好的主题出版是真正能获得市场和读者的高度认可的。

（三）主题出版内容同质化现象较多，部分过度依赖系统发行

主题出版主题的统一性和相关规定，使得许多出版社陷入了同质化竞争局面，同内容甚至相似书名的图书数量多，缺乏创新，形成浪费重复现象，也较大地影响了主题出版物在读者中的形象。例如，建党 100 周年的献礼图书中，相同相似书名的主题出版物多达几十种；在脱贫攻坚类主题出版物中，相同相似书名的书也多达实际十几种。这些问题需要我们制定政策进行疏导，有针对性地解决。

另外，主题出版物的特殊属性，使其长期依靠中央到地方各级政府的系统发行，这种方式对出版社经济效益有较大支持，但也让出版

社淡化了市场运行，与一线读者直接接触机会较少，一定程度上影响了主题出版的市场竞争力和影响力。主题出版要引导舆论，用话语的力量影响读者，就必须做出老百姓喜欢读、能读进去的作品，以润物无声的方式俘获读者的心。系统发行不是读者自发购买，有时未必能吸引读者的阅读兴趣。这种发行方式有利有弊，如何引导和进行改革是主题出版高质量发展面临的一个现实问题。

（四）主题出版的市场化数字化产品没有明显突破

主题出版的数字化平台建设方兴未艾，主题出版的市场化融媒体产品没有明显突破。目前主题出版的融媒体发展有如下三种方式。

一是建平台。比如人民出版社的"中国共产党思想理论资源数据库""中国共产党思想理论数字传播中心"以及党员小书包。又如，辽宁人民出版社启动马克思主义经典文献传播数据库工程，建设相关数字资源服务平台，以《马克思主义经典文献传播通考》100 卷及《马克思主义经典文献世界传播通考》100 卷为基础，引入大英图书馆马克思藏品数字化资源，利用出版融合数字出版技术进行知识服务数据库建设。

二是做产品，通过有声书、VR、H5、电子书等形式进行形态创新。比如党建读物出版社的《新中国七十个瞬间》融媒体画册，以及人民融媒传播有限责任公司集彩绘、音频、视频于一体的《中华诗词歌汇·学龄前儿童诗词歌汇》融媒书。

三是"图书+"的复合型形态融合。比如重庆红岩联线文化发展管理中心通过主题出版物＋川剧＋数字博物馆的方式推出全产业链形态的产品。

尽管数字化融合平台与形式日渐丰富，但是问题仍然比较突出。首先，主题出版的数字化流于形式，只做物理的数字化整合，无法产生融合的化学效应。一些出版单位虽然意识到有必要开展主题出版数字化的工作，但是在开发思路上，并没有从出版上游开始进行数字化融合，仅仅是把原来纸质版的主题出版物简单转化为电子书，或者只做简单的数据库后进行第二次售卖，没有真正形成用户思维、互联网思维。在前期内容制作上，既没有根据目标受众的特点对内容量体裁衣，也没有创新语言的表达方式，更没有形式活泼的内容形态。在后期产品推出时，既没有市场化的营销方式，也没有多渠道的传播路径，更没有与读者形成良好的互动并拓展、维护与读者的关系。

其次，主题出版数字化运作机制尚不完善。完善的数字化运行机制是融媒体时代主题出版数字化建设的重要保障，当下融媒体时代主题出版数字化建设的一大瓶颈就是数字化运作机制的弱化，主要体现为出版单位在开展主题出版数字化建设的过程中，仍沿袭传统出版运作机制，缺乏主题出版数字化的顶层设计，未能从数字化建设的整体上规划主题出版发展路径。

（五）主题出版的产业链运作尚不成熟

一般来说，产业链包含从出版物的内容生产到成品的各个环节，包括生产上游和分发下游。产业链的核心是产品价值。由此，延伸已有主题出版物的价值，创造新的产品价值，成为全产业链运营的核心，它能够有效帮助提升精品出版物的经济效益，并构建新的盈利模式。

一个好的主题出版选题能够衍生出许多新的选题，当这个选题产生影响后，有关方面会形成连续的支持体系，而且此类选题本身对下游读者市场也有较大的附加效应，使得同一选题以主题出版物、学术出版物等不同层次和类型得到实现，表现出很好的透光度，这既拓宽了图书的商品价值，又构建了新的产业链。一些主题出版物甫一出版，便会催生一系列衍生图书，如上海交通大学出版社的"东京审判出版工程"等。

一些实力比较雄厚的出版社秉承"内容＋渠道＋衍生"的发展思路，稳步推进全产业链布局，通过资本运作等方式，将出版产业链向知识服务、网游、影视剧、大数据等颇具成长性和盈利能力的子领域拓展，开展出版全产业链运营和全版权运作。比如，学习出版社在主题出版工作中，积极整合多方资源，努力拓宽出版载体，延伸产业链条。目前该社的主题出版产业链已延伸到影视剧、动漫、微视频等领域，已经开发出了《百年潮·中国梦》《劳动铸就中国梦》《大抗战》《信仰的力量》等多媒体出版产品。

但是，从整体上来看，国内出版单位的主题出版在全产业链运营方面还处于起步阶段，发展过程中还存在一些问题，主要体现如下。

一是主题出版全产业链运营理念缺失。这主要反映在一些出版单位把主题出版当成上级主管部门分派下来的任务，被动而为，缺乏主动性和开拓性，未真正从市场和读者的层面去策划主题出版物，缺乏对主题出版进行多方位开发的整体规划。

二是主题出版优质 IP 资源稀缺。实施全产业链运营，关键是要有优质 IP 资源。对主题出版作者要求很高，既需要较高的政治站位、深厚的学术底蕴，又需要突出的写作能力。然而，目前来看，这类作者资源十分稀缺。IP 资源的稀缺本质上是创作人才的稀缺。因此，出版企业在开展主题出版全产业链运作时，首先要注意发掘优秀的作者资源。

三是主题出版经营模式落后。主题出版物过于依赖系统发行，很可能会对真正优质的 IP 资源产生"挤出效应"。一些靠政策"背书"而成为爆款的主题出版物并不能反映读者的真实需求，而一些真正面向市场且有开发前景的优质图书选题因为没有系统发行资源，反而被挤压出去。显然，现有主题出版物的生产形式与营销发行方式还未完全适应融媒体时代读者日益多样化的精神文化需求。

（六）主题出版从"走出去"到"走进去"的转变难题

近年来，主题出版尝试了不同的"走出去"形式，通过建数字平台、建海外出版分部、版权交易、买卖并购等方式，扩大了主题出版物在全世界的覆盖范围。比如《澜湄国家共同脱贫致富故事汇》《天使日记》《生死关头——中国共产党的道路抉择》《习近平讲故事》等，都输出了多个语种的版权，产生一定的影响。但是我们相当一部分的主题出版物到国外后水土不服，没有实质性地走入国外受众的思想体系或阅读视野。要真正走进去，目前问题不少。

1. 主题出版在国内和国外的功能是不一样的

在国内，主题出版主要是弘扬主旋律，传播主流价值观，发挥思想引领和文化支撑的作用。但是到了国外，主题出版的功能首先是阐释理念，让国际受众能真正深入了解中国，知道我们的立场和观点。比如上海人民出版社的"中国震撼"三部曲输出 7 个语种的版权，其中英文版被美国华盛顿大学选为国际关系课程的参考教材。

其次是展示国家形象。讲好中国故事，传播好中国声音，展示真实、立体、全面的中国，是加强我国国际传播能力建设的重要任务。主题出版大到讲述共产党治国理政的故事，小到切入普通个人的奋斗圆梦故事，都是在多方面、多维度建构国家形象、国民形象。

再次，主题出版要消除国际隔阂。文化价值观的差异以及意识形态的偏见，常常会让国际传播出现有理说不出、有理说不清的无效沟通，主题出版"走出去"需要以深刻的内容打破这些藩篱，创新叙事体系，通过观点交锋、角度转换帮助实现更好的交流和融通。

最后，主题出版需要发挥增进友情的作用。国际上有不少国家与中国一直保持着传统友谊，国与国、民与民之间都有着较好的沟通，对中国的认同感也比较强，当中国发展越来越好，可以为这些国家提供参考的经验时，主题出版就应做好"排头兵"，主动生产符合国际受众需求的文化产品，维护好中国的国际朋友圈。

2．主题出版在海外的运作与传播效果仍待提升

首先，主题出版"走出去"要理清主题出版内容在海外的升华转化意识。有的图书在国内不属于主题出版，但是到了国外就具有主题出版属性，主题出版在"走出去"时往往缺乏这样的升华转化意识。

其次，主题出版讲故事的方式还不符合海外读者的阅读习惯。国外读者更加关心中国是如何做的，更希望了解普通老百姓是如何看待一些问题的，他们的感受怎样。好莱坞的有些叙事策略是值得我们深入学习的，其个人英雄主义叙事和平民立场贴近生活、更加真实。主题出版需要研究这样的经验，以避免一直停留在"走出去"的初级阶段，强推强打，居高临下，从而贴近海外受众，进行有效传播。

再次，西方的传媒文化产业是一个成熟的商业化运作体系，强调全产业链的策划。市场导向的出版业从图书的选题策划之初就开始在书名、框架、角度、行文等多方面下功夫，策划一本畅销书之前已做好详尽的市场分析、受众分析、可行性论证、营销方案，对效果有预判，这样避免了重复化作业，可节约成本、降低风险。相比之下，很多主题出版"走出去"，只是通过简单翻译国内读者喜欢的作品，相对脱离了海外受众的关切点和需求，与海外的全产业链策划有一定差距。

最后，主题出版"走出去"的线路设计问题。2013 年以后，随着"一带一路"倡议的提出，主题出版"走出去"的重心部分转移到"一带一路"沿线国家，对欧美国家的图书版权输出数量有所下降。我们的主题出版物既要重点发展"一带一路"沿线国家市场，也要强化欧美市场。即便是在网络时代，西方的媒体也好、图书也好，仍然牢牢把握国际舆论的话语权，舆论影响力更大，要撼动西方主导的舆论格局仍然需要时间。一个世纪以来，西方的中国研究已经形成了强大的话语力量，已有的关于古代中国的汉学研究、第二次世界大战后围绕意识形态建立的当代中国研究，对世界范围内尤其是欧美世界的知识精英产生了深刻影响。主题出版"走出去"可考虑将一部分重点转向这些地区，以破解这一牢固的话语体系。

（七）主题出版与学术出版的关系亟待厘清

主题出版是政治性、学术性、市场性的统一。政治性、市场性比较好理解，但主题出版与学术出版的关系亟待厘清。主题出版和学术出版最大的不同是叙事方式不同。学术出版注重思想的深度性，讲究逻辑的缜密性、语言的精准性、观点的创新性和思维的抽象性，其面向的群体多以高等教育群体、精英群体、研究群体等为主。而主题出版主要是为了引领时代潮流、引导大众认知，其更加注重故事的生动性，讲究形式活泼的语言、通俗易懂的表述、故事情节的有趣，以及内容的广度，其面向群体更广泛、更具有包容性。

从逻辑关系来看，二者存在深入的逻辑关系，并体现在以下方面。

首先，学术出版是主题出版的基础。好的主题出版物一定是具有市场亲和力的，但是语言的通俗性等并不意味着主题出版的内容就是肤浅的、流于形式的。如果没有新的观点、深刻的思想，就无法延续主题出版的生命。在这一点上，主题出版要有学术深度，并需要借助学术的土壤提升其专业性和思想的深刻性。有些主题出版物是对学术出版物的二次开发，有些是引用学术出版物的观点和资料来源作为参照，有些是学者参与写作的通俗类作品，这样的主题出版物价值更高。

其次，主题出版引领学术出版的发展。中国的学术出版不仅仅是思想领域的碰撞与交流，更是构建中国话语体系的重要途径。理论的研究从来不是在书斋里产生的，而是从实践中来的，用于指导解决实际问题的。实践性是中国特色学科体系、学术体系的立足点。2016年，习近平总书记在"科技三会"上强调，"科学研究既要追求知识和真理，也要服务于经济社会发展和广大人民群众。广大科技工作者要把论文写在祖国的大地上，把科技成果应用在实现现代化的伟大事业中"。这要求学者善于从实践中挖掘新材料、探索新问题、形成新观点、构建新理论，从而形成中国特色、中国风格和中国气派的话语体系。从这一点来说，主题出版一般选题重大、立意高远、题材高端，具有前瞻性和时代性，为学术出版提供牵引力，引领学术出版往更高的方向发展。一些大社名社的主题出版会引导社会的学术研究方向，使学者们不再局限在象牙塔里，而是更加关注社会重大问题，将学术成果转化为解决实际问题的工具，从而贴近群众、贴近现实。

最后，主题出版与学术出版互相转化，共同服务于党和国家战略。第三章讲到，当一般出版物嫁接党和国家意志时，便具备了主题出版物的属性。一些学术出版物与主题出版之间的界限本身就模糊，二者彼此牵连、彼此渗透。生活·读书·新知三联书店"走出去"的系列中国学者著作中，如哲学家陈来教授的《中华文明的核心价值——国学流变与传统价值观》，将学术研究、传统文化解读、主题出版融合，吸引了多个国家的出版方洽谈版权合作。对于理工科的学术出版，如果赋予一定的国家战略整体表达，也属于主题出版，如上海交通大学出版社的"大飞机出版工程"以及"军事科普丛书"等。这些都是主题出版与学术出版互相转化的示例。

一些海外汉学家的学术著作同样具备主题出版属性，虽属于境外主题出版，也值得我们思考。比如英国汉学家李约瑟的《中国科学技术史》、英国汉学家胡思德的《早期中国的食物、祭祀和圣贤》等的出版都体现了海外对中国传统文化的重视。中国的主题出版需要借鉴这些学术出版的精品意识和市场策略，形成中国的学术话语和主题出版国际化发展格局。

（八）主题出版的学界、业界脱节问题

当下，出版界对于主题出版的热情高涨，主题出版得到了快速发展，传播力和影响力持续提升，这从近年各出版机构申报主题出版选

题的数量上可见一斑。2020 年各出版单位共上报主题出版选题 2233 种，比 2019 年的 1856 种增加了约 20%，2021 年各出版单位申报的主题出版类选题数与 2020 年基本持平，入选主题出版重点出版物选题的数量比上一年增加了 36%。

然而，相较于业界对主题出版的热情投入，学界对于主题出版进行理论探讨的学者数量偏少，大多为零散参与主题出版研究的学者个体，研究不成体系，力量较为分散。专业学者参与创作主题作品的数量也不多。

尽管主题出版的理论建设已经取得了很大进步，但学术研究仍不到位，尚未建立相应学术体系和行业规范标准，这也是不争的事实。从主题出版研究现状来看，研究者以业界为主，学界人士较少。业界研究者实践经验丰富，熟悉出版流程，掌握大量的第一手素材，但部分人员由于理论储备不足，在研究中因缺乏坚实的理论支撑，很容易就事论事、以偏概全。学界研究者理论素养深厚，但由于实践经验不够，研究成果难免会出现脱离实际的情况，有时提出的对策建议缺乏现实参考性。如何充分发挥双方的理论和实践优势，产出有理论创新性、实践参考性和现实针对性的研究成果，这成为一个重要课题。主题出版的健康繁荣发展也离不开科学规范的行业标准，但目前这一方面付之阙如。这既使得出版单位在选题策划、基金和奖项申报时无所凭依，也增加了主管部门遴选和有针对性地支持优质选题的难度。

主题出版是政治性、学术性和市场性的统一。一方面，很多主题出版作者本身就是学术权威、高校学者，学界与业界的破界与融合是必然。另一方面，主题出版的边界是动态的，正是因为其内容和选题互相嫁接，理应吸纳更多学科（如物理学、天文学、历史学等）的学者，尤其是新闻传播学研究领域的学者来关注主题出版，结合实践参与和学术思考，对出版现实中存在的各类问题进行分析、评论、批评、升华，提供理论参考。从这两方面来看，在主题出版领域，业界和学界本就是服务国家战略的一体两面，二者应提升共同体意识，合作生产专业知识，尽快建立高校学界和出版业界合作的长效机制。

三、主题出版发展趋势分析

（一）进一步优化考核评价机制，推动主题出版向高质量发展

继续加强对出版社主要领导进行马克思主义出版观以及行业优秀案例的学习培训，通过会议、培训、交流等多种形式，增强社领导对当前国际关系、国际政治前沿的把握，帮助他们认识主题出版对于党和国家的重要战略意义，增强他们的历史使命感和责任感，使他们自发自觉投入主题出版工作中。通过先进案例，让他们明白主题出版物社会效益和经济效益的辩证关系，只要深耕细作，发挥特色，主题出版物的社会效益和经济效益就都会获得丰收。

国家层面上，应尽快改变以政府部门为主导的评价机制，形成政府评价、学术评价和市场评价三位一体的评价机制。需要适当调整考核奖励，在原有的社会效益考核基础上加大经济效益考核。通过增进对社领导和主题出版物社会效益、经济效益的全面考核，可以让社会效益和经济效益有机结合起来。事实上，没有经济效益的社会效益是不存在的，好的内容只有让普通读者读进去才能产生效果，这才是真正的社会效益，增加主题出版物经济效益考核指标有助于主题出版物

形成有效、精准传播。

（二）积极培育主题出版的策划创作人才

主题出版的核心是坚持内容为王，任何以内容为核心价值的出版单位，都必须注重内容的质量，这不是仅靠出版社内部就能完成的，它需要系列人才支撑，为主题出版提供思想源泉、内容支撑、实践动力。在"十四五"期间，继续做优做强主题出版是新时代出版业的重大使命。精品出版物的生产离不开创作人才的深度培养。主题出版的人才队伍需要从三方面进行建设：第一是作者建设，第二是出版编辑人才建设，第三是领军人才建设。

1. 作者建设

主题出版物对作者要求相当高，并不是所有作者都适合创作主题出版物。主题出版作者要具备以下条件。第一，具有较高的政治站位，具备对于国家大政方针政策的洞悉和解读能力。第二，具有丰富的专业沉淀，对于历史事件的研究和探索需要经年累月专业的积累，故而只有领域内的集大成者和进行前沿研究的专家学者创作的图书内容才比较权威的。第三，具有很高的文字驾驭能力，能够深入研究主题出版内容，熟悉主题出版要求，并能够以活泼易懂的语言表达、阐释观点，这样才能吸引读者。三者俱备，才能创作出一流的主题出版物。这是由作者的学术底蕴、写作能力和政治站位决定的。由此，主题出版作者不能是随意选取拼凑的，编辑要长期经营自己的作者群和专家网，便于有效地组织和调动。

出版社的作者可以分成三个层次。第一，核心层作者是出版社最重要的资源，这些作者与出版主题和出版品牌共生共长，彼此关系密切，构成利益共同体。各出版社需要积极建设这类作者队伍，从而打造核心竞争力。第二，紧密层作者，和出版社有两次以上的合作，彼此建立了一定程度的信任度，这是出版社作者资源中的基础力量。第三，松散层作者，与出版社有一次或尚未合作，但有交往，相互有合作意愿，信任度还不高，这一块基数较大，潜力丰厚，需要出版社整体开发和经营。

权威作者资源的保有和培育离不开在政治上、经济上、学术地位上的倾斜和保障支持。优秀作者甚至能够超越出版社编辑选题策划的格局与境界，与编辑的初始创意既有互动又有升华，从而创造出文质兼美的主题出版物。要研究提高主题出版领域优秀作者相关待遇机制，吸引一大批优秀人才潜心从事主题出版创作，同时，在鼓励原创的前提下，形成主题出版作者的成名机制。

2．编辑人才队伍建设

编辑人才是选题的策划者、内容的把关者、文化的传播者和图书的营销参与者。从宏观的内容策划到中观的谋篇布局，再到微观的退改润色等细枝末节，可以说，没有编辑，便没有精品出版物。上海学林出版社楼岚岚担任责任编辑的图书《战上海》入选第十五届精神文明建设"五个一工程"特别奖，图书《五百年来王阳明》《战上海》《细节的力量：新中国的伟大实践》《文献中的百年党史》连续四年被评为年度"中国好书"，从中可以看到编辑在探索主题出版的新内容、新形式方面发挥的巨大作用。

主题出版承担着讲好中国故事、传播中国声音、构建中国话语体系的重要使命，而编辑队伍和编辑业务的能力则与出版强国建设息息相关。出版社应该在主题出版领域发掘、培养更多的优秀骨干编辑，并给予更多的配套资源和支持，补齐其在主题出版方面的短板。

第一，建立一套人才支持和激励机制。对那些创新思维活跃、视野开阔、市场运行能力强的编辑，要优化人才配置，大胆给予项目扶持和资源支持。对那些能坐得住冷板凳、专注于精品内容的挖掘和策划的资深编辑，要给予一定的时间、空间和自由度，鼓励编辑形成潜心钻研、追求真理的奉献精神。在评价方式上，应根据主题出版的特殊性与一般出版的共通性，将编辑的水平业绩和发展潜力、图书的社会效益和经济效益结合起来，使用定性与定量结合的方式建立科学的人才评价标准，让更多的编辑能够主动投身到主题出版工作中来。

第二，要培养建立主题出版的专业团队。编辑出版工作在新时代分工越来越细，专业化程度越来越强，急需具有综合素质的人才，要考虑人尽其才，构建最优的人才结构，让工作效率更加高效。

第三，要拓展新人群，重点发掘年轻化的编辑新军。年轻编辑群体是出版的主力军，他们在内容创作上能够更好地对接新时代"00后"群体的口味习惯，在话语的表达方式、内容的表现形式、选题的方向上能够满足年轻读者群体的个性需求，同时他们的新思想、新理念都更贴近当下。挖掘青年编辑的创造力能够帮助增加主题出版的吸引力。

（三）把握好内容深度设计的复合性、市场性和特色性

在近几年对主题出版内涵与外延的逐步探索中，学界、业界已经达成共识。目前，主题出版需要进一步推进，就必须从内涵界定深化到内涵建设中，探索内容的深度设计问题。具体来说，需要处理三大

问题：第一是内容设计的复合性问题，第二是内容设计的市场化问题，第三是内容设计的特色化问题。

1. 内容设计的复合性问题

主题出版是有规定和边界的，泛主题出版的想法不可取，也会冲淡主题出版的凝聚力和战斗力。主题出版作为一个体现党和国家意志的综合出版板块，能够聚集融合学术出版、大众出版、教育出版三个出版板块，但又与之有明显的区别。

具体来说，三史（党史、军史、国史）和三种文化（中华优秀传统文化、革命文化、社会主义先进文化）是主题出版内容的具体边界。前者比较清晰，后者需要结合主题出版的具体属性进行具体分析。党史、军史、国史固然能产生不少好的选题，但主题出版只有在内容设计上通过三种文化的互相嫁接，才能延展广度，增加内容的深度，从而真正发挥举旗帜、凝人心的作用。

内容的复合性除了考虑文化叠加、主题嫁接外，还应看到优秀传统文化与物质文化的融合。在中国"走出去"战略中，我国企业生产的多种产品，比如酒、茶、丝绸、高铁等，逐渐成为代表中国形象的物质性符号，出版社如何才能识别增加主题出版物价值的机会，将文化附着到产品的功能、质量等多方面，提升中华文化的影响力、感召力，是另一个需要深入思考的问题。

2. 内容设计的市场化问题

主题出版的本质特征是政治性、学术性和市场性的统一，在这三者统一的基础上，研究主题出版运作规律即可纲举目张。主题出版的这三种属性要求出版内容不仅要讲政治，也要讲市场，既要"叫好"，也要"叫座"。讲政治，是主题出版的立足之基；讲市场，是主题出版的动力之源。目前，主题出版最迫切需要解决的问题是后者，即如何将重大政策和高深的理论以深入浅出、通俗易懂的作品传递给读者，做到高度与温度的融合、故事与道理的结合。近年来，主题出版领域出现了不少以此为切口的作品，比如《文献中的百年党史》，以文献串联党的发展历史，考虑了不同读者的需求，《火种：寻找中国复兴之路》《细节的力量：新中国的伟大实践》等主题出版类"中国好书"都是政治性、学术性、市场性结合的典型样本。

内容设计的市场化一方面要结合重大时间节点、热点。主题出版是鲜活的，理应与时俱进，在内容的选择上要让人耳目一新，在合适的时间节点"应时应势"，才能增加主题出版内容的吸引力，激发读者购买和阅读的欲望。2021年，为迎接建党100周年，人民日报出版社推出程美东教授等人的《新时代大党形象》、人民出版社推出陈坚教授的《党的自我革命：中国改革开放成功的政治密码》、上海文艺出版社推出作家何建明的《革命者》等，都是提前布局、应时推出的佳作。这要求出版单位在策划选题时不可急躁，要沉下心来，对时政、热点、政策等具有敏感性和前瞻性分析，提前一年或者几年研究、规划，确定选题的方向，这样才能保证质量、掌握主动权。

另一方面要做到立意高、切口小、内容细腻、观点深刻。亲和力和创造性是主题出版的灵魂。主题出版肩负着引导人、教育人、感化人的职责和使命，主题出版必须要有亲和力，要用创新的内容和形式吸引读者，用丰富生动的叙事打动读者，用春风化雨的语言魅力感动读者，实现党心民意的同频共振。当下，一些主题出版物在市场化过程中主要面临两种情况：第一种是内容质量较好，但不接地气，出现"叫好不叫座"的尴尬局面；第二种是选题平庸过时，拼凑"应景"，在内容和表现形式上也是居高临下，板着面孔说事，出现空喊口号、缺乏实际内容的作品。

对于第一种情况，主题出版要在把追求社会效益作为首要职责和目标的前提下，最大限度地对接市场的需求。主题出版可以学习市场反馈较好的出版物，也可借鉴主旋律影视剧等的叙事手法，如《老酒馆》《空降利刃》，立足"小正大"（小成本、正能量、大情怀），从小切口见大文章，把选题规模化、系列化，力求做深做透每一本书，把所做的主题打造成精品系列。对于第二种情况，主题出版应逐步建立起一套完整的淘汰机制，中央已经明确主题出版物要文质兼美，要出版一些老百姓真正喜欢的传世之作。主题出版是推动社会进步、凝聚人心、举旗定向的抓手。要做到这一点，就要明白，主题出版不是帽子，空空如也高高在上，也不是装饰的围巾，更不是系在身上的死板腰带，而是要聚焦人本身，既有高度贯彻党的意志的头脑，也有脚踏实地的双脚和开阔的心胸。目前，市场上书名相似、内容重复、跟风模仿、空话连篇、不接地气、说教意味严重等的主题出版物还占有相当的比例，应逐渐将这些主题出版物从市场中淘汰出去。

3．内容设计的特色化问题

截至 2018 年年底，我国共有出版社 585 家，其中中央级出版社 219 家（包括副牌社 13 家），地方出版社 366 家（包括副牌社 11 家）。纵向来看，地方出版社数量占出版社总体的近 63%，比重较大。横向来看，中央和地方各级出版社中有相当数量的专业出版社。这些出版社如何做主题出版是当下出版界面临的一大紧迫问题。

事实上，地方出版社做主题出版也是能够出成果的，问题在于如何结合地域特色发挥优势。首先，地方应充分深入挖掘区域特色资源，兼具"大局观"，实现国家高度与区域特色的主题对接。在顶层设计上，各级党政部门、省内重大文化工程等项目应将区域特色上升为战略问题，考虑区域特色资源，做好区域定位，形成区域特色与国家高度相结合的主题出版战略。比如，云南地区形成以民族多样性为特色的主题出版；浙江的主题出版是以"三地一窗口"（中国革命红船起航地、改革开放先行地、习近平新时代中国特色社会主义思想重要萌发地，新时代全面展示中国特色社会主义制度优越性的重要窗口）为区域优势；河南则以仰韶文化的发掘为契机，将主题出版与近年来在媒体走红的传统文化紧密结合，通过主题出版物形成与优秀传统文化传播的舆论共振。

对出版社来说，在策划新选题或者瞄准共性的热点选题时，地域优势也可以帮助地方出版社、中小出版社找到新的切入角度，另辟蹊径。如围绕"一带一路"倡议，西安出版社打造了"丝路长安融合出版平台"，形成了集文化资源库、二维码数字资源、电子书、视频和文创产品为一体的产业，为出版社带来了新的经济增长点。这些基于区域特色的主题出版"巧"讲地方故事，反而突破了地域空间，打造了强势产品，将影响力延伸到全国甚至海外。

除了地方出版社在挖掘区域特色资源形成差异化竞争外，从行业来看，中央和地方各级专业出版社应充分依托自身内容资源优势和品牌优势，策划专业特色选题。出版社要善于发掘自身的特点，找准角度，避免内容同质化问题。比如，科技类主题出版将成为主题出版的重要组成部分，我国有 100 多家科技类出版社，在做主题出版时可以围绕"科学家精神""重大学术出版项目""国家科普""科技专门史""国家科技前景""大国重器"等"六大宝库"进行选题策划。

（四）做好主题出版物的分众化、市场化传播

好内容如果得不到传播，就无法实现价值的最大化。主题出版如何传播关切到能否占领舆论制高点的问题。出版社在做主题出版时守土有责，更要守土尽责，应充分创新传播方式，把握舆论的主动权和主导权。在传播效果方面，出版单位首先要考虑规模覆盖问题，也就是主题出版物能否触达目标受众。其次，由于目标受众限定了传播策略的边界，出版社进而要考虑针对性的推广策略，前者关系着传播的到达率，后者关系着传播的有效率。主题出版既要抵达读者的案头、终端，也要提升读者的认知度，避免停留在隔靴搔痒的表层。主题出版的分众化传播要解决传播覆盖面的问题，市场化则是要解决传播渗透力度的问题。

1．分众化传播

从大众传播时代到网络传播时代，传播被垄断的特权逐渐被打破，出版社不再采用"我出你读"的知识生产模式，而是采用"你喜欢什么我出什么"的用户中心模式。在当前的网络环境中，传播的圈层化现象较为明显，受众看似分散，其实是处于特定的圈层中，基于年龄、生活背景、教育程度、阅读习惯、兴趣、职业等形成大大小小的社群，从而呈现出不同的群体特征，对信息的需求也各不相同。与此同时，不同群体在价值观、话语表达等方面存在较大差异，这就使

主题出版面对的受众群体和舆论生态更加复杂。主题出版的选题和传播必须要分众化、精确化、市场化。

分众化传播要求对目标人群进行细分，使用不同的传播方式，提供差异化的内容。出版企业需要借助传统的市场调查和最新的大数据进行受众内容偏好分析，从而满足不同群体的个性化需求。主题出版要针对这些人群设计不同层次的内容，同时开发不同形式的版本，比如针对年轻人的短视频、H5、电子书等，针对中青年读者的音频和口袋本，以及针对老年群体的音频、大字版本等，创新传播形态和手段。

再比如，在主题出版的国际化传播中，也需要分众化传播策略，这就需要出版社事先做好海外读者群体的调研，考查这些群体对中国的认知程度，以及不同国家、不同特点的群体对中国的兴趣点，从而进行针对性传播。比如，美国、英国、法国等的年轻读者喜欢在睡前阅读电子书，且主要是科幻、爱情类小说，主题出版"走出去"需要考虑相关作品如何才能吸引这些读者的注意，从而进入读者的阅读终端。

2．市场化策略

分众化传播的效果更需要借助市场营销进行推广。在当前主题出版物营销的实践中，难免暴露出一些不足，主要体现在以下方面。第一，过于依赖系统发行，面向市场的营销没有形成比较优势，解决不了有些主题出版物停留在"摆在书架上、放在办公桌上"的问题，这反映出主题出版工作市场意识淡薄，主题出版物在内容、装帧、书名等方面缺乏策划含量，没有形成真正的影响力。第二，解决不了读者在书店只看不买的问题，还不能让读者翻阅寥寥数页便拍案叫绝，产生想带回家仔细品读的购买欲望。虽然各类书店重视主题出版物的营销宣传，也会摆在显著位置销售，但打造优秀主题出版物不是一日之功，不是仅靠封面和书名以及小标题就能完成的，要深耕细作，才能解决这些深层次的问题。第三，解决不了主题出版物与年轻读者脱节的问题。掌阅科技发布的《2020数字阅读报告》中反映出目前丰富的融媒体主题出版产品严重不足的问题。尽管这两年从中央到地方，有些出版社做了许多融媒体主题出版的平台，但大多不接地气。目前受欢迎的融媒体主题出版物还很少，这方面应该是今后主题出版赢得市场主要的努力方向。

做好主题出版营销需要认识到以下几点。首先，主题出版物的市场营销不是孤立的，要与出版社做畅销书的策略结合起来，与出版社的整体营销策略相统一，不应先入为主地认为主题出版就应该交由系统发行，而不考虑将其作为畅销书来打造。主题出版物如果策划到位，更容易成为市场营销热点，更容易拉动其他图书营销，更容易带来码洋利润。当然，若有系统发行则更好，但这两者是不矛盾的，更不能相互取代。其次，主题出版物营销要顺势而为，围绕党和国家发生的重大主题展开，代表党和国家某一方面的政策和利益，应该坚持问题导向和现实要求，主动对接这些政策，做好营销工作，这种营销应该是主动的、深入的，不是被动的、表面的、流于形式的。优秀的主题出版物通过有关政策进入有形渠道和市场，但丝毫不会影响读者和党员干部的阅读兴趣，更是众多干部读者真心期待的，并且呼应了新兴读者的阅读习惯和付费方式。

（五）主题出版融媒体产品将会快速发展

1. 鼓励"八仙过海"，吸引多元主体开发融媒体产品

红色文化很适合媒体呈现，在建党 100 周年之际，相关的融媒体平台和产品有很多，但是爆款没有出现。现有出版社做的融媒体产品和数字化平台大多依托出版社背后的行政力量来宣传、推广，靠受众自发形成市场的融媒体产品比较少。有些社会团体、民营书业、技术提供商，投入主题出版融媒体产品开发，比如剧本杀、网络文学、H5产品、网络游戏，它们更善于抓住用户心理。比如，以修复老照片为主营业务的一家小公司在微信视频号上推出修复"父亲军装照"小视频，虽然内容简单，但是贴近普通人的家庭生活，很温暖，也有家国情怀，转发量、点赞量、评论量很高，效果很好。因此，我们需要鼓励"八仙过海"，既要引导和管理，也要对民营企业做得好的融媒体产品进行鼓励、宣传和政策扶持。

2. 鼓励切割式的混合所有制试点改革，吸纳社会先进技术力量

出版社作为国有企业，需要进一步深化机制改革，培养和留住一流的技术人才，这样才有利于转型。出版社可以考虑给下属的数字出版部门赋能，由出版社控股，与民营企业成立混合所有制子公司，这样既可以吸纳先进的技术力量、人才进行融媒体和数字化试验，又能发挥体制和品牌优势。应鼓励出版社进行体制机制改革，在保持主体地位不动摇的情况下，充分释放员工的活力、创造力，在微观上搞活主题出版数字化。

（六）主题出版"走出去"的三个趋势

1．鼓励出版主体适应海外市场机制，进行全产业链策划

目前，国内出版社在"走出去"工作中积极性很高，但不能仅将国内销售良好的书简单地翻译呈现给国外读者，而是要直面海外读者，做好海外读者和受众调研。全产业链策划，不仅体现在图书的选题阶段需要充分纳入读者调研和同类书市场分析，还体现在多元的市场营销以及市场评价体系的建立上。国外市场上，图书的影响力和购买力很大程度上来自读者评价和媒体书评，二者既是营销手段，也是评价指标。因此，我们的主题出版"走出去"要真正贴近海外受众，学会国际化表达，将海外读者的诉求贯穿出版工作的始终。

主题出版"走出去"是一个复杂艰巨的事业，不是一个简单的文化现象。例如，中国的制造业发展比较好，在经济"走出去"方面，不少科技企业走在了前面，如华为、海尔；我们的网络文学"走出去"也取得了成功。当国外受众喜欢上"中国造"，主题出版可以搭载中国文化，以融合、多元、立体的形式，巧妙利用已经受到海外欢迎的"产品"走出去。

2．从长计议，学习借鉴世界成功的传播经验

国外传播呈现的特点，一是隐蔽，二是精准、有效，三是加入本土化的情感。主题出版"走出去"在传播过程中，也要适当淡化意识形态色彩，不搞东西阵营对立，提倡理解包容。如果国外读者一看书名和内容就产生逆反抵触情绪，那么传播就会失效。因此要注意不要

居高临下，不要太直接，可以用学术出版、文学、游戏、影视剧等形式潜移默化。比如上海新闻出版发展有限公司的"文化中国"系列就是通过文化图书的形式打造出海矩阵，用世界语言讲好中国故事，达到了比较好的效果。主题出版未来发展需要有针对性地加快国际化的步伐，借鉴世界上成功的文化传播经验，推动主题出版的海外市场建设。

3．对"走出去"的系列配套政策进行重新审视，避免资源浪费

目前的中国出版"走出去"工作设立了"丝路书香""经典中国"等一系列政策扶持项目，也取得了较大成绩。国外有些出版机构通过与中国出版社合作申请项目，获取利益，这比它们直接在国外市场策划出版收益更高。它们立项成功后，没有更大的积极性在国外销售这些合作图书，影响了图书在海外的传播。这对我们国家的资源是一种浪费，应适时调整相应政策。

综上所述，主题出版的内涵是非常丰富的，主题出版的发展也是与时俱进、快速演变的。本章所呈现的问题与对策也许难以完全覆盖新时代主题出版的理论与实践。"十四五"期间既是主题出版快速发展的时期，也是主题出版孕育新机的阶段，但目前依然有很多深层次问题困扰着主题出版的高质量发展。新形势下，我们需要统一认识，更新理念，积极推动这些问题的逐步解决，中国主题出版事业一定会迎来党和人民满意的高质量发展。

作者：韩建民、蒋珲珲

第九章

对主题出版近年发展的若干规律性认识

主题出版正在重塑中国出版格局，在多年发展过程中产生了一系列新现象、新经验、新规律。本章归纳总结主题出版实践中存在的共通性、普适性的规律特征和发展逻辑，为形成主题出版基本规律做一些前期探讨，供学界、业界参考。

一、内涵叠加规律

主题出版的内涵叠加规律即主题出版的内涵是动态开放的体系，会随着形势和主题的变化不断叠加，与时俱进，不断创新。

"叠加"一词既反映了新事物对旧事物的部分延伸或新的覆盖，又表明新旧事物之间拥有共同的领域或特点，简言之，是对原有事物的继承和发展。主题出版的内涵叠加规律需要置于历史语境来观察和总结。尽管主题出版是新时期以来中国出版工作明确提出的特定概念，但主题出版的实践早在共产党成立初期便已显露。

主题出版内涵体系建设有三个维度——点、块、线。"点"指具体的主题出版项目，有着相对清晰的标准。"块"指主题出版内容板块，它是开放的、包容的，甚至是没有边界的，是不断纳新和可转换叠加的。"线"指主题出版的总体旨归、特点和要求，与党和国家中心工作息息相关、紧密联系、同频共振。体现党和国家意志以及面向广大读者这两条线也是相对清晰的。

党的十九大报告指出，"中国特色社会主义文化，源自于中华民族五千多年文明历史所孕育的中华优秀传统文化，熔铸于党领导人民在革命、建设、改革中创造的革命文化和社会主义先进文化"，中华优秀传统文化、革命文化和社会主义先进文化成为新时代主题，这对于主题出版工作有重要指导意义，主题出版的内涵也随之有了新的拓展。以前，主题出版更多体现的是革命文化主题，近年来，中华优秀传统文化和社会主义先进文化主题出版物相继推出。在主题出版内涵动态和叠加变化的过程中，生动地体现了三种文化的有机结合。

主题出版的点、块、线比较清晰地回答了主题出版的边界问题和内容定性问题。

在国家层面宣传导向和政策支持下，主题出版逐渐成为一项显性工作，出版单位积极开展主题出版的创新实践，让主题出版的内涵既有与以往实践的重叠，又在与时俱进中不断创新，这是主题出版内涵叠加规律的充分体现。

二、主体多元规律

从事主题出版的主体是丰富多元的，不同性质的主体在主题出版体系里共同运作，激发了主题出版的创新活力，可以说，主题出版的创新指数、活跃程度与主体的多元化程度成正比。可以用物理学意义上"熵"的概念来解释这一现象。"熵"被广泛用于描述系统中事物运动状态或存在状态的不确定程度，系统越高效有序，熵值越小。主题出版系统显然是一个开放系统。在出版系统内部，不同出版社加入进来，尤其是诸多专业社和大学社的参与，让出版主体既互相竞争，又形成差异化发展，增加了内部系统间的协同力。在出版系统外部，主题出版的参与主体扩展至民营的内容企业、技术企业等。如剧本杀、网络文学等，这些实践为主题出版注入新的发展理念、前沿技术、选题内容，减少了封闭系统易产生信息偏差和活力不够的问题。主题出版不断进行自我进化和新陈代谢，朝着有利于党和国家文化建设，有利于凝聚党心民心的方向发展。主题出版是政治性、学术性、市场性的高度统一，其话语体系、质量体系和评价体系的构建必然是复杂多元的，其主体也应该是多元化的。

主题出版的主体多元规律至少能引发我们的如下思考：政府力量引导与企业自觉应形成合力，实现社会价值与商业价值的平衡。主题出版高质量发展要充分发挥市场作用，形成以读者为中心的市场机制。政府在推进文化体制改革的进程中，一方面发挥市场管理作用，另一方面使用社会效益评价机制引导出版单位在社会效益与经济效益方面取得平衡。现在，随着参与主体数量增加给主题出版市场带来活力，以及主题出版内涵的延展变化，主题出版不再是党政类出版单位专有领域，而是成为出版业共同而广泛的事业。全国大部分出版单位已经将主题出版作为一个新的重要发展方向来谋划，这也将为公益类出版单位提供可持续发展的改革方向，逐步增强主题出版物的市场竞争力。与此同时，越来越多出版系统外的民营企业加入主题出版事业，这意味着党和国家有关部门可以更多地借助社会力量，突破原有体制的限制，让主题出版市场成为一种意识自觉和竞争平台，最终达到两个效益的平衡。

三、系统支持规律

主题出版是一项系统性工程，只有得到系统支持才能实现高质量发展。系统支持包括国家政策系统、出版主体的战略系统、发展动力系统、产业链系统等的支持。这些不是单靠哪一个参与主体就能完成的，需要系统内的利益相关方形成合力、共同推进。对出版社来说，做主题出版不是做一两本代表作就可以完事的，要认识到主题出版的战略意义和出版使命，围绕党和国家发展战略、方向进行整体规划和布局，形成长效机制。与一般类型的出版活动相比，主题出版更加需要系统支持，学术出版、大众出版需要的系统支持相对较小，有时一个编辑就可以完成，但主题出版政治要求高、时间节点紧、评奖难度大、市场营销广，是全方位的系统工程，并且集政治高度、学术规范、市场运行为一体，同时又往往需要在特定时间节点推出，对编创团队是更大的考验，因此不仅需要来自出版系统内部的支持，还需要国家有关方面的政策资源支持以及产业链方面的市场支持。

主题出版工作还需要配套的动力支持。最重要的动力来自政府主导的评价机制，目前主要是通过社会效益考核评价机制和各类项目评奖机制驱动组织的主题出版实践。动力还包括组织层面的内生动力，比如出版社的创新活力、实践经验的丰富程度、作者资源的储备等。除此之外，还有个体层面的编辑、作者主体的动力，比如编辑对主题出版的认知、对编辑个人的考核指标和激励措施；以及市场层面对主题出版物的反馈情况、需求状况、传播效果等产生的动力。这些需要通过对主题出版采取优化政策支持、完善评价机制和创新管理体制机制等措施来强化。

主题出版不是单靠哪一个主体就能独立完成的，其高难度、高关注度、高融合度的工作特点，决定了需要系统相关方形成合力、共同推进。这些充分说明了系统支持对主题出版的重要性和必然性。

四、内容稀释规律

一般情况下，主题出版的内容稀释度越高，专业知识密度越低，受众越大，市场（销量）就越大。主题出版归根结底是给普通读者阅读，要考虑受众的覆盖面问题。尽管主题出版要求学术出版做支撑，提升出版物的思想深度和学术含量，但面对庞大的学术知识体系，主题出版必须进行稀释化处理，提炼、优化学术出版的内容，才能被不同阶层、文化背景、年龄阶段的人群所理解、接受。《中国共产党党史》《中国共产党简史》《漫画百年党史·开天辟地》就是遵循内容稀释规律的典型案例，其覆盖的读者范围也是从小到大递增的，在稀释过程中，还需要特别注意科学性和严肃性。融媒体出版大潮下，主题出版物不可能像学术图书那样专深，必须对内容进行稀释、优化，才能更好地向大众读者传播、渗透。

在一定意义上讲，主题出版是要在全社会建立一种对党和国家意志、价值的认同，也就是说，主题出版归根结底是给大众读者看的，要考虑到受众的覆盖面问题。由此看来，内容要尽可能多地使用日常生活的话语体系，但学术性也是主题出版的特性之一，同时也是为了让读者深化自己对日常生活的世界（更多是对我们身处其中的政治世界和文化世界）的理解，也要有学术性话语的支撑。那么如何兼顾呢？有两种操作方式。第一，转换学术话语体系，比如将宏大抽象的理论用日常生活中人们熟悉的案例或故事来表达。第二，注意两种知识话语的比例配比，日常生活的话语体系一般占据更大比例，比如70%~80%，那么读者在阅读过程中既能使用已有的知识理解社会现象，又能学习到新的理论知识，阅读体验处于一个相对舒适的状态。

无论是哪种操作方式,都是主题出版内容稀释规律的体现,目的是让内容被更广大的读者理解、接受和喜爱。

但是内容的稀释并不意味着思想肤浅和感染力弱化。把重大政策和高深理论深入浅出地传达给读者是主题出版高质量发展的关键。

▲ 五、界面友好规律

界面呈现是书籍的显性元素,书名和封面是打动读者的重要元素,具有第一眼效应,能够在第一时间发挥关键作用。书名是内容之外影响读者的几大元素里最重要的一个,在出版领域具有首因效应。当前主题出版传播的问题之一是界面不够友好,这也是某些读者对主题出版物形成刻板印象的主要原因。要重视和加强整体界面设计。图书的封面能反映出版社的风貌,也能反映出版社的理念和编辑思想,因此出版社在图书的整体设计上要肯下功夫,努力做到当图书上架后,令人眼前一亮、爱不释手。图书第一眼的"物像表象"尤为重要,包括封面、书名、版型、纸质、装帧设计等,打造精品之作和畅销之作,要关切这些细节。主题出版相对于学术出版,更需要亲近读者,更需要界面友好,这样才能潜移默化地宣传党和国家的意志及价值理念。

互联网时代也是注意力经济时代,信息爆炸生态下受众的注意力成为稀缺资源。无论是在线上电商等平台还是线下书店的集中展示,主题出版物都要与其他图书抢夺受众注意力,尤其是线上,图书封面是以图片的方式展示,视觉元素愈发重要。很大一部分图书是通过读者第一眼就能看到的封面来吸引他们购买的,对于那些黏性不高的读者来说，更是如此，因而首因效应会更加突出。

界面友好规律在主题出版国际传播过程中尤其重要和明显，出版主体要在海外读者调研和市场分析的基础上，确保内容的选择、表达方式、产品形态和设计符合当地读者的阅读习惯、心理感受和需求特点，将温情与敬意融入每本书的友好界面中，才能进一步成功输出中国故事、中国精神、中国智慧和中国价值观。界面友好规律对主题出版尤为重要，因为主题出版要真正营销传播到位，才能潜移默化融入党和国家意志，否则面目刻板严肃，让广大读者对其拒之千里，主题出版工作就会失去价值和意义。

六、市场交叉影响规律

就纸质的主题出版物而言，线上市场和线下市场是互相交叉和叠加的，网络技术催生新的营销形态，主题出版物的售卖推广可以活跃在电商平台、直播平台、线上书店、社交媒体等各个领域，线下的售卖也从以往的签售会、零售书店逐步拓展为以"场景＋"带动的体验式购买。主题出版物的市场是无限扩大、具有张力的，是做大"蛋糕"，而不是线下线上市场分割、简单争夺"蛋糕"，因此，市场之间不是互相排斥、挤压的，而是互相带动和促进的，线上不断导流、线下提升体验，形成主题出版物售卖的裂变效益。

交叉弹性是一个经济学概念，指某种商品的供需量对其他相关替代商品价格变动的反应灵敏程度。它表明商品之间分别呈替代、不相关或互补关系。主题出版物与普通图书一样，都有线上、线下和线上线下相结合的市场发行渠道。而这些不同的市场之间交叉影响明显。线上市场主要指各大电商平台，如当当、淘宝、京东，还有现在的抖音直播带货。线下市场包含大、中、小型实体书店，如新华书店、西西弗书店、机场书店、高铁站书店、各院校外实体书店等，都是有效的售书渠道。除此之外，由于具有较强的外部经济属性，"主题出版＋"周边文创和文娱市场也逐渐兴起。主题出版市场交叉影响规律表明，这几个市场的可替代程度并不高，交叉弹性不是很大，反而是多个市场的联动发展对主题出版物市场的勃兴与升级有一定的加成作用。这也是主题出版物不同于学术图书和一般市场图书的特点。

　　除此之外，主题出版物市场还有一个购买因素构成定律，也即"4-3-3-2"定律，这个因素揭示了影响主题出版物市场销量的四个最重要因素以及构成比例。"4"指主题出版物的内容，内容是影响主题出版物销售的最关键因素。选题好、内容吸引人的主题出版物永远是受欢迎的。并列第二的两个"3"是作者和书名，一般来说，作者的知名度、专业度越高，书就会卖得越好，而书名在很多时候更是直接影响了读者第一时间的购买意愿。最后的"2"是主题出版物的装帧因素，书籍封面不仅承载着传播书籍精神内涵的重要使命，也是吸引读者注意力的重要因素。主题出版物的封面设计既是一个独立的作品，也有着与内容建设、政策导向、时代脉搏息息相关的标志元素。这个购买因素构成定律仅对主题出版物适用，对于学术图书，内容占比更大，对于大众图书，购买要素则比较复杂。

七、介质融合规律

在传播学意义上，介质就是信息存储和传播的物质载体。技术不断发展，衍生出新的介质，信息传播的方式和形态也相应产生变化。无论是从麦克卢汉"媒介是人的延伸"还是海德格尔所提到的"技术不仅仅是工具或者手段，而是一种解蔽方式"，都能看出，技术只是实现规模化、效率最大化的工具。对主题出版来说，技术变化推动介质融入，进而给受众带来了全新的阅读体验。从这个意义上来说，我们需要重新把握技术与内容的关系。首先，介质融合要解决的是技术层面的创新应用，必须清楚地了解技术可能的应用领域和创新空间，将内容嵌入介质之中，适应现实人的阅读需求。其次，与内容相比，技术在主题出版融合发展中更多的是提供阅读的基础设施，内容才是最根本的。其中的原因有两点。一是从生产主体的角度来看，无论技术如何变革，始终需要坚持人的主体性位置，技术的创新是永无止境，但人的思想决定了技术和文化的发展方向，它必然在一个理性的范围内进行，而不至于陷入唯技术论的困境。思想只能通过内容显现。二是从主题出版的融合目的来看，是要在复杂的舆论生态和网络空间场取得话语的优势地位，能够传播主流价值，增进对国家叙事的认同，技术融合本身无法达到目的，只有借助内容才能实现。说到底，技术作为形式是要为内容服务的。

内容固然重要，但也不得不顺应技术的特点做出适当的调整。介质融合之后，主题出版内容发展需要从以往的叙事逻辑向叙事逻辑、服务逻辑和对话逻辑的融合进行转变。就纸质图书、电子书这样的完整形态来看，主题出版的内容发生了空间转移，但仍然是在叙事逻辑下完成的，它的论述更加完整、深刻，能更系统地、深层次地影响一个人对社会和世界的思考。在一些出版社的转型中，其融合方向是基于内容做服务。比如在教育出版领域，基于一本主题出版物开发系列微课、慕课、VR课、直播课程等教育服务模式，基于系列主题出版物开发特色数据库模式，对内容资源进行结构化和知识化的深加工，完成内容的二次开发，利用资源和实践累积提升内容价值，完成从内容产品到服务产品的融合转化，读者可以从中获取对社会和世界的认知广度。除此之外，无论选择何种形式的内容开发，都要服从融合的对话或交互逻辑。在传统的纸质出版中，无论是编辑还是作者，都是隐藏于文字背后的，读者与作者、编辑因时空距离，无法进行双向交流，尽管读者在阅读文本时会进行各种意义的诠释，但并不能及时反馈给编辑、读者，从而建立一个意义的讨论空间，可以说这样的出版与阅读是被动的。而在数字化时代，无论是以电子书、有声书、H5还是VR，都给读者预留了交互与反馈的空间，读者在阅读中是参与式的、主动式的，其体验感更强，这样的对话逻辑是内容融合产生的新特点。

总而言之，融合发展不是简单的物理性技术相加，而是技术与内容的化学性融合，内容是出版社的优势和生存之根，技术与内容二者的关系不能本末倒置，但与此同时，内容也与技术发展同步变化，拥有了独特的融合逻辑。无论融合逻辑在未来还将会往哪些方面变化，出版主体当下能把握好的是遵循内容守恒定律，一个好的出版主体只有具备强大的内容创新能力和内容溢出效应，才能真正做好融合发展。融媒体越是向前发展，基于内容的创新越是重要，产品形态就越会随技术发展变化万千，但没有内容，再好的表现形式也是空架一排。当然，未来的内容可能与传统的出版不相同，会出现定制化内容。融媒体时代，内容也是动态开放的，有些内容甚至不是由编辑和作者创作的，相当一部分是由用户集体创造的。对主题出版而言，俘获读者的难度比大众出版和学术出版更难，更需要靠"三性合一"的优质内容，靠超强的时代感和整体策划，因此主题出版的介质融合需要扬长避短，做技术与内容融合的乘法，才能提升主题出版的传播效果。

八、主题出版转化规律

主题出版转化规律涉及主题出版边界转化问题。边界是两个出版领域的分界线，在主题出版和一般性出版活动（包括学术出版、大众出版）中，分离出一个对接区、转化区。在转化区内，通过选题的整体设计来主动对接国家战略、服务大局，进而完成向主题出版领域的转化。如果说一般性出版的选题创作视角更多代表的是个体、局部、专业，那么当它转化为主题出版时，其视角就切换到国家战略层面，是站在国家和整体的角度来阐释问题、研究问题。而聚焦一般主题（比如中华优秀传统文化、当代社会发展等）的出版，则需要根据具体的内容、创作视角、标题市场等来判定其是否存在向主题出版转化的可能。一般学术专著并不属于主题出版物，但是当其被赋予党和国家意志、反映时代需求并集中出版、整体表达时，对接意识与规模效应就使其具备了主题出版物的属性。这也成为区分主题出版物与非主题出版物的重要标志之一。

此外，在特定的背景下，有些专业图书也会转化为主题出版物。

如新冠肺炎疫情背景下，某些医学专业图书成为主题出版物。在主题出版的战略价值被社会普遍认可和重视的情况下，如果一本学术图书或专业图书被转化为具有主题出版使命，那么创作者便被赋予一种期望和责任，这样的权威性期望能激励出版主体以高标准做好内容，以得到社会层面和国家层面的认可。权威性的信任和期待具有一种能量，可以让主题出版主体建立责任感，焕发创作激情。当然，转化规律并不意味着所有类型的出版活动都可以转化为主题出版。今天的主题出版在重塑中国出版格局中、在出版组织的整体布局中占有重要地位，出版主体可以专门针对主题出版进行独立策划选题，但转化效应带来了另一种可能性，出版主体也可以根据自身的专业优势，实现一般性出版物向主题出版物的转化。

主题出版转化规律在国际市场中的边界和范围会更宽泛。同样，随着图书阅读对象的改变，有些在国内未定位为主题出版物的图书，走出国门代表中国学术和中华文化，由此具备了主题出版物的性质。有的图书在国内不能算作严格意义上的主题出版物，但如果传播到海外，有时就会被统一打上中国标签，成为国家形象体系中的一个元素，自然转化为主题出版物。在国际市场，主题出版一般需要遵循国际传播规律，淡化意识形态属性，创新话语体系，其中最容易突破的是学术出版、文学出版，甚至是游戏出版，无论主题是什么，一旦被判定为中国出版物，那么就是在构建有关中国的国家形象，就这一方面来看，转化规律应该为更多的"走出去"市场主体所认识，提升它们在"走出去"过程中的责任意识。主题出版转化规律是客观存在的，主题出版和其他板块根据宏观发展走向，中观矛盾和问题，微观角色调整进行转化也是必然的趋势和规律。

九、双桨划行规律

在出版领域，对于编辑的地位与角色存在一个普遍的认知，即"作嫁衣说"，认为编辑就是为人作嫁衣，是站在幕后的人。当社会将关注的眼光投向光鲜亮丽的主角时，却不自觉忽视了幕后尽职尽责的编辑群体。正是因为分工的不同，编辑有时被认为只是无关紧要的配角，而作者具有相对强势的话语权。这一观点是否成立，需要置于不同的出版工作领域进行分析，至少在主题出版领域，"作嫁衣说"是不成立的，相反，编辑有时甚至占据主导性地位。主题出版双桨划行规律即将作者和编辑之间的关联和互动形容为双桨划行，精品主题出版物的打造需要编辑和作者双方的共同努力。在"双桨船"的运行过程中，编辑和作者的作用同等重要。从某种意义上讲，从选题策划到内容处理，编辑的作用贯穿主题出版物的各个节点，是主题出版创作的灵魂和总枢纽。做好主题出版物的选题策划，既需要高超的编辑艺术，需要政策把握与方法淬炼，又需要相关知识积累和市场化运作，是一个比较大的系统工程。主题出版编辑需要有高度的政治敏锐性，同时在选题视角的切入、语言表达、封面设计、色彩使用、内容排版甚至是营销推广等方面都需要有精彩而周到的安排布局。另外，优质作者是主题出版的稀缺资源，合适的作者是做好主题出版的关键。优质作者甚至能够超越出版社编辑选题策划的格局与境界，与编辑的初始创意既有互动又有升华，从而创造出文质兼美的主题出版物。

双桨划行规律是主题出版的重要特色之一，在现有诸多的主题出版实践中，有不少出版物的生产机制是先做选题立项，然后再去找合适的作者，好的选题往往是成功的一半，这更加说明了编辑在出版过程中的地位。在立项环节十分考验编辑的政治敏锐性和创新思维，编辑需要具备一定的理论高度和研究能力，对学术动态、行业前沿、政治导向、热点问题有所把握，才能发现好的选题和好的作者。而在后期创作环节，由于主题出版物与学术出版物有较大区别，编辑要同时把握好思想的深刻性、语言的通俗性以及学术的规范性，需要与作者共同沟通，把握细节，而不仅仅是做传统意义上的内容校正工作。创作完成的后续工作，比如营销推广、评审推介等，也都需要编辑与作者密切配合，可以说，好的精品内容一定是编辑和作者共同努力的成果，双桨有力划行才能到达成功彼岸。目前，许多专业出版社和编辑还不适应这个规律，有些编辑在主题出版项目运行中依然"等、靠、要"，每每丧失良机，留下诸多遗憾。

▼、动力评价相关性规律

动力评价相关性规律表明，主题出版与党和国家各个时期的发展同频共振，相比其他出版板块，更注重评价体系的肯定，其评价体系与动力变化的灵敏度是最高的，尤其对社会效益评价更为敏感，评价的指挥棒效应更明显。在有关部门组织的量化评价体系中，入选国家级、地方级的重要出版项目以及各类图书奖项具有相当重的分量，主题出版物在各类图书评奖中占有相当的比例，加上国家政策层面对主题出版要求的提高以及出版主体所在单位领导的日益重视，越来越多的出版主体投入主题出版工作中，尤其是近年来，每年申报中宣部主题出版重点出版物选题的数量不断增长。在这些评选中，社会效益在评价标准中占据最为重要的位置，相比之下，经济效益的评价在组织考核和评选中的分量并不重。因此，主题出版对社会效益评价是比较敏感的，这有利于把握出版导向，但在评价体系中的一系列不足也容易让主题出版在市场方面的投入不足，间接导致主题出版物与读者的距离还较远，社会认可度还不高，由于看不到良好的经济反馈，必然会影响出版社长期深入做主题出版的热情。可以说，评价体系的不足之处会更直接地影响动力系统的运行，因此其动力系统更需要通过评价体系的优化来实现更新跃迁。

评价机制与动力跃迁呈现密切相关性，科学的评价机制很有必要。随着主题出版实践不断出现新变化、新问题，比如民营主体参与度提高、数字化产品评价体系缺乏、国际化市场体系评价尚未建立等，评价机制在未来必将会有更具针对性的优化和调整。当然，除了国家层面对评价机制的完善外，各出版社也需要针对主题出版做好图书和编辑人才的评价工作，通过职称评选、资源倾斜、绩效激励等方式，鼓励编辑群体自觉参与主题出版工作，与国家层面的评价机制相互协同。主题出版主体依据评价机制做出相应调整，形成新的动力跃迁是必然的趋势和规律。因此，要真正实现主题出版长效发展，就必须抓住动力评价相关性规律，深入研究这个规律的具体特点和呈现方式，科学有效地解决制约主题出版高质量发展的深层次问题，尊重规律，脚踏实地，引领、激发出版主体的积极性和创造性。

作者：韩建民、付玉

附录

本书部分内容出自近五年杭州电子科技大学融媒体与主题出版研究院团队成员发表的学术文章，同时也收录了研究院部分团队成员与相关合作者共同发表的文章，按照在文中出现的顺序列出，如附表 1 所示。

附表1　相关文章出处

期刊名	发表年份与期数	文章标题	作者
《出版与印刷》	2021 年第 1 期	主题出版的历史与内涵	郝振省、韩建民
《出版广角》	2019 年第 4 期	新时代主题出版的发展思考	韩建民、熊小明、王卉
《中国出版》	2019 年第 15 期	主题出版发展新动向：创新模式 把握规律 引领转型	韩建民、熊小明、李婷
《出版与印刷》	2019 年第 2 期	我国主题出版研究现状和趋势浅析	韩建民、李婷
《光明日报》	2018 年 4 月 25 日第 16 版	向上向善的主题出版	韩建民、熊小明
《出版广角》	2018 年第 6 期	新时代主题出版的八大转变	韩建民、熊小明
《中国出版》	2021 年第 7 期	主题出版如何实现高质量发展七问	韩建民、李婷
《科技与出版》	2020 年第 5 期	主题出版转型升级高质量发展的新思考	韩建民、李婷
《科技与出版》	2019 年第 6 期	关于主题出版与学术出版关系的思考	韩建民、杜恩龙、李婷
《出版发行研究》	2020 年第 8 期	"史，学，情，趣"与"长，优，外，融"——专业出版社打造优秀主题出版物内容与路径分析	韩建民、蒋玲玲

期刊名	发表年份与期数	文章标题	作者
《出版发行研究》	2021 年第 12 期	主题出版走出去的内在逻辑与实践向度	付玉、韩建民
《出版广角》	2021 年第 10 期	主题出版"走出去"的路径与机制分析	李旦、韩建民
《出版与印刷》	2022 年第 1 期	主题出版"走出去"——基于中国话语和中国叙事体系构建的视角	赵海云、韩建民
《出版科学》	2020 年第 6 期	我国主题图书国际编辑能力建设研究	李婷、韩建民
《出版与印刷》	2018 年第 1 期	从"走出去"到"走进去"：中国出版业国际化的路径选择	韩建民、熊小明
《中国出版》	2018 年第 24 期	中国出版走出去数字化模式与路径分析	王卉、楼小龙
《科技与出版》	2021 年第 1 期	"十四五"中国出版"走出去"的展望与思考	李婷、韩建民、杜恩龙
《中国出版》	2020 年第 18 期	提升中国主题出版传播效果的数字化模式与策略	王卉
《中国出版》	2020 年第 15 期	从"相加"到"相融"：主题出版融媒体传播模式与路径创新	李婷、韩建民
《出版广角》	2020 年第 17 期	移动互联时代主题出版舆论引导功能分析	张瑞静、王卉
《科技与出版》	2022 年第 7 期	主题出版高质量发展动力机制的优化研究	李婷、李桂杰
《编辑之友》	2022 年第 11 期	主题出版评价机制优化研究	付玉、韩建民
《现代出版》	2021 年第 4 期	主题出版物作者资源的开发与维护	韩建民、李婷
《中国出版》	2021 年第 20 期	主题出版图书封面设计研究——以"2017—2019 年主题出版重点出版物选题"为例	蒋玎玎、韩建民
《中国出版》	2018 年第 16 期	新时代主题出版如何助力全民阅读	韩建民、熊小明

参考文献

◎著作类

[1]   CLARK G, PHILLIPS A. Inside book publishing[M]. New York: Routledge, 2008.

[2]   CORCORAN J N, ENGLANDER K, MURESAN L M. Pedagogies and policies for publishing research in English: local initiatives supporting international scholars[M]. New York: Routledge, 2019.

[3]   DERRICOURT R. An author's guide to scholarly publishing[M]. New Jersey: Princeton University Press, 2018.

[4]   EPSTEIN J. Book business: publishing past, present, and future[M]. New York: W. W. Norton & Company, 2002.

[5]   FOX M F. Scholarly writing and publishing: issues, problems, and solutions[M]. New York: Routledge, 2019.

[6]   GRECO A N. The book publishing industry[M]. New York: Routledge, 2013.

[7]   LOW G. Publishing the postcolonial: anglophone West African and Caribbean writing in the UK 1948−1968[M]. New York: Routledge, 2020.

[8]   MAAS S J. A court of thorns and roses eBook bundle[M]. London: Bloomsbury Publishing, 2020.

[9]   POWELL W W. Getting into print: the decision−making process in scholarly publishing[M]. Chicago: University of Chicago Press, 1985.

[10]   THOMPSON J B. Books in the digital age: the transformation of academic and higher education publishing in Britain and the United States[M]. Cambridge: Polity, 2005.

[11]   VALSINER J. The promoter sign: developmental transformation within the structure of dialogical self[M]//Beyond the mind: cultural dynamics of the psyche. Charlotte: Information Age Publishing, 2018.

[12]   艾德勒, 范多伦. 如何阅读一本书［M］. 郝明义, 朱衣, 译. 北京: 商务印书馆, 2004.

[13] 波特. 竞争优势［M］. 北京：华夏出版社，2005.

[14] 蔡桂林. 天下在河上——中国运河史传［M］. 上海：华东师范大学出版社，2019.

[15] 陈梧桐，陈名杰. 万里入胸怀——黄河史传［M］. 上海：华东师范大学出版社，2019.

[16] 陈锡喜. 平易近人——习近平的语言力量［M］. 上海：上海交通大学出版社，2014.

[17] 陈颖青. 数字出版与长尾理论［M］. 北京：华夏出版社，2013.

[18] 崔立新，刘铁. 出版服务质量提升长效机制研究［M］. 北京：北京理工大学出版社，2019.

[19] 范军，李晓晔. 中国新闻出版业改革开放 40 年［M］. 北京：中国书籍出版社，2018.

[20] 范军. 2019—2020 中国出版业发展报告［M］. 北京：中国书籍出版社，2020.

[21] 范军. 国际出版蓝皮书国际出版业发展报告（2016 版）［M］. 北京：中国书籍出版社，2017.

[22] 范军. 国际出版蓝皮书国际出版业发展报告（2018 版）［M］. 北京：中国书籍出版社，2019.

[23] 方卿，徐丽芳，许洁，等. 出版价值引导研究［M］. 北京：商务印书馆，2018.

[24] 菲利普斯. 透视图书出版（第四版）［M］. 李武，译. 北京：中国书籍出版社，2016.

[25] 国家新闻出版署. 2018 中国新闻出版 统计资料汇编［M］. 北京：中国书籍出版社，2018.

[26] 韩建民，李婷. 朋友圈传播效应与点赞心理［M］. 杭州：浙江大学出版社，2022.

[27] 郝振省. 出版文化理性再研究［M］. 北京：中国书籍出版社，2016.

[28] 何国军. 出版产业供应链协同管理研究［M］. 武汉：武汉大学出版社，2018.

[29] 何明星. 中国文化翻译出版与国际传播调研报告（1949—2014）［M］. 北京：新华出版社，2016.

[30] 何强. 中国网络文学出版研究［M］. 福州：海峡文艺出版社，2013.

[31] 贺子岳. 数字出版形态研究［M］. 武汉：武汉大学出版社，2015.

[32] 亨廷顿. 我们是谁：美国国家特性面临的挑战［M］. 程克雄，译. 北京：新华出

版社，2005.

[33] 胡太春，金梦玉. 编辑出版实务——由传统出版到数字出版［M］北京：中国广播影视出版社，2018.

[34] 杰斯普森. 美国的中国形象（1931—1949）［M］姜智芹，译. 南京：江苏人民出版社，2010.

[35] 李满意，陈丹. 中小出版社主题出版的运作模式与考评机制探析［M］. 北京：北京燕山出版社，2019.

[36] 李婷. 基于文化自觉的中国数字娱乐产业研究［M］.上海：上海交通大学出版社，2020.

[37] 李婷. 数字娱乐产业进化论［M］.北京：中国时代经济出版社，2017.

[38] 李晓平. 少儿出版的价值取向研究［M］北京：中国传媒大学出版社，2017.

[39] 李昕. 今天我们怎样做书编辑感悟和理念五讲［M］上海：上海三联书店，2021.

[40] 林骧华. 国际出版英文［M］上海：复旦大学出版社，2015.

[41] 刘小青，张子健. "画"说中国故事：2018—2020年主题原创绘本征集出版活动获奖作品集一二三等奖［M］北京：文化艺术出版社，2021.

[42] 刘银娣. 数字出版启示录西方数字出版经典案例分析［M］广州：世界图书出版广东有限公司，2014.

[43] 陆盛强. 完整的现代图书出版［M］上海：复旦大学出版社，2014.

[44] 罗斯. 变化中的中国人［M］公茂虹，张浩，译. 北京：时事出版社，2006.

[45] 聂震宁. 阅读力［M］北京：生活·读书·新知三联书店，2017.

[46] 齐学进. 新时期出版人改革亲历丛书军旗下的出版人［M］南昌：江西高校出版社，2019.

[47] 秦洁雯. 我国出版物市场体系建设研究［M］厦门：厦门大学出版社，2018.

[48] 人民日报评论部. 习近平讲故事［M］北京：人民出版社，2017.

[49] 陕西人民出版社70年大事记编委会. 陕西人民出版社70年大事记（1951—2021）［M］西安：陕西人民出版社，2020.

[50] 司占军，顾翀. 数字出版［M］北京：中国轻工业出版社，2013.

[51] 汪曙华. 媒介融合趋势下的出版变迁与转型［M］北京：中国传媒大学出版社，2016.

407

[52] 魏玉山. 出版业知识服务转型之路知识服务国家标准解读［M］. 北京：社会科学文献出版社，2021.

[53] 温伯格. 知识的边界［M］. 太原：山西人民出版社，2014.

[54] 习近平. 决胜全面建成小康社会　夺取新时代中国特色社会主义伟大胜利——在中国共产党第十九次全国代表大会上的报告［M］. 北京：人民出版社，2017.

[55] 习近平. 习近平谈治国理政（第一卷）［M］. 北京：外文出版社，2018.

[56] 夏德元. 数字出版与传播研究［M］. 上海：上海人民出版社，2012.

[57] 伊萨克斯. 美国的中国形象［M］. 于殿利，陆日宇，译. 北京：时事出版社，1999.

[58] 于殿利. 出版是什么［M］. 北京：中国传媒大学出版社，2018.

[59] 斋藤孝. 深阅读：信息爆炸时代我们如何读书［M］. 程亮，译. 南昌：江西人民出版社，2016.

[60] 张养志. 出版产业转型研究［M］. 北京：文化发展出版社，2020.

[61] 张雨晗. 中国出版产业发展研究丛书（第一辑）论出版的文化自觉［M］. 北京：中国传媒大学出版社，2016.

[62] 赵树旺. 中国数字出版内容国际传播研究［M］. 北京：中国传媒大学出版社，2016.

[63] 赵学军. 中国图书出版机制研究［M］. 北京：中国书籍出版社，2018.

[64] 中国传媒大学编辑出版研究中心，中国新闻史学会编辑出版研究委员会. 媒介融合时代的编辑出版学与出版业：中国新闻史学会编辑出版研究委员会学术年会（2017）论文集［M］. 北京：中国传媒大学出版社，2019.

[65] 周宁. 天朝遥远：西方的中国形象研究［M］. 北京：北京大学出版社，2006.

[66] 庄庸，王秀庭. 从"畅销书时代"到"后主题出版时代"[M]. 福州：福建教育出版社，2017.

◎论文类

[1] ANIFOWOSE M, RASHID H M A, ANNUAR H A, et al. Intellectual capital efficiency and corporate book value: evidence from Nigerian economy[J]. Journal of Intellectual Capital, 2018.

参考文献

[2] BRIDGES L E. Flexible as freedom? The dynamics of creative industry work and the case study of the editor in publishing[J]. New Media & Society, 2018, 20(4).

[3] DOWLING D O, MILLER K J. Immersive audio storytelling: podcasting and serial documentary in the digital publishing industry[J]. Journal of Radio & Audio Media, 2019, 26(1).

[4] ENGELS T C E, STARČIČAI, KULCZYCKI E, et al. Are book publications disappearing from scholarly communication in the social sciences and humanities?[J]. Aslib Journal of Information Management, 2018.

[5] HEAVEN D. AI peer reviewers unleashed to ease publishing grind[J]. Nature, 2018, 563(7733).

[6] KIRILLOVA K, CHAN J. "What is beautiful we book" : hotel visual appeal and expected service quality[J]. International Journal of Contemporary Hospitality Management, 2018, 30(3).

[7] NGUYEN H V, TRAN H X, VAN HUY L, et al. Online book shopping in Vietnam: the impact of the COVID-19 pandemic situation[J]. Publishing Research Quarterly, 2020, 36(3).

[8] REIMERS I. Copyright and generic entry in book publishing[J]. American Economic Journal: Microeconomics, 2019, 11(3).

[9] SHPAK V, OSMOLOVSKA O, MASIMOVA L, et al. Inclusive literature as an innovative marketing resource of publishing activities[J]. Innovative Marketing, 2020, 16(2).

[10] SOTO-ACOSTA P. COVID-19 pandemic: shifting digital transformation to a high-speed gear[J]. Information Systems Management, 2020, 37(4).

[11] VASSILIOU M, ROWLEY J. Progressing the definition of "e - book" [J]. Library Hi Tech, 2008.

[12] VUONG Q H, NGUYEN M H, LE T T. Home scholarly culture, book selection reason, and academic performance: pathways to book reading interest among secondary school students[J]. European Journal of Investigation in Health, Psychology and Education, 2021, 11(2).

[13] ZELL H M. African book industry data & the State of African national

bibliographies[J]. The African Book Publishing Record, 2018, 44(4).

[14] 白中林. 中国学术出版"走出去"与世界思想格局重塑[J]. 出版广角,2019（4）：30-33.

[15] 本刊记者,崔波,韩建民,等. 新时代主题出版新理念［J］. 编辑之友, 2019（10）.

[16] 曹建,郭占文. 中国共产党百年主题出版工作［J］. 出版广角, 2021（20）.

[17] 柴畅. "红色文创"助力主题出版——以上海人民出版社"逗好"文创为例［J］. 编辑学刊, 2021（5）.

[18] 常凌翀. 深融背景下县级融媒体国际传播能力建设的创新路径［J］. 新闻论坛, 2021(6).

[19] 陈光耀. 以"四个延伸"推动全媒体时代的主题出版融合发展［J］. 中国编辑, 2019（11）.

[20] 陈莉. 刻板印象：形成与改变［J］. 教学与研究, 2021（4）：2.

[21] 陈淑. 新时代大学出版社主题出版之"变"与"不变"［J］. 科技与出版, 2021（12）.

[22] 陈先红. 用中国话语讲好中国故事的回顾与前瞻［J］. 对外传播, 2017（1）.

[23] 陈兴芜. 地方出版社如何做好主题出版［J］. 出版广角, 2019（21）.

[24] 程曼丽. 大众传播与国家形象塑造［J］. 国际新闻界, 2007（3）.

[25] 池永硕,陆烨. 数字时代出版业的风险识别、应对策略与创新发展[J]. 中国编辑, 2016（3）.

[26] 丛挺,杨圣琪. 移动场景下出版机构短视频传播实证分析［J］. 中国出版, 2020（6）.

[27] 崔波. 政治、技术、社会维度下新中国成立70年来的中国主题出版[J]. 编辑之友, 2019（9）.

[28] 丁以涵. 书籍装帧设计要素对消费心理影响的研究——以高校学生读者群为例［J］. 科技与出版, 2019（9）.

[29] 董岳. 2017年《Cell》封面设计的可视化研究［J］. 美术大观, 2020（9）.

[30] 额伊勒斯格. 国际传播中的纪录片"声音"——以《柴米油盐之上》为例［J］. 中国报业, 2021(12).

[31] 范军,邹开元. "十三五"时期我国出版走出去发展报告［J］. 中国出版, 2020（24）.

[32] 范军. 出版主题的"意义"和与"意思"[J]. 出版科学, 2017, 25（3）.

[33] 冯玉明. 全国数字出版转型升级动态评估研究报告解读[J]. 出版参考, 2018（8）.

[34] 付玉, 韩建民, 潘朵朵. "三位一体"：从主题出版发展特征看评价机制的导向转变[J]. 出版广角, 2022（11）.

[35] 高琴. 李子柒野食系短视频的内容生产和传播策略探析[J]. 河北民族师范学院学报, 2019（3）.

[36] 巩育华. 中国主流媒体"走出去"之路[J]. 群言, 2020（11）.

[37] 国家新闻出版广电总局, 财政部. 关于推动传统出版和新兴出版融合发展的指导意见[J]. 中国出版, 2015（8）.

[38] 韩鸿. 参与式传播：发展传播学的范式转换及其中国价值———一种基于媒介传播偏向的研究[J]. 新闻与传播研究, 2010, 17（1）.

[39] 韩建民, 付玉. 主题出版发展观察与误区匡正[J]. 科技与出版, 2022（7）.

[40] 郝振省. 主题出版的历史性与现实性[J]. 出版参考, 2017（1）.

[41] 郝振省. 主题出版的普遍性与规律性[J]. 出版发行研究, 2017（5）.

[42] 郝振省. 主题出版问题研究提纲[J]. 出版与印刷, 2019（2）.

[43] 何军民, 王书川. 主题出版顶层设计：认知拓展、践行路径和效益展望[J]. 中国编辑, 2022（2）.

[44] 何军民. 科技主题出版三题[J]. 科技与出版, 2020（4）.

[45] 何军民. 主题出版高质量发展的突出特征和创新路径———以中宣部主题出版重点出版物选题为中心的历时性研究[J]. 中国出版, 2021（7）.

[46] 侯东晓. 从虚构的"傅满洲"到假想的"拯救者"———论好莱坞银幕"华人"想象与形构[J]. 当代电影, 2020（1）.

[47] 胡钰, 薛静. 论人类新文明视野下的中华文化[J]. 出版发行研究, 2019（1）.

[48] 还星. 新发展理念视域下高校出版社主题出版探索路径[J]. 中国出版, 2021（15）.

[49] 黄升民. 海外大佬融媒体检[J]. 媒介, 2020（2）.

[50] 黄先蓉, 刘玲武. 论出版融媒体发展的动因与路径[J]. 出版广角, 2018（2）.

[51] 贾亦男. 西方国家书籍装帧设计的特点及其启示———以"世界最美的书"获奖图书为例[J]. 出版发行研究, 2017（4）.

411

[52] 江进. 大学出版社境外投资风险防范初探——以北京语言大学出版社北美分社为例 [J]. 教育财会研究, 2016 (6).

[53] 蒋茂凝, 钱风强. 新中国 70 年对外出版贸易发展历程阶段性分析 [J]. 出版发行研究, 2019 (12).

[54] 金鑫荣, 卢文婷. 主题出版的精品化战略 [J]. 现代出版, 2018 (6).

[55] 匡文波. 5G 将彻底颠覆主流媒体的概念 [J]. 编辑之友, 2019 (7).

[56] 李锋, 陈竹. "一带一路" 视角下中国出版业 "走出去" 的战略构建 [J]. 求索, 2019 (6).

[57] 李戈, 钟樾. 主流媒体 H5 产品及其设计趋势 [J]. 中国出版, 2018 (12).

[58] 李建红. 2013～2017 年主题出版的选题特点、矛盾及对策 [J]. 出版科学, 2018 (1).

[59] 李建红. 浅析主题出版的发展趋势及对策建议 [J]. 出版发行研究, 2017 (10).

[60] 李建红. 中国共产党早期的主题出版活动 [J]. 出版发行研究, 2017 (9).

[61] 李强. 出版融媒体发展的动因与路径 [J]. 传播力研究, 2018 (3).

[62] 李婷婷. 优秀传统文化如何更好传承 [J]. 人民论坛, 2018 (5).

[63] 李文娟. 出版专业分工的历史发展和现实思考 [J]. 中国出版史研究, 2016 (2).

[64] 李祥, 李钊平. 2021 年主题出版的特征与展望 [J]. 出版广角, 2022 (1).

[65] 李筱. 全媒体时代图书编辑数字化转型的机遇与挑战 [J]. 中国市场, 2017 (36).

[66] 李永强. 中国人民大学出版社主题出版的几点经验 [J]. 现代出版, 2018 (2).

[67] 栗延文, 蒋亚宝, 韩景春. 科技期刊媒体融合发展的探索与实践——以《金属加工》杂志社为例 [J]. 编辑学报, 2022 (4).

[68] 林雅华, 郭萌萌. 从文化自觉到文化自信——中国共产党的文化叙事 [J]. 福建论坛: 人文社会科学版, 2021 (12).

[69] 刘红, 闫新悦. 我国主题出版研究综述 [J]. 昆明理工大学学报 (社会科学版), 2018, 18 (3).

[70] 刘清田. 挺拔理论型主题出版, 增强人民群众理论感 [J]. 出版科学, 2021 (6).

[71] 刘杉. 2015 年以来西方当代中国研究的两个热点——"中国崩溃论" 和对华政

参考文献

策反思［J］. 国外社会科学，2016（3）.

[72] 刘声峰. 主题出版正逢其时——新时代主题出版的内涵和发展策略［J］. 出版广角，2020（3）.

[73] 刘向东. 关于新时代主题出版的思考与实践［J］. 新闻研究导刊，2021（22）.

[74] 刘燕南，姚远. 融合视角下的出版：概念辨析与展望［J］. 现代出版，2017（6）.

[75] 刘悦笛. "适应是为了征服"——走向"尽善尽美"的主题出版［J］. 中国图书评论，2021（6）.

[76] 柳斌杰. 国家形象是篇大文章[J]. 人民论坛·学术前沿，2016（4）.

[77] 龙思薇，周艳，吴殿义. 重塑融媒基因：海外媒体融合运营的特点分析［J］. 国际品牌观察：媒介，2020（2）.

[78] 吕秋莎. 中华学术外译项目助力中国学术著作走出去——基于中华学术外译项目2010—2020年的统计分析［J］. 出版参考，2021（11）.

[79] 马洁. 主题出版的时代特点、面临问题及对策建议［J］. 传播与版权，2022（4）.

[80] 聂晶磊. 论主题出版知识服务平台构建［J］. 中国出版，2021（2）.

[81] 区燕宜. 融媒体时代主题出版转型发展的探究［J］. 科技与出版，2021（6）.

[82] 潘仕勋. 如何以出版在西方推介中国：以剑桥大学出版社中国主题图书出版项目为例（一）[J］. 出版广角，2010（2）.

[83] 庞沁文. 新常态下出版业改革发展九大趋势［J］. 中国出版，2016（2）.

[84] 施学云. 脱贫攻坚主题图书分析［J］. 出版发行研究，2021（9）.

[85] 单波. 跨文化传播的基本理论命题［J］. 华中师范大学学报（人文社会科学版），2011（1）.

[86] 宋朝丽. 跨界融合背景下出版文创的产业布局思考［J］. 出版广角，2017（22）.

[87] 孙利军，周珣. 融媒体时代主题出版数字化创新策略研究［J］. 出版发行研究，2019（12）.

[88] 孙玮. 传播中国声音：谈学术与主题出版的"走出去"路径［J］. 出版广角，2016（1）.

[89] 田菁，戴罡，刘洁清，等. 拓展科技期刊多元化服务，搭建新型知识服务平台［J］. 传播与版权，2020（11）.

[90] 万安伦，庞明慧. 5G时代全媒体出版的构建和深化［J］. 出版广角，2020（11）.

[91] 汪修荣. 融媒体时代如何做好主题出版［J］. 编辑学刊，2020（3）.

413

[92]　王斌．精书成业：高校出版社主题出版高质量发展策略——以东南大学出版社为例 [J]．出版广角，2021（23）．

[93]　王华菊，金丹，李洁．中文科技期刊发展及思考 [J]．编辑学报，2019（12）．

[94]　王卉，张瑞静．知识付费浪潮中出版业转型升级的创新与坚守 [J]．出版发行研究，2018（7）．

[95]　王璟璇，潘玥，张何灿，等．"一带一路"主题图书海内外出版现状对比及海外出版启示——基于当当网中国站点与亚马逊美国站点的实证分析 [J]．出版科学，2020（4）．

[96]　王君．从总台纪录片看中国共产党的形象塑造与国际传播策略 [J]．电视研究，2021（9）．

[97]　王珺．十八大以来我国出版业国际传播能力建设情况综述 [J]．科技与出版，2019（2）．

[98]　王鹏飞．探寻我国出版"走出去"新模式——对尼山书屋的考察 [J]．中国编辑，2017（3）．

[99]　王日俊．大学出版社青年编辑主题出版选题方向探究 [J]．科技与出版，2021（12）．

[100]　王太星．从有声读物精品看主题出版融合发展新趋势 [J]．出版发行研究，2021（12）．

[101]　王廷国．5G 技术视域下主题出版话语体系建构的逻辑旨归 [J]．河南大学学报（社会科学版），2021（1）．

[102]　王为松．打造主题出版的时代特色与文化品格——上海人民出版社的出版实践与思考 [J]．编辑学刊，2019（1）．

[103]　王为松．构建中国话语体系　积极探索主题出版选题创新 [J]．出版参考，2017（1）．

[104]　王璇，李磊．媒体中介的商业逻辑：基于 MCN 的短视频运营策略探析 [J]．电视研究，2019（3）．

[105]　王泳波．促进出版要素融合　创新主题出版格局——以苏少社主题出版实践探索为样本 [J]．中国出版，2021（22）．

[106]　王媛．新公共话语空间中主题出版的发展路向 [J]．出版发行研究，2020（12）．

[107]　王运平．以精品出版工程喜迎党的十八大——新闻出版总署出版管理司司长吴

参考文献

尚之谈十八大主题出版［J］．中国出版，2012（19）．

[108] 王振宇，郝文辉．新时代主题出版使命解读［J］．中国出版，2019（21）．

[109] 邬书林．提高我国科技期刊出版水平是一件大事［J］．科学通报，2018（11）．

[110] 邬书林．阅读的本质：大数据时代的知识汲取和文化继承［J］．图书馆杂志，2014（4）．

[111] 邬书林．总结经验、深化认识、努力提高中国出版“走出去”的水平［J］．中国出版，2011（11）．

[112] 吴申伦．以情分景：主题出版物的融媒体场景营销研究［J］．科技与出版，2021（9）．

[113] 吴赟，闫薇．出版学往何处去？——出版理论研究的范式危机与革新路径分析［J］．出版发现研究，2019（3）．

[114] 武丛伟．主题出版的回顾与展望［J］．出版广角，2020（3）．

[115] 肖林霞．论主题出版的选题策划及创新［J］．出版发行研究，2015（12）．

[116] 谢清风．基于双效平衡目标的出版企业绩效评估方法框架研究［J］．科技与出版，2019（7）．

[117] 辛广伟．主题出版图书策划的六个关系［J］．中国编辑，2017（3）．

[118] 邢厚媛．中国企业走出去的现状和对语言服务的需求［J］．中国翻译，2014（1）．

[119] 邢璐．论专业出版社的主题出版选题策划［J］．出版参考，2022（6）．

[120] 熊小明．关于主题出版与公益精神关系的思考［J］．科技与出版，2020（12）．

[121] 徐来．“提质增效”成关键词——从CIP数据看2016主题出版［J］．出版参考，2017（1）．

[122] 徐来．透视“十二五”主题出版［J］．青年记者，2015（31）．

[123] 杨晨静，琚颖．国家出版基金资助主题出版项目的特点与发展方向［J］．出版广角，2021（21）．

[124] 杨国祥．浅谈主题出版的特征与策划［J］．出版广角，2013（11）．

[125] 杨越明．中国文化国际传播：从动能转化到势能提升[J]．对外传播，2019（9）．

[126] 易彬彬，吴劭文．主题出版的专业化、学术化路径探析［J］．现代出版，2018（6）．

[127] 易文娟．我国主题出版“走出去”的成就与经验［J］．出版参考，2019（9）．

415

[128]　殷品，石嵩．中国电影国际传播能力评价的多维面向与进一步加强建设的思考 [J]．电影评介，2021（16）．

[129]　应琼．国际话语权视域下的出版走出去策略研究 [J]．出版发行研究，2022（7）．

[130]　于殿利．主题出版与时代所需 [J]．中国出版，2016（7）．

[131]　于烜，黄楚新．从本土 MCN 看中国移动短视频的商业化 [J]．传媒，2019（21）．

[132]　余声．做好主题出版，更好地为党和国家工作大局服务 [J]．中国编辑，2012（5）．

[133]　张博，雷锦，任殿顺．数据资产视角下传统出版留存内容的价值发现与激活 [J]．科技与出版，2018（10）．

[134]　张宏．中国出版走出去的话语权问题及对策 [J]．编辑学刊，2014（4）．

[135]　张健．"一带一路"战略下北京语言大学出版社"走出去"的实践探索 [J]．科技与出版，2016（10）．

[136]　张娜．我国学术出版走出去现状、问题及对策 [J]．出版参考，2019（1）．

[137]　张世海．可读性、解释力与深度共识：对新时代主题出版的三点思考 [J]．出版发行研究，2019（4）．

[138]　张艳秋，雷蕾．非洲出版业的历史、现状与挑战 [J]．现代出版，2016（6）．

[139]　张颖露．日本动漫数字出版的版权运营经验与启示 [J]．科技与出版，2019（10）．

[140]　张志成．本土人才国际化与国际人才本土化——谈出版走出去与出版人才培养 [J]．中国出版，2013（4）．

[141]　张志强．2018 年中国出版回顾 [J]．编辑之友，2019（2）．

[142]　张志强．主题出版：定位、评价与提升 [J]．编辑之友，2019（10）．

[143]　曾美玲．新语境下涉港报道的困境与突破 [J]．南方传媒研究，2021(10).

[144]　甄云霞，王珺．服务"一带一路"倡议　推动国际出版合作高质量发展 [J]．科技与出版，2020（1）．

[145]　郑甜．制度经济学视域下主题出版与国家治理体系和治理能力现代化 [J]．中国出版，2021（8）．

[146]　周慧琳．主题出版：责任与市场——努力做好新形势下的主题出版工作 [J]．出版参考，2017（1）．

[147] 周良发，陈元晴，袁柏林．习近平新时代中国特色社会主义思想海外传播研究［J］．南昌航空大学学报：社会科学版，2019（4）．

[148] 周粟，饶涛．高校出版社主题出版：现状、问题及对策［J］．出版发行研究，2021（7）．

[149] 周蔚华，何小凡．2020主题出版：政策引导、业界实践与理论研究［J］．中国出版，2021（11）．

[150] 周蔚华，钟悠天．中国出版走出去要有六个转向［J］．中国出版，2014（7）．

[151] 周蔚华．"十三五"时期的主题出版：回顾与展望［J］．中国出版，2020（22）．

[152] 周蔚华．"十三五"时期我国出版管理发展回顾［J］．科技与出版，2020（9）．

[153] 周蔚华．紧紧围绕大局，做好主题出版［J］．中国出版，2011（9）．

[154] 周蔚华．主题出版若干基本史实辨析［J］．出版发行研究，2020（12）．

[155] 周蔚华，熊小明．做强做优，实现主题出版高质量发展——《出版业"十四五"时期发展规划》主题出版内容解读与思考［J］．中国出版，2022（4）．

[156] 周玉波，焦健．出版经纪人的价值与发展［J］．出版发行研究，2013（1）．

[157] 周铮．如何让主题出版行之久远——以上海人民出版社主题出版的实践为例［J］．中国编辑，2016（5）．

[158] 朱勇．牛津大学出版社及其经营特色探析［J］．出版科学，2007（5）．

[159] 朱勇良．围绕国家"走出去"战略，推进对外工作走在前列［J］．出版参考，2019（12）．

[160] 朱瑜，付国乐，梅进文，等．让学术出版照亮"中国梦"［J］．出版广角，2013（9）．

[161] 邹悦悦，徐梓涵．响应"一带一路"倡议，推动主题出版高质量发展——以云南出版集团为例［J］．中国编辑，2021（6）．

◎报纸类

[1] Bologna is back: brisk programming, meetings, awards[N]. Publishing Perspective, 2022-03-23.

[2] ED NAWOFKA. London book fair 2022: back to Britain[N]. Publishers Weekly, 2022-03-18.

[3] IPA and Brazillian publishers: SDG book club at Bologna[N]. Publishing Perspective,

2022-03-17.

[4] SIAN B. The British book awards 2022 trade shortlists reveal those in contention for a nibbie[N]. The bookseller, 2022-03-25.

[5] TURNER S. Book review: book wars: the digital revolution in publishing, John B. Thompson[N]. LSE Phelan US Centre, 2021.

[6] YANNISE J. How book lovers on Tiktok are changing the publishing industry[N]. Fast Company, 2022-03-09.

[7] 艾斐. 网络文学的使命担当与发展路径［N/OL］. 文艺报, 2020-07-22［2022-02-13］.

[8] 陈金龙.《湖南农民运动考察报告》的历史作用与现实启示［N］. 光明日报, 2017-02-22（11）.

[9] 陈妙然. 潜心红色爆款致力出版"破圈"［N］中国新闻出版广电报, 2021（9）.

[10] 重青网. 第30届全国书博会受热捧主题出版亮点纷呈线上线下人气高涨［N/OL］. 重庆日报网,（2021-07-17)[2021-09-21].

[11] 代小佩. 科技期刊"走出去", 出版平台得先有国际范［N］. 科技日报, 2018-11-13（T30）.

[12] 范军. "十三五"以来我国出版走出去的"四个新"［N］. 中国新闻出版广电报, 2020-09-25（T05）.

[13] 范军. 出版走出去要加强"五个转向"［N］. 中国新闻出版广电报, 2020-08-24（5）.

[14] 范军. 我国出版走出去的六大新变化[N]. 学习时报, 2019-01-25（6）.

[15] 高世屹. 做优做强主题出版, 推进人美优质资源内容建设［N］. 国际出版周报, 2021-06-28（9）.

[16] 顾青. 做好学术精品　发力主题出版　抓住头部产品［N］. 中国出版传媒商报, 2021-01-13（13）.

[17] 韩寒. 让世界读懂中国——当代中国主题图书国际影响不断增强［N］. 光明日报, 2022-03-08（16）.

[18] 韩建民. 今天我们怎样重新看待主题出版?——关于主题出版的内涵和出版之变［N］. 中华读书报, 2019-05-01（6）.

[19] 何成. 全面认识和理解"百年未有之大变局"［N］光明日报, 2020-01-03（7）.

参考文献

[20] 何毅亭. 习近平新时代中国特色社会主义思想与中国话语建构 [N]. 学习时报, 2020-10-28 (18).

[21] 花放, 李强. 抓住机遇倾听中国声音 [N/OL]. 人民日报, 2018-05-18 [2019-10-20].

[22] 黄坤明. 为塑造可信可爱可敬的中国形象贡献出版力量 [N]. 人民日报, 2021-09-15 (4).

[23] 黄琳. 既精准对接党和国家需要, 又有效满足群众阅读需求——主题出版如何有温度有意思 [N]. 中国新闻出版广电报, 2019-05-16 (2).

[24] 黄启哲. 持续涌现的图书销售新业态在撼动什么, 重塑什么? [N]. 文汇报, 2021-12-10 (11).

[25] 贾新田. 主题出版应当有生气、接地气、聚人气 [N]. 中国新闻出版广电报, 2020-09-09 (4).

[26] 姜旭. 阅文集团: 推动网络文学走出去 [N]. 中国知识产权报, 2019-09-21 (9).

[27] 蒋肖斌. 三联书店"走出去", "中华文明"输出多语言版 [N]. 中国青年报, 2019-08-23 (12).

[28] 金鑫. 上海: 打造出版"走出去"国际平台 [N]. 中国新闻出版报, 2008-02-14 (8).

[29] 靳金龙. 浅析如何增强主题出版走出去效果 [N]. 中国新闻出版广电报, 2020-09-24 (11).

[30] 开卷研究. 各类型主题出版物百花齐放——2021 年 6 月全国大众畅销书分析 [N]. 中国新闻出版广电报, 2021-07-27 (4).

[31] 李建红. 主题出版的三大规律 [N]. 中华读书报, 2018-04-25 (6).

[32] 李美霖. 主题出版: 一年比一年热 [N]. 中国新闻出版广电报, 2020-01-13 (5).

[33] 李忠. 主题出版发展现状与趋势的大数据分析 [N]. 中国新闻出版广电报, 2020-07-13 (8).

[34] 林春茵. 福建频推华文图书出海 [N]. 中国新闻网, 2021-04-27 (9).

[35] 林伊人. 《中国国家形象全球调查报告 2019》在京发布 [N]. 经济日报, 2019-09-15 (3).

[36] 刘彬. 第十七次全国国民阅读调查报告显示：有声阅读成为国民阅读新增长点 ［N］. 光明日报，2020-04-21（9）.

[37] 刘琛. 润物无声中传递直抵人心的力量 ——李子柒式短视频走红海外的启示 ［N］. 光明日报，2019-12-25（13）.

[38] 柳斌杰. 新中国成立 70 周年：走在出版强国的路上 ［N/OL］. 国际出版周报，2018-11-13［2019-09-23］.

[39] 楼倩. 5 个月加印 4 次，销量超 3 万册，主题童书如何赢得市场? ［N/OL］. 出版商务周报，2021-12-18［2022-02-14］.

[40] 孟绍勇. 主题出版成为儿童文学发展方向 ［N］. 光明日报，2019-06-02（8）.

[41] 牛梦笛. 国产剧靠什么吸引海外观众 ［N］. 光明日报，2021-01-27（9）.

[42] 钱方针. 上海交通大学出版社：主题出版做足"交大"特色 ［N］. 藏书报，2021-08-02（16）.

[43] 史竞男. 新一批学习习近平新时代中国特色社会主义思想重点数字图书上线 ［N］. 人民日报海外版，2019-07-02（1）.

[44] 孙海悦. 主题出版：常做常新亮点多 ［N］. 中国新闻出版广电报，2018-12-24（5）.

[45] 孙海悦. 主题出版融媒体传播应"活起来""动起来""火起来"［N］. 中国新闻出版广电报，2021-01-05（10）.

[46] 谭跃. 理清战略思考，抓住六个要点，努力打造国际著名出版集团 ［N］. 中国出版传媒商报，2013-10-22（9）.

[47] 汤丹文. 主题出版物唱响"红色"主旋律 ［N］. 宁波日报，2020-11-07（11）.

[48] 腾讯网. 2021 文学艺术图书盘点：这些书凭什么卖得好? ［N/OL］. 中国出版传媒商报，（2021-12-24）［2022-01-24］.

[49] 图书馆报. 哪些图书和出版社最受欢迎? 2022 年全国馆配商联盟春季线上图采会榜单公布 ［N/OL］. 图书馆报，（2022-03-11）［2022-04-12］.

[50] 王坤宁. 十大出版集团老总描绘主题出版蓝图 ［N/OL］. 红网时刻，2018-11-13［2019-02-11］.

[51] 王潇楠. 2 年半做了 12 种书，销量均超 5 万套，这个图书品牌有何过人之处 ［N/OL］. 出版商务周报，2021-07-31[2021-09-12].

[52] 王彦. 外语版《文化中国》打开西方主流市场 ［N］. 文汇报，2015-02-23（6）.

[53] 魏玉山. 政策红利、主题出版、融合发展：2019 年度中国出版业发展报告 ［N］.

中华读书报，2020-01-22（6）.

[54] 魏玉山. 主题出版：向精品化行进［N］. 人民日报海外版，2020-11-26（7）.

[55] 吴焰. 文化出海：造船也借船［N］. 人民日报，2019-02-19（11）.

[56] 习近平. 加强和改进国际传播工作，展示真实立体全面的中国［N］. 人民日报，2021-06-02（1）.

[57] 欣闻. 第十五次全国国民阅读调查成果发布［N/OL］. 文艺报，2018-04-23［2019-08-07］.

[58] 徐明徽. 主题出版怎么做才好看？把中国故事带给大众［N/OL］. 澎湃新闻，2019-08-14［2019-02-11］.

[59] 袁舒婕. 2021主题出版气势恢宏大放光彩［N/OL］. 中国新闻出版广电报，2021-12-20［2021-12-21］.

[60] 张贺. 主题出版 彰显使命与责任［N］. 人民日报，2017-09-17（4）.

[61] 张纪臣. 中国图书出版："走出去"更要"走进去"[N]. 人民日报，2017-02-15（16）.

[62] 张鹏禹. 童书出海的三个关键（墙内看花）［N］. 人民日报·海外版，2020-04-29（7）.

[63] 周蔚华. "十四五"时期中国出版的特殊使命［N］. 中国新闻出版广电报，2020-07-27（8）.

[64] 左志红，袁舒婕，张雪娇. 主题出版：既要接天线又要接地气［N］中国新闻出版广电报，2020-12-14（10）.

◎电子资源和报告类

[1] 17 spellbinding book industry statistics for 2022[EB/OL].(2022-03-24)[2022-05-25].

[2] Book publishing industry in the US-market research report[R/OL]. (2022-03-24)[2022-03-31].

[3] Book publishing: a thriving business[EB/OL].(2022-03-20)[2022-04-22].

[4] HANAUER L, MORRIS L J. China in Africa, implications of a deepening relationship[R/OL].(2021-11-20)[2021-12-28].

[5] IPA. Statistics galore: European and international publishing figures released[EB/OL].

(2022-03-20)[2022-04-20].

[6] JANE F. The key book publishing paths: 2021-2022[EB/OL].(2022-03-20)[2022-04-20].

[7] KAREN H. How data fuels the book publishing industry[EB/OL].(2022-03-20)[2022-04-20].

[8] Where is the diversity in publishing? The 2018 diversity baseline survey results[EB/OL]. (2022-03-20)[2022-04-20].

[9] GSMA：2019 年中国移动经济发展报告［EB/OL］. (2022-03-07)［2022-05-17］.

[10] 2020 销售书籍排行榜前十名［EB/OL］.（2021-05-26）［2022-03-08］.

[11] 36 氪的朋友们. 2020 年哪些 APP 攻坚海外市场：图书、社交、娱乐赛道的出海情况解读［EB/OL］. (2020-12-25)［2021-08-07］.

[12] 北青网. 2021 年度掌阅数字阅读报告推出年度现实题材及 IP 改编作家推荐榜［EB/OL］. (2022-01-17)［2022-09-13］.

[13] 北青网. 2021 年度掌阅数字阅读报告推出年度现实题材及 IP 改编作家推荐榜［EB/OL］. (2022-03-14)［2022-07-14］.

[14] 北青网. 开卷发布：图书市场数据：比疫情前下降 3.51%，短视频电商 3.9 折卖书［EB/OL］.（2022-01-06）［2022-03-05］.

[15] 邓杨. 第十五次全国国民阅读调查成果发布［EB/OL］. (2020-06-25)［2020-08-11］.

[16] 凤凰新闻. 讲好中国故事　凤凰互娱《玉堂酱园》阿拉伯语版上线 that's books ［EB/OL］. (2021-07-05)［2021-11-15］.

[17] 观研报告网. 2017 年全球数字阅读行业市场规模及用户数量分析［EB/OL］.（2019-09-26）［2021-05-11］.

[18] 京报网. 这些红色主题读物占据畅销榜！［EB/OL］.（2021-12-27）［2022-03-12］.

[19] 科技快报网. 京东发布 2021 年图书畅销榜，揭秘新书销量增长奥秘［EB/OL］.（2021-12-31）［2022-03-04］.

[20] 李春华. 人民性是习近平新时代中国特色社会主义思想的最基本特征［EB/OL］. (2022-01-25)［2022-08-25］.

[21] 林坚. 文化治理在国家治理体系中的地位和作用［R/OL］.（2022-01-22）

　　［2022-08-21］.

[22]　前瞻产业研究院. 2019 年中国图书实体零售行业市场概述与发展前景分析［EB/OL］.（2019-09-26）［2020-01-18］.

[23]　人民资讯. 2020 年我国数字经济规模 39.2 万亿元 占 GDP 比重达 38.6%［EB/OL］.（2021-09-27）［2022-03-17］.

[24]　商报·奥示数据研析组. 前三季度图书零售市场数据公布, 谁家出版实力最强?［EB/OL］.（2021-10-30）［2022-03-12］.

[25]　搜狐网. 开卷发布:2 月图书零售市场数据解读［EB/OL］.（2022-03-19）［2022-06-19］.

[26]　搜狐网. 中国知网全球机构用户分布［EB/OL］.(2020-01-19)［2021-07-18］.

[27]　搜狐网. 中国知网全球机构用户分布［EB/OL］.（2020-01-19）［2022-03-01］.

[28]　同花顺财经. 营收、利润、绩效、运营、资产……19 家出版上市公司哪家强［R/OL］.（2022-01-06）［2022-03-12］.

[29]　网易云阅读. 全球数字阅读报告［EB/OL］.(2021-11-04)［2022-03-01］.

[30]　夏琪. 出版界推出一批庆祝建党 100 周年重点主题出版物［EB/OL］.（2022-07-08）［2022-09-14］.

[31]　谢伍瑛. 中华饮食文化创新传播助推国家文化软实力提升［EB/OL］.（2019-12-09）［2020-02-09］.

[32]　新华社. 习近平主持中共中央政治局第三十次集体学习并讲话［EB/OL］.（2022-02-13）［2022-04-11］.

[33]　新浪 VR. GSMA:2019 年中国移动经济发展报告［EB/OL］.（2019-12-02）［2022-03-17］.

[34]　央广网. 去年我国成年居民综合阅读率为 80.3%, 盘点其他国家阅读情况［EB/OL］.(2018-04-20)［2020-08-17］.

[35]　阳江文明网. 书香节开启"云阅读"模式, 线上 + 线下平均每天图书销量近 20 万册［EB/OL］.（2021-08-29）[2021-09-19].

[36]　应妮. 深度中国主题出版物海外受关注, 中国出版社升级"走出去"［EB/OL］.（2018-08-23）［2018-12-23］.

[37]　应妮. 中国经验"走出去"助力西方了解中国道路与模式[EB/OL］.（2021-09-15）

　　　　　　［2021-11-18］.

[38]　中国网.掌阅创海外首个中国阅读品牌　登60国地区APP销售榜首［EB/
　　　　OL］.（2019-12-01）［2020-10-09］.

[39]　中国新闻网.2021年中国图书海外馆藏影响力报告［EB/OL］.（2021-09-16）
　　　　［2022-01-11］.

[40]　中国作家网.第十五次全国国民阅读调查成果发布［EB/OL］.(2018-04-18)
　　　　［2018-06-21］.

[41]　中研普华产业研究院.2019—2025年中国网络文学行业发展趋势及投资预测报
　　　　告［R/OL］.（2021-09-25）［2021-11-23］.

后记

　　《高度与温度：主题出版研究导论》终于要付梓了。党的二十大提出了一系列新思想、新论断，我们和编辑团队对本书的内容又进行了适当的补充和调整。此时正是疫情快速传播之际，出版社和印厂克服了许多现实困难，能够按计划出版实属不易。这一刻让我想起了许多为本书的出版做出过贡献和提供过帮助的人们。我需要感谢他们。

　　首先让我想到的是今年3月1日上午，第一次把书稿交到人民邮电出版社的情景。那天，我们和张立科总编辑、王威总经理、韦毅编审以及《自然》系列期刊原执行主编杨晓红在人民邮电出版社咖啡厅畅谈主题出版和学术出版的美好前景。其时不知苦之将至，回到上海，一封近三月，感慨万千！正是这段艰难但精力集中的时光，我们根据张总编和韦编审的建议，对书稿进行了大的修改和补充，使这本书有了今天的架构和雏形。

　　这一刻也让我想起2017年底初到杭州工作的时光，那时正准备成立杭州电子科技大学融媒体与主题出版研究院，自己感到一切都是新的开始，许多领导和朋友对我的选择关注而疑惑。五年来，我们一步一个脚印地走过，我感觉温暖而有意义，许多朋友也逐渐理解了我当初选择的原始哲理和长远力量。其实这本书也是我们团队成果的一个缩影，没有团队成员的支持与奉献，也许我会一事无成。记得王强院长第一次把李婷老师带到我办公室的时候，说了一句："人很踏实。"这几年，研究院的成长离不开李婷老师的真心相助和用心付出，在这本书里，有几篇文章是我们合作完成的，她和团队的几位老师也是我主题出版思想体系的记录者和纠偏者。我和付玉老师深谈是在一次地铁站偶遇，这才有了后面紧密的合作。那次交谈非常投机，后面的合作也更加精彩，我们共同撰写的几篇文章被《出版发行研究》等期刊重点推荐。付玉是中国传媒大学博士，有较好的学术训练和知识积累，著文的整体感和丰富性总是技高一筹。蒋玎玎老师是我们团队的核心成员，本书中也有她参与撰写的三篇文章。她是难得的行政管理人才，几年来真心付出、无私奉献，为研究院专业化、正规化建设做出了非凡的贡献。王卉老师是我们研究院的初创组织者之一，是我刚到杭州电子科技大学工作时的接洽人，她也为本书贡献了主题出版融媒体发展的真知灼见，后续与浙江出版联合集团的主题出版合作还需要她大展宏图。此外，陈矩弘、张瑞静、李旦、王洁、楼小龙、熊小明、郑月林、黄劲草、孙茜等几位老师也为本书贡献了智慧和观点，在此一并表示感谢。2022 年 6 月，研究院入选国家新闻出版署首批出版智库高质量建设计划，我们有了新目标，迈上了新征程。相信下一个五年，我们会收获更多惊喜和美好。真心感谢学校王兴杰书记、朱泽飞校长等有关领导这几年的关心、支持和帮助，这也是我们继续奋斗的保障和动力。

这一刻还让我想起了一些更长更远的情感。从 20 世纪 80 年代负笈燕赵到 21 世纪初征战沪上，需要感谢的人太多，保定、上海、北京一大批亲人、朋友是我的情感所系和动力基础。这本书的出版肇始，就是好友上海世纪出版集团彭卫国副总裁在一次聚会中点拨，

后记

"看你们论文发表很多，韩兄可尽快出版主题出版研究著作"。彭卫国副总裁在担任上海新闻出版局副局长时就经常有深刻、前瞻性的观点，是一位具有远见卓识的领导。说到领导，要特别感谢邬书林局长这些年对我的关心和支持。邬局长是出版界公认的学者型领导，他在百忙之中为本书作序，使我甚为感动。我在上海交通大学出版社和上海世纪出版集团工作时，邬局长就对我们多有鼓励和指导，"大飞机出版工程"就是在他的指导下立项启动的。研究院成立时，邬局长又专门到杭揭牌，并几次参加研究院主办的全国性学术会议，每次报告均高屋建瓴，引领风潮。北京大学哲学系刘华杰教授看过书稿后，也欣然为本书作序。华杰是著名学者，也是我的老友，几十年来我们情同手足，推心置腹。在此，更要感谢我的导师江晓原先生以及刘兵教授、吴国盛教授，杨虚杰、王洪波、田松、潘涛、范春萍等一批科学史和科学哲学界好友，正是在科学文化这个圈子的学术和思维方法的成长，给了我主题出版学术理论创新的方法源泉和思维动力。有时真的感觉像带着镰刀来到了金色的麦田，科学史和科学哲学所建构的一些理论和模型对主题出版学术研究有重要借鉴价值。当然也要感谢在上海交通大学出版社和上海世纪出版集团工作时，跟我一起工作并给我带来思维碰撞的同事和战友，尤其是在担任上海交通大学出版社社长期间，十年征战，同甘共苦，终生难忘。正是这些主题出版实践经验和切身体会，使我们的主题出版研究一直站在地上、冒着热气，这也是主题出版的研究实践基础和内生动力。中国编辑学会会长郝振省先生，是我多年的好领导、好朋友，我到杭州工作后，他几次专门来杭指导并作学术报告。他是主题出版研究的领军人物，多次给予我们团队非常有力的支持。此外，王为松、赵海云、周蔚华、范军、张志强、杜恩龙等几位朋友，以对谈等形式为本书贡献创新观点和学术智慧，在此表示感谢。需要感谢的领导和朋友还有很多，郭义强、刘建生、李一昕、杨芳、徐炯、虞汉胤、王利明、吴宝安、张敬德、祁德树、李文、鲍洪俊、阚宁辉、张国新、朱勇良、何成梁、楚蓓蓓、毛小曼、王明舟、宗俊峰、金鑫荣、钱天东、李芳、吴明华、缪宏才、周俊、虞文军、管慧勇、汤弘亮、朱文富、袁亚春、李广良、杜伟锦、马香媛、王轻鸿、王强、李中昌等都对我们的主题出版研究给予了指导和帮助。最后特别需要感谢的是中宣部出版局原局长、中国图书评论学会会长郭义强先生，郭局长在百忙中审阅书稿，并提出许多中肯的修改意见。本书责任编辑韦毅编审认真敬业的精神深深感动了我，这也是这本书编校质量的保障。

书卷多情，春柳逐新。主题出版发展如一江春水，奔涌向前；主题出版研究也好像来到一片果园，既有收获的果实，也有许多待开垦的处女地。这本书只是提供了一些主题出版基础性粗浅研究，这些内容和观点与对主题出版发展规律的本质认识还有很大差距，欢迎各位业界、学界专家批评指正。

韩建民

2022 年 12 月